縄文リアルタイムスリップ

蘇る
海洋神殿

ペトログリフ（古代岩刻文様）・イワクラ（巨石文化）・ピラミッド（古代山岳祭祀遺跡）

Revived ocean temple

著・ドクターいわくら　鈴木旭

与那国の海

筆者は生まれついての山男である。山男だからこそ、ピラミッドのルーツである日本の三角山の調査に取り掛かった。それが、いきなり海に連れ出された。皮肉なるかな、与那国島の山を巡り歩き、歩き尽くした時、海底遺跡の在り処を探し求めることができた。

与那国島東崎の東方2.2キロ地点、東崎堆（あがりざきたい）の真上辺りから東崎を遠望する。

エイの群れに遭遇する。与那国周辺では滅多に見られない。

海中に潜れば、時折、巡り合う魚の群れ。

東崎で発見した祭祀遺跡

ダイバーは、本格的なダイビングを開始する前には必ず、「慣らし運転」をする。東崎下のダイビングコースに入って軽く準備運動のようなダイビングを試みた。すると偶然か、これは凄い！　完璧な磐座が並ぶ祭祀遺跡を発見してしまった。

正面にこけしのような岩が転倒している。きれいな石造物だ。その背後にも大きな岩で組み立てられた遺構が見える。おそらく、遺跡の中心をなす磐座であろう。

写真左端の岩２体、特に手前の三角岩には大きな目玉の岩刻文様が刻まれている。その右隣にある岩にも同様の岩刻文様が刻まれている。

接近して見ると、やはり、倒れたこけし状の岩の背後には三角形の磐座が立っていた。真北を向いている磐座だった。

西崎から東を見る

西崎と書いて「いりざき」という。その西崎に立つ灯台の真下に奇妙な組石が埋まっている。それが何なのか、誰も知らない。これは「目玉の組石遺構」であり、東から昇る太陽とオリオン座を凝視している磐座である。

目玉の組石遺構。下半分は土中に埋まっており、一度も発掘されていない。横幅は約３ｍはある。

同じく目玉の組石遺構。かなり大きく、上の組石遺構とほぼ同じ大きさだ。やはり、東から昇る太陽とオリオン座を凝視する。

東崎から西を見る

東崎から西側を俯瞰する。一望の元に見渡すことができるが、まず、視野に入るのは与那国島第一の聖峰、宇良部岳である。調査が進むにつれ、この山を聖峰として島が整序されているのが見えて来た。

祖納（そない）の入口に祀られている御嶽。与那国島は海底遺跡で有名になったが、この通り、山岳信仰の島なのだ。この点、気付いている人は少ない。

宇良部岳をご神体山としてお祭りし、供物を捧げるための設備として整えられたものと思われる磐座。基本的な祭祀の思想が見える。

島では「耳岩」と書いて「みみいわ」と読んでいるが、「三つの岩」と解すべきであろう。3体の岩から成る物理的現実を見ておきたい。オリオン座の通る道を指し示している。

天蛇鼻と書いて「テンダバナ」と読む。蛇が天に上るという勇壮な思想を表現する。その祭り場が、いまも残されるテンダバナの巨石群である。

巨大な人面岩とコブラ岩

山を歩き回っているうちに「この辺に祭り場がなければいけない」と実測してシミュレーションし、推理したところ、発見したのが人面岩だ。南方の海人族の文化を伝える。コブラ岩の発見に続く大快挙となった。

最初に出会った時の人面岩の画像。ジャングルの中に身を潜めたまま、何千年も過ごして来た石造物。われわれが第一発見者となった。

天に上る蛇の勇壮な姿を彫り込んだのが、この巨大な岩刻文様だ。民宿ホワイトハウスの南側、北向きの絶壁に彫られている。高さ十数メートルもある。誰も関心を持たない。

ジャングルを切り開き、人面岩の正面を大写しした。この岩を見て、誰か、自然の産物だと言う人がいたら言って来て欲しい。紛れもなく人工の石造物である。

証拠は脚部にある。島の母体を成す地質、地層から完全に離れており、石造物は人工的な土台の上に乗っかっている。

海面下80mを泳ぐロボット。

まず、サイドスキャンソナーで海中の様子を概観した後、垂直撮影カメラと水中ロボットを投入。スポット的に観察した。すると予測、予定通り、海面下80mに完璧な磐座群が並んでいた!!

垂直投下式カメラ。観測船から吊るして撮影作業をする。

水中ロボット。観測船のオペ・ルームで遠隔操作して撮影作業を進める。

調査船

「これ、完璧な人工の溝と壁ですね。おかしい。遺跡の匂いがして来ましたね」とグラハム・ハンコックが言った。

えっ？　海底15m程度で生息しているハタタテガイが、どうして80mの深さで泳いでいるの？　水温が高い？　温泉が噴き出しているのか？

「完璧な磐座です。見て下さい、中心部の球体の盛り上がりを！」と興奮して鈴木（筆者）が言った。太陽信仰の磐座か？

ダイバー、命懸けのダイブ！　限界に挑戦！

海面下80mに立派な磐座があり、遺跡になっていることはほぼ間違いがないということで潜ることになった。しかし、深すぎる。海面下80mでは潜れない。減圧タンクを用意して、ぎりぎりまで下りることにした。

潜ってみましょう、行けるところまで。減圧タンクを用意してくれ！と潜ったところで見たのが、この切り立った磐座の谷間。驚いた！

ここに降り立ったダイバーは物凄い水圧に押し潰されそうになりながら思わず叫んだ。本当に磐座があった！

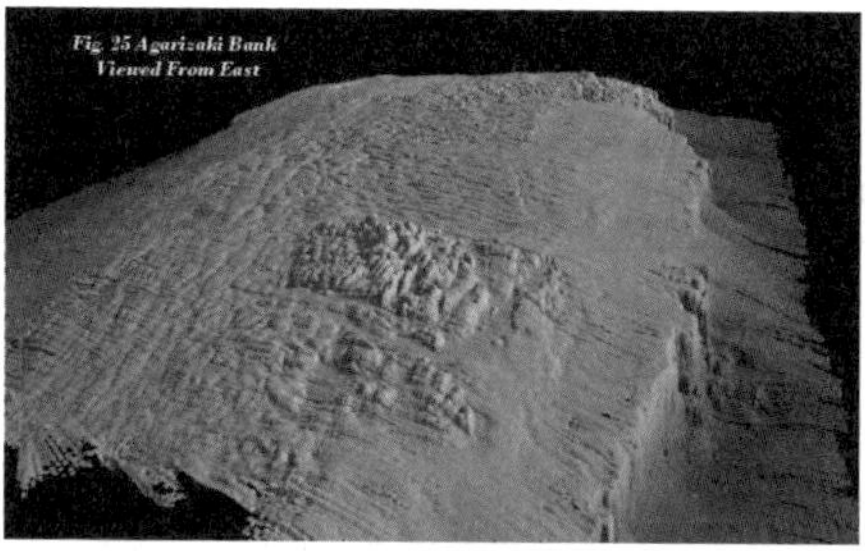

結論は本文を見て欲しい。東崎堆の全景はほぼ左のようなものだった。与那国島本島とそっくりの形状をしていた。

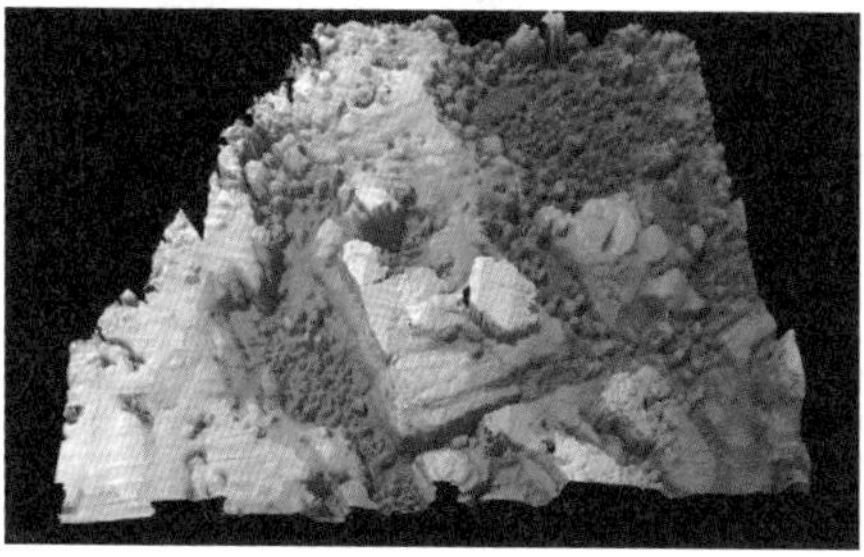

東崎堆の東端の形状はまだまだはっきり特定はできないが、人の手が加わり、形式と体裁が整っているのは見える。

洞窟探検も面白い。異次元へのタイムトリップができる。
海中に潜れば、地上では体験できない異次元トリップができる。水と岩の擦れるサイレントな音声を聞いて沈黙の旅に出てみよう。そこには思わぬ世界が待っている。

洞窟の出入り口。暗い穴に潜って見ようか、止めようか。ここが思案のしどころになるが、異次元世界への出入り口になっている。

思い切って潜ってみる。すると予想もできない世界が待っている。落ち着いて辺りを見回してみよう。

ひょっこり、こんな熱帯魚に出会うこともある。こわーい鮫なんか、こんな洞窟にはいないが、魚の生息状況は知っていた方が良い。

辺りの壁は意外に面白い。写真のような化石が露出していたり、思わぬ宝物に出会う。よく観察することだ。

まえがき

長い間、海中に姿を隠していた海洋神殿が姿を現した。日本最西端の島、国境を守る島、沖縄県与那国島の海洋神殿である。いや、よく知られた新嵩《あらたけ》喜八郎氏（入船エンタープライズ代表）が発見し、木村政昭氏（元琉球大学理学部教授）が調査された「イセキポイント」のことではない。与那国島の東端、東崎の東方二・二キロの沖合に沈む東崎堆《あがりざきたい》のことである。海中の山全体が神殿であり、東西両端に大磐座群が据え付けられているのが確認されたのだ。サイドスキャンソナーで全体像を捉え、水中カメラとロボットで撮影し、要所々々にプロ中のプロ・ダイバーに潜っていただいた。世界第一級の資料が得られた。

その結果、与那国本島が拝殿、東崎堆が本殿になっている関係図が浮かび上がって来た。東崎堆と与那国島の磐座の配列がほぼ相似しており、双方とも東西両端に磐座が集中して祀られているのであった。似ている。二つの山（ピラミッド）と磐座、そして、岩刻文様から成る祭祀遺跡ではないか。本物の海底遺跡、何らかの理由があって沈んでしまった祭祀遺跡が再びわれわれの前に姿を現したのであった！　その発見の軌跡をとくとご覧あれ！

令和五年十一月の良き日

東京・品川区八潮の寓居にて記す　鈴木　旭

蘇る海洋神殿　目次

カバーデザイン　フォーチュンボックス（森瑞）
本文仮名書体　文麗仮名（キャップス）

序章

蘇る海洋神殿

●ドクターいわくら

昔むかし、あるところに「ドクターいわくら」と呼ばれる男がいた。日本語として判りやすく言い直せば、「磐座《いわくら》博士」というわけで、自称か他称か、その辺は判明しかねるところであるが、誰からともなく、そのように呼ばれるようになったのである。

磐座という文字は本来、「イワ＋ザ＝イワザ」と読むべきところなのであるが、その通りに読めば間違いになってしまう。正しくは「イワ＋クラ＝イワクラ」と読む。

似たような文字としては磐城《いわき》がある。これは「イワ＋キ＝イワキ」と読む。岩でできた城＝国というような意味だろうが、それと比べるな

「ドクターいわくら」と呼ばれる男

（上）（下）典型的な磐座＝筑波山の女神山磐座

らば、「イワザ」と書いて「イワクラ」と読ませるのは不自然である。

しかしなぜ、そういう不自然な読み方をさせるのか。何か、確かな理由があるはずなので、一応は追求してみる必要がある。

読み方の音に従えば、イワクラだから「岩でできた蔵」ということになる。そして、蔵だから「何かを収納する容器」ということになる。イワとクラを繋《つな》いで通して読めば「岩でできた容器」ということになる。一件落着である。

ところが、クラの字が「座」になっているからややこしいことになる。文字通り、「すわる」ということなのであるが、誰かが座るわけである。

結局のところ、岩でできた容器が誰かが座るための容器になっているという重ね言葉になっていることが解る。重ね言葉になっていたのである。

そうなると、では、何が、あるいは誰が座るための容器なのかということになる。

その場合、ヒントになるのが「ご神体岩」と呼ばれている事実であろう。磐座は大抵の場合、「ご神体岩」と呼ばれている。神様がお座りになる岩とか、お鎮まりになる岩なので、細かく言えば、神様の御霊《みたま》が鎮座される岩というように理解されている。

従って、磐座とは「神様の御霊が鎮座される岩」という意味に理解しておけば間違いではない。その磐座について詳しい人物ということで、いつの間にか、誰が言ったのか、『ドクターいわくら』と呼ばれるようになったのである。

そして、長い前置きになったが、何を隠そう、その『ドクターいわくら』とは、実は私（鈴木旭）のことである。随分、無駄なページを割いてしまったような気がするが、実は大事な前置きになる。

なぜなら、本書はドクターいわくらの私小説風の物語で構成されているのであるが、なぜ、そういうスタイルになったのか、読み進めて行けば少しずつ明らかになって行くはずである。

そういうことは、最初に話しておかないと辻褄《つじつま》が合わなくなってくるわけで、実に申し訳ないが、お付き合い願った次第である。


さて、本題に入ろう。

あれは一九九七年というから平成九年のことだ。振り返って見ると随分、昔のことである。

今更、そんな昔のことを掘り返して何になると言われるかもしれない。しかし、時間が経過しなければよく判らないこともあり、時間が経過することによって、ようやく判明することもある。機が熟すまでには、時間が掛かるものらしい。

あるいは、その時は、ある程度の結論を持つに至ったものの、いま一つ確信することができず、ぼんやりしたまま、あいまいなままで通過してしまい、後になって悔やむこともある。

いずれにしろ、そのまま時が過ぎ去ってしまったのであるが、時が過ぎ去る過程において課題が熟成し、熟成する中で、ようやく結論が得られるようになったというのが本当のところであろうか。

例えて言えば、真っ暗闇の長い、長いトンネルをくぐり抜けて、ようやく明るい世界に躍り出たようなものかもしれない。長い時間を費やして、ようやく見えてきたということである。

数えてみれば、早いもので、あれから三十年近い歳月が過ぎ去ってしまった。常識的に考えるならば、徐々に記憶は薄れて行くはずだが、なぜか、ますます鮮明に記憶が蘇って来るのは不思議なことだ。

そうかと言って、記憶に頼って物語を綴《つづ》って行くようでは甚だ心もとない。

いまから語り始める物語については、可能な限り、翻訳家、通訳者として名高い大地舜《だいちしゅん》さんが主宰していたブログ『ウイークリー黄トンボ』（現在休止中）を参考にして構成して行くことにする。

参考にするブログ『ウイークリー黄トンボ』に書かれているのは、ほんのわずかなメモである。

黄トンボマーク

●（一九九七年）三月。英国の作家で『神々の指紋』の著者、グラハム・ハンコック夫妻を日本に招待。石垣島・与那国島にてダイビング。与那国海底遺跡の第一回調査を行う。

●九月。グラハム・ハンコック夫妻を日本に招待。ボストン大学地質学部のロバート・ショック教授、作家のジョン・アンソニー・ウェスト氏も同時に招待。第二回与那国海底調査を行う。

石垣島にて歴史作家・鈴木旭氏が日本の縄文式ピラミッド「黒又山」について説明。三神タケル氏も同行。国際ジャーナリストで『神々の指紋』の翻訳家・大地舜氏が与那国島からダイビング調査に参加。

●11月。グラハム・ハンコック夫妻の来日に合わせ、石垣・与那国島に招待、海底遺跡調査を行う。

グラハム・ハンコック（右端）一行と筆者（左端）

誰が書いたのか……わずか十数行のメモ程度の記事であるが、このメモの中に忘れもしない、あの日、あの時の出来事が凝縮されている。

あの時の私は、世界的に名の知れたビッグネームの方々に講義するなんてあり得ない、信じられない、ただそれだけで頭がぼーっとなり、地に足が付かないという状態だったように思う。

もちろん、一応は黒又山総合調査団の一員として呼ばれた以上、「日本にもピラミッドがあった」ということを調査結果に基づいて、一通り説明したことだけははっきりと記憶している。

なぜなら、この時の自分は他人がやったことを取材して語る作家ではない。自分が、同志とも言うべき先生方と共にやったことについて、一人の研究者としてお話しさせていただいたということで、自分では誇らしく思っている。

しかも、考古学一本ではなく、考古学を軸として民俗学や新しい研究分野として芽を吹き出しつつあった古代岩刻文様学（ペトログリフ研究）を加えただけでなく、自然科学とのドッキングも実現。最新のテクノロジーを動員して目的を達成した。

すなわち、地球物理学（岩石学）や天文学と結合してマクロ的に考察し、土木工学の分野では欠かせない最新の測量技術や地中探査技術を用いて巨大遺跡（ピラミッド）の実体に迫った。

その結果、ある程度は結論めいた判断を下すことができるようになったのである。面白半分

黒又山の西側写真

黒又山の南側写真

のピラミッド謎解き物語とか、ミステリー談話とは違う講義になっていたはずである。
箇条書きにすれば、以下の通りになる。

●黒又山は自然の山のように見えるが、自然の山を改造してつくられた階段式ピラミッドであること。

●黒又山は単体の山として存在しているのではなく、周辺の神社などを関連施設として備えており、その中心施設として機能していること。

●春分・秋分、夏至・冬至などの太陽の日昇、日没と深い関わりがあること。

●南北の祭祀線が時計と反対回りに五度だけ、傾いていること。しかも、誤差ではなく、地球の歳差運動によって北極星が入れ替わったと考えられること。

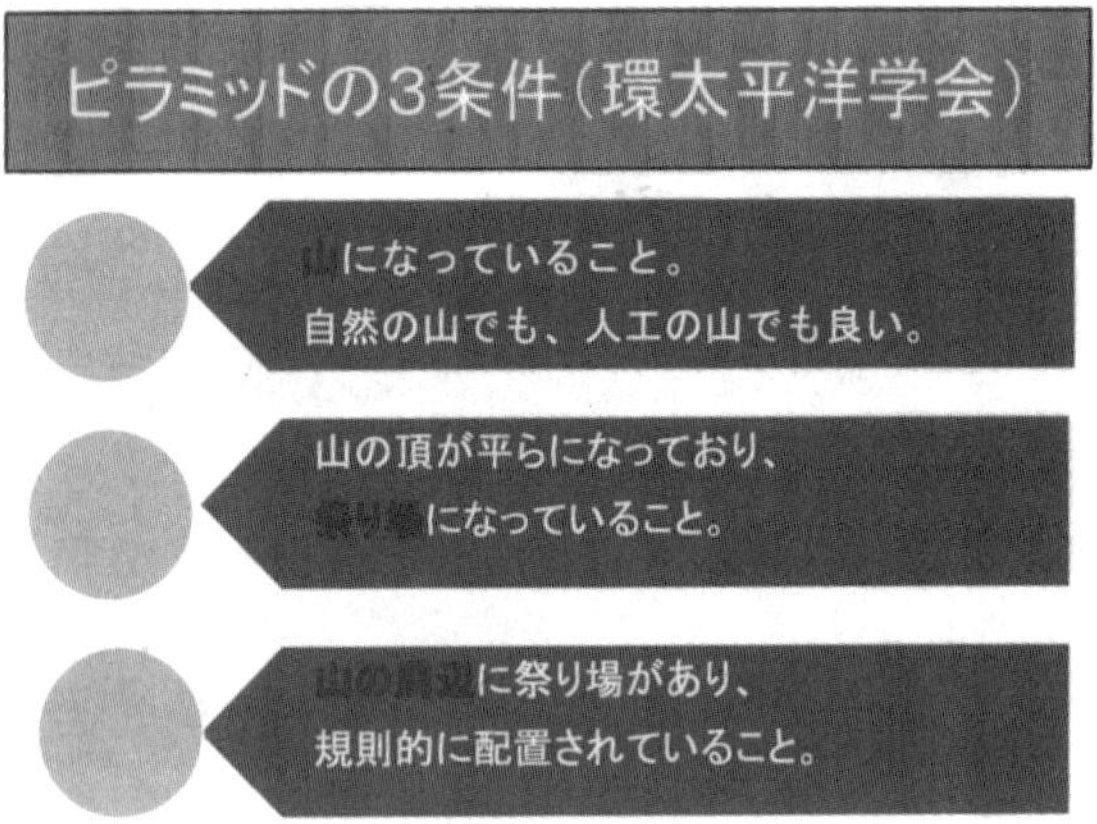
ピラミッドの3条件（環太平洋学会）
山になっていること。
自然の山でも、人工の山でも良い。
山の頂が平らになっており、
祭り場になっていること。
山の周辺に祭り場があり、
規則的に配置されていること。

ピラミッドの３条件（環太平洋学会）

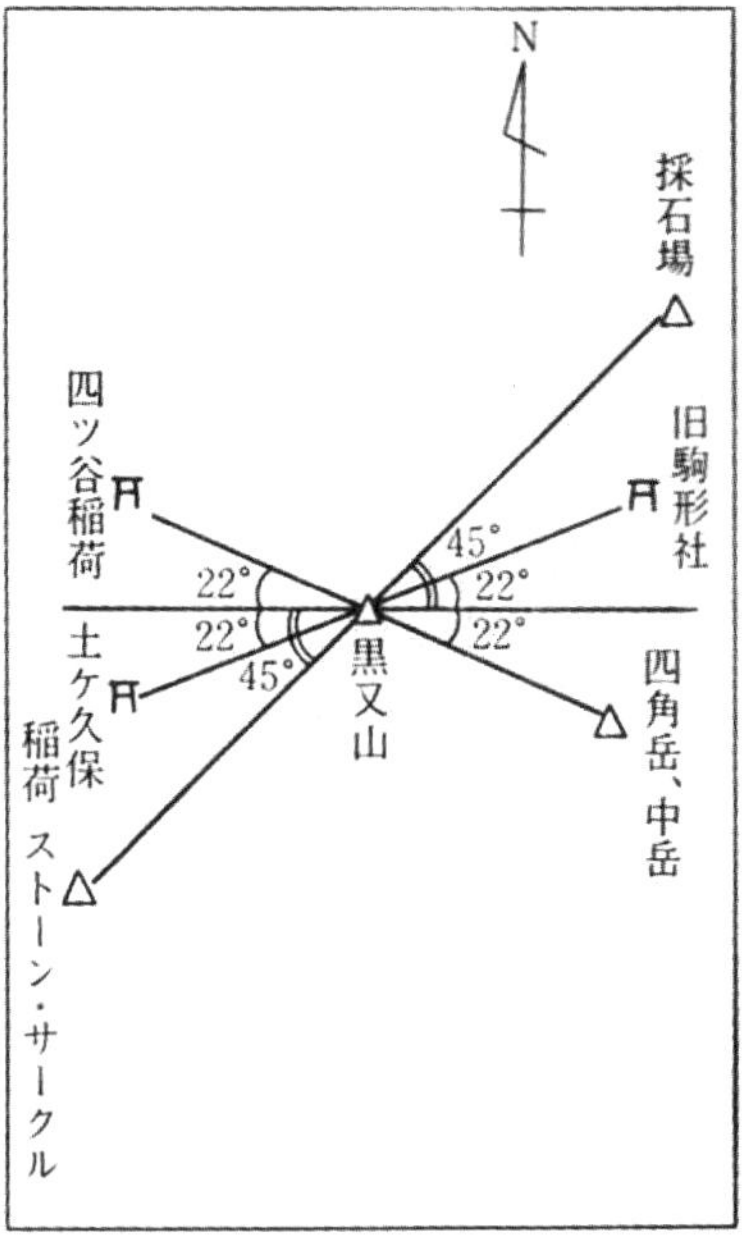

黒又山ネットワーク（作成＝辻維周氏）

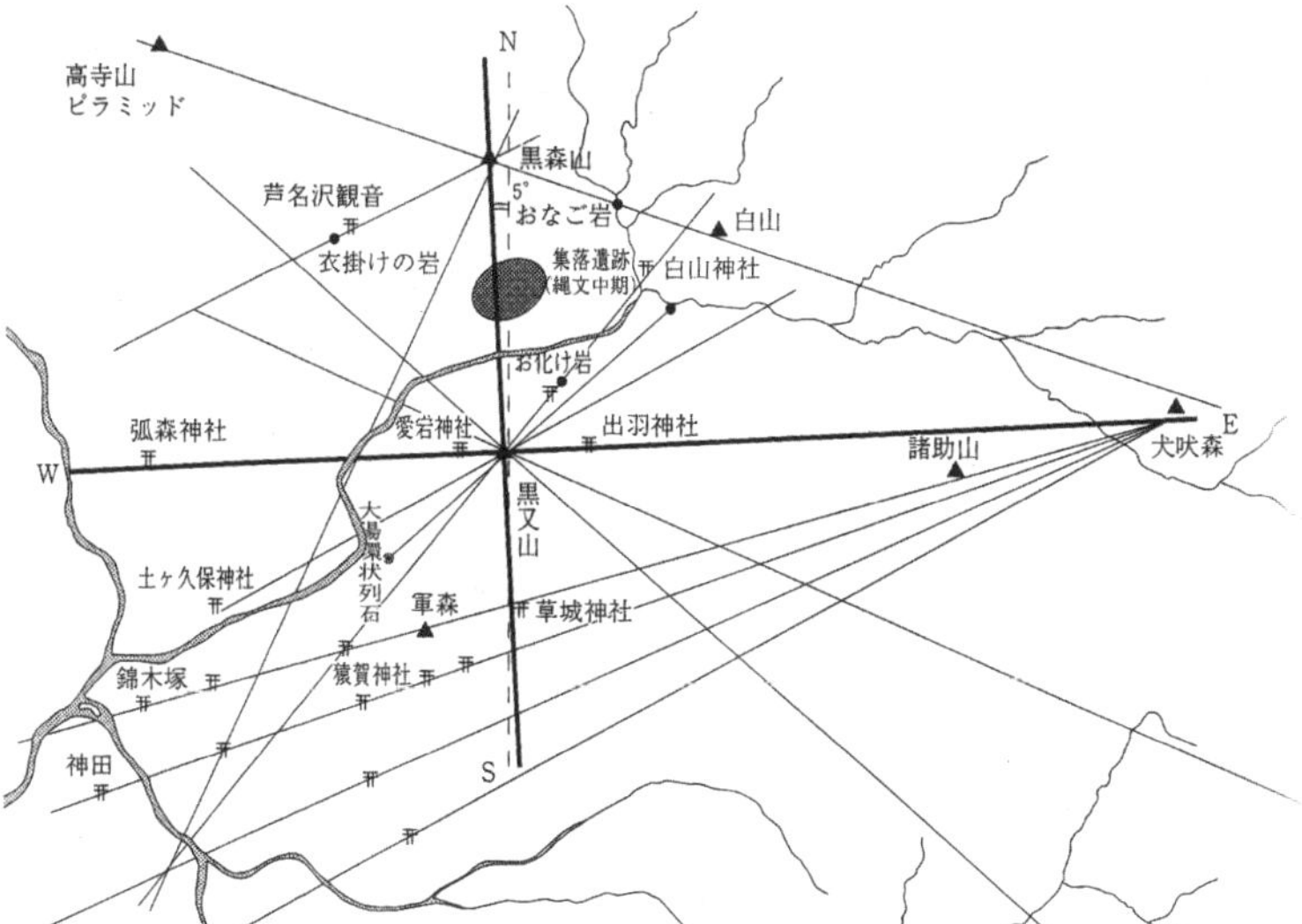

クロマンタ・ネットワーク（作成＝筆者）

当時としては画期的な見解であった。

　テレビや雑誌、単行本の世界で「世界七不思議」とか言われて面白半分に扱われてきたピラミッドが、実は奥深い古代サイエンスの集大成であり、極めて合理的な目的で設計され、建造されたものであることが判明したのであった。

　これについて、驚きや疑問、そうでなければ、私の講義する内容について否定する声が上がるものと予測して話し始めたのであるが、まったく逆であった。

　案に相違して、すんなり受け入れられてしまったようで、却《かえ》って拍子抜けしてしまった。彼らには至極当然のことで、想定された範囲内の事柄だったのかもしれない。

　当初はまったく相手にされず、軽くいなされ

筆者の説明シーン

てしまったのかもしれないと考えたこともあった。

どうして、そんなひねくれたものの考え方、言い方をするかというと、当時は当時で、はっきりとは言えない、それなりの理由があった。

世界の四大古代文明の一つとして知られるエジプト文明やメソポタミア文明よりも古く、より高度な文明が日本にあったなどということは彼ら欧米人には初耳であり、彼らのプライドに懸けて承服できないことではないかと思っていた。

従って、最初から一線を引いて、一人相撲をしていたのである。しかし、それは卑屈な精神から生まれる被害妄想であった。勝手に思い込んでいただけのことであり、もっとオープンに話し、また疑問があれば、素直に聞けば良かっただけのことであった。

いまにして思えば、貴重な体験ができる機会を逸したとしか、言いようがない。残念なことであった。

●実業家渡辺康夫さんとの出会い

ところで、どうしてこうしたビッグネームとの出会いができたのか、あるいは、出会わなければならなかったのか、ということについては不思議な出会いだったとしか、言いようがない。

物語は渡辺康夫さんという一人の実業家との出会いからスタートする。

渡辺さんという方は大変シャイな方で、決して自己宣伝をしたり、人前にしゃしゃり出るような真似はなさらないので、こうして私が紹介させていただくこと自体、あるいは遠慮されるかもしれない。

しかし、物語の始まりと流れを明らかにするためには止むを得ないことである。ご本人のご意思とは無関係なところで、勝手に渡辺さんとの馴《な》れ初めを紹介させていただくことにする。

渡辺社長とグラハムとの出会い

あれはいつのことだったのか、これも完全に忘れてしまったが、渡辺さんから電話をいただいた時は夕方だったということだけはなぜか、はっきりと覚えている。西空が夕焼け色に染まる頃、そろそろコーヒーでも淹れようとしているところであった。
電話が鳴った。

「ルルル……」

「もしもし鈴木さんですか」

「はい、鈴木ですが、どなた様でしょうか」

「渡辺と申します。鈴木さんのお書きになった『古代日本ピラミッドの謎』を拝見いたしました。それで一度、お会いして、もっと詳しくお話を聞かせていただこうと思いまして電話させていただきました……」

「はあ、新人物往来社から出た本ですね」

「はい、そうです」

ソフトな声であった。

意外だったのは私を先生呼ばわりしなかったこと。初めて電話を下さる方は大抵の場合、私に「先生」と声を掛けて下さるのである。

しかし、渡辺さんはその言葉を口にされなかった。「鈴木さん」と「さん」付けで呼んで下さったのである。この時点で随分、他の方々とは違っているように感じたのを覚えている。

人間を上下に分けるような言葉使いはやめましょうというのが常日頃の渡辺さんの口癖であった。仕事や立場を離れて、楽しくやりましょうというのが持論であり、願いだった。

とりあえず、品川プリンスホテルのロビーで会うことになった。面会の約束をする時は大抵、私は品川のプリンスホテルか、その隣に建つパシフィックホテルにしているが、この時はプリンスホテルであった。

渡辺さんの第一印象というのは実に温厚な紳士であった。すぐにホテル内のコーヒーショップに移動し、お話を伺うことになり、随分長い間、いろいろと話し合ったような気もするが、用件は簡単だった。

冒頭に紹介したグラハム・ハンコックさんご夫妻やジョン・アンソニー・ウェストさん、ロバート・ショックさんらに黒又山総合調査についてお話しして欲しいということだった。

それは願ってもないことであり、うれしいことであるが、遠い、遠い、石垣島のシーマンズクラブ石垣リゾートホテルに出張し、そこで講演して欲しいということであり、その翌日には

シーマンズクラブ石垣リゾートホテル

与那国島へ移動し、海底遺跡の調査に付き合って欲しい、という依頼だった。

このスペシャルオーダーには驚いた。

わざわざ石垣島に出張し、ずらりと居並ぶビッグネームを前にして、黒又山ピラミッドについて講義するだけでも予想外のことなのに海底遺跡の調査に付き合うなんていうのは想定外のオーダーだった。

困った。困った。心底、困った。

第一にして、私は潜れない。

さて、この時、もう一人の人物が動いていた。実名を挙げる。学研「ムー」編集部（現編集長）の三上丈晴《みかみたけはる》さんである。彼が私を見込んで、渡辺さんに紹介して下さったことが、そもそもの始まりになっている。

だが、この辺りにはまた、終章辺りで触れることになっているので、この場では割愛。ともかく、本題を語る本文に入ろう。

第一章
海底遺跡とイワクラ

●シーマンズクラブでのやり取り

翻訳作家、通訳者として活躍する大地舜さんのブログ『ウイークリー黄トンボ』一九九七年のメモには、次のように書かれている。

9月。グラハム・ハンコック夫妻を日本に招待。ボストン大学地質学部のロバート・ショック教授、作家のジョン・アンソニー・ウェスト氏も同時に招待。第二回与那国海底調査を行う。石垣島にて歴史作家・鈴木旭氏が日本の縄文式ピラミッド「黒又山」について説明。三神タケル氏も同行。国際ジャーナリストで『神々の指紋』の翻訳家・大地舜氏が与那国島からダイビング調査に参加。

羽田を飛び立った一行は、那覇空港で乗り換えて石垣島に到着。渡辺さんが経営するシーマンズクラブ石垣リゾートホテルに投宿。翌日、早々に黒又山ピラミッドの調査結果について説明する機会を与えられたのであるが、そのやり取りは結構、シビアなものになった。

たとえば、黒又山ピラミッドの周辺に計画的に配置されたと言う他にない古代祭り場があることを説明した時のこと。私は「黒又山ピラミッドを南北に貫く方位方角ラインの左偏五度」に触れたのである。

　すると、「地上の古代遺跡は天体の星座に対応しており、その写し絵である」という『天の鏡』説を展開しようとしていたハンコックさんはおとなしく聞いていなかった。

　私は「東西の祭り場を示す位置情報（緯度・経度）にはほとんど誤差がなく、東西ライン上に配

（上）（下）思い出の与那国空港

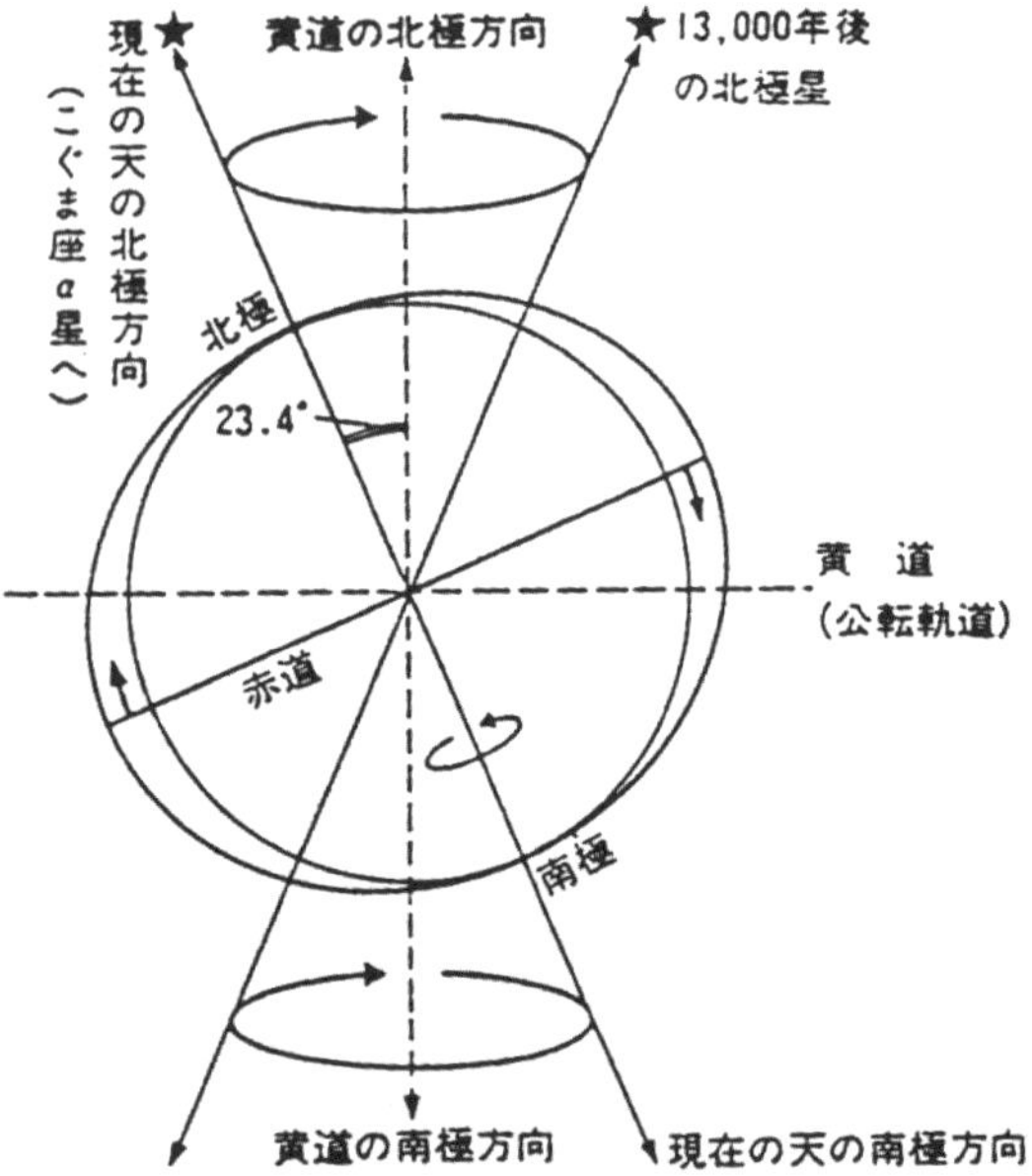

地球の歳差運動

天の鏡（グラハム・ハンコック著）

置されているが、なぜか、南北に位置する祭り場（神社）を結ぶラインは、時計と反対回りに五度傾いている」と説明した。つまり、現在の方位、真北を〇度とすると、北の祭り場は三五五度方向を指すライン上に並ぶ、と。

すると、ハンコックさんは食い付いた。それは「磁北が五度、西に傾いているからではないのか、それとも別の事情によるものか」という質問だった。

私は次のように答えた。

「磁北の傾きではない。磁北の傾きを国土地理院発行地図（二万五千分の一）で確認したところ、この辺では七・五度だった。従って、磁北の傾き角度では説明できない」

ハンコックさんは真剣な顔で聞いていた。

私は言った、その顔を覗き込むようにして、

「では、誤差なのか？　いいえ、磁北の傾き角度で説明できないのと同様に誤差でもないようです。緯度、経度は正確に測定しています」

それでもハンコックさんは納得しなかった。

「では、どういう理由に基づく左偏五度なのか？」

私は脂汗を浮かべながら、やっとの思いでぽつりぽつりと答えたのであった。

「要するに西へ五度、傾いた方向（三五五度方向）に真北に位置するはずの〝北の聖地〟黒森

山があるということですが、その理由は黒又山ピラミッドと黒森山が方位基準としていた星座、つまり、ピラミッド建設当時の北極星が現代の北極星ではなかったからではないかと思うのです。つまり、別の星を北極星にしていたということです」

「別の星を北極星にしていただって？」

「そうです。現代の北極星は小熊座のα星ですが、それとは違う星座を基準としていたのではないかと思います。五百年単位で時間を遡《さかのぼ》り、天文シミュレーションをしてみますと、紀元前二〇〇〇年頃から次第に小熊座のα星が消え、竜座のα星が天の北極に入り込み、そこから五度西偏したところにピタリと留まり、動かなくなったのです。地球の歳差運動による地軸の移動が招いた現象でしょうね」

　地球の歳差運動による地軸の移動によって、方位基準とする星が入れ替わった可能性があるという説を提示したわけである。

　これは平成二、三年の頃、黒又山調査のきっかけを作った人物、辻維周《つじまさちか》さん（同志社大学臨時講師＝当時）が打ち立てた仮説であり、画期

小川光暘氏（左）と辻維周氏（右）

的な意味を持っていた。ハンコックさんも地軸の移動による地球の歳差運動を主張していたので、鋭く反応したのであろう。

私は単に代弁したにすぎないのであるが、その仮説を逆手に取って、当該する祭祀遺跡が、いつ頃、何のために建設されたか、少なくとも紀元前二〇〇〇年以前に遡るということが解明できるという逆・方法論を提示したのは私である。

他に、黒又山の西側斜面に地中探査レーダーを入れたところ、表土層の下に階段状遺構が隠れていることを発見したことも伝えた。つまり、自然の山に見えた黒又山が、実は人工の施設だったことを確認したということを明らかにしたのだ。

この点、どう伝わったのか。私には彼らのリアクションが理解できなかったので、はっきり認識してしないのであるが、彼らは私の説明を理解することができたのだろうか。おそらく、初めて耳にする情報だったのではないだろうか。

何度も発表しているので、ここでは省略するが、彼らがどう受け止めたのか、はっきり確認しておくべきだったと反省している。

なぜなら、日本にピラミッドがあったということを受け入れたのか否か。そこが肝心なところだったからだ。石でできた幾何学的なエジプトのピラミッド以外には関心を持たない彼らの発想と感覚からすれば、きっとあり得ないことと思ったはずなのだ。

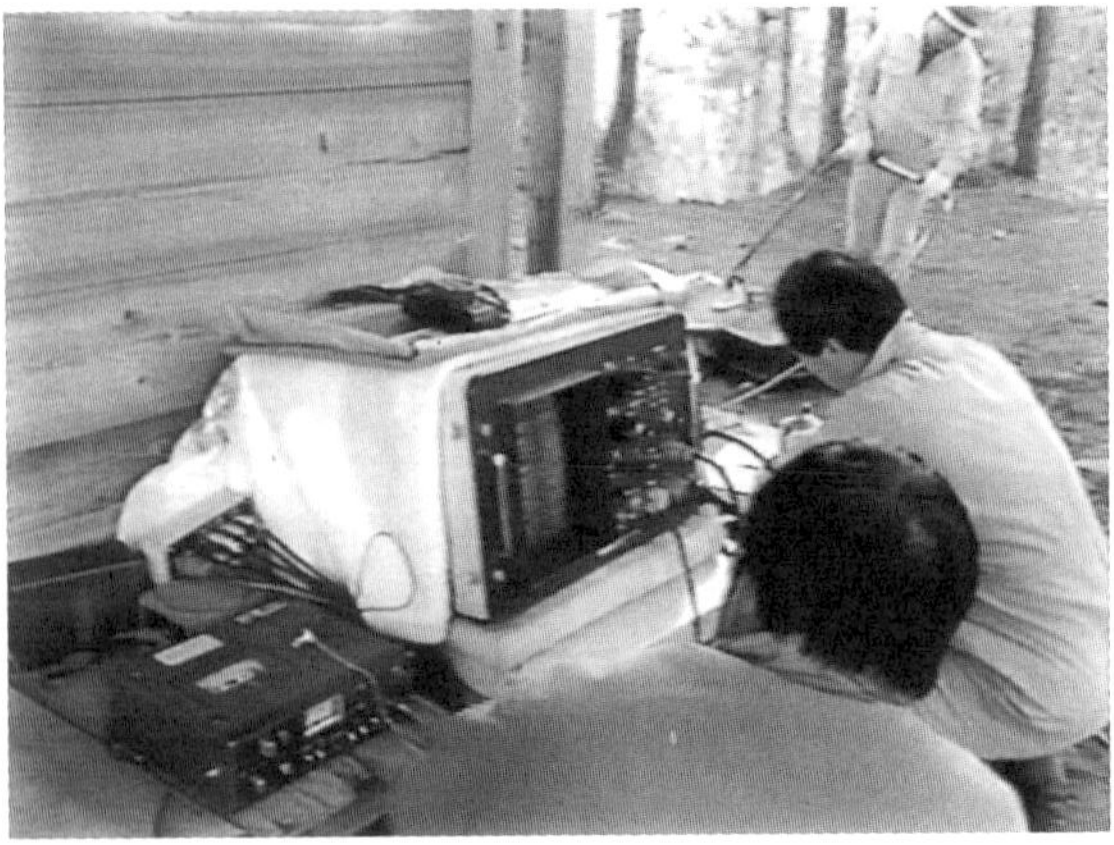

地中探査レーダーによる測定場面

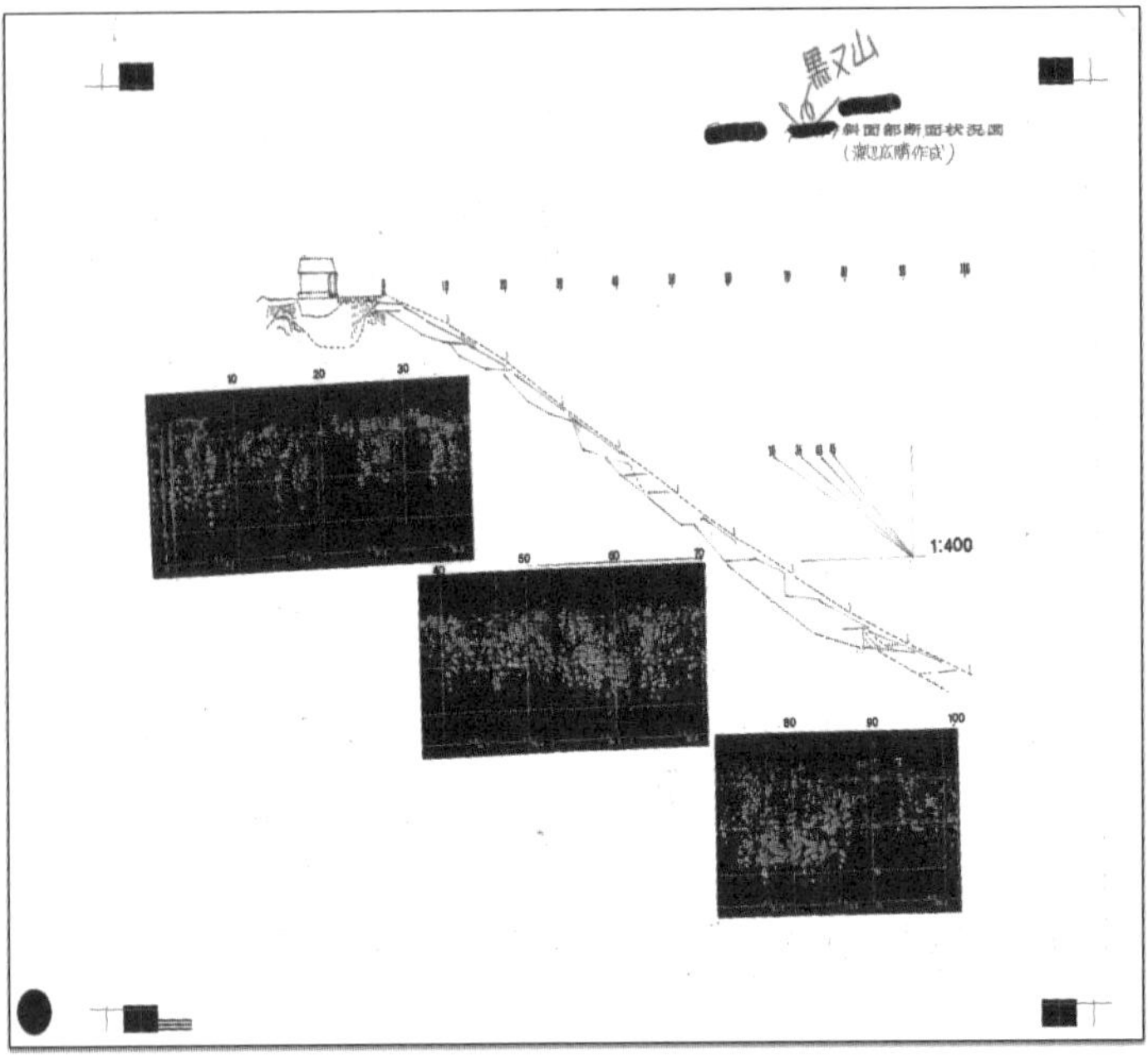

黒又山西側斜面の地中探査図

山頂部地下の状況についてては、どう話したのか、すっかり忘れてしまった。

エジプトの大ピラミッド内部に仕組まれた「王の間」や「王妃の間」などと同じような原理で築かれた空間があり、あたかも古墳の石室にも似た構造になっていることについて話したはずであるが、その時はどう話したのか、まったく覚えていない。しかし、覚えていないけれども、しっかりと話していたものと思う。

こうして初顔合わせをした後、われわれは与那国島へ移動した。

私のあまり上手ではないプレゼンテーションでは、大したリアクションも生み出すことはなかったのであるが、ショック教授が「よく判った。一度は是非、行ってみたい」と握手をして下さったのは鮮明に記憶している。

●「君は日本のグラハムか？」

さて、いよいよ与那国島海底遺跡の探検だ。翌朝、石垣空港を飛び立って与那国空港へ向かった。飛行時間はわずかであり、飛び立ったと思ったら、もう着陸態勢に移っていた。あっと言う間の出来事である。

われわれは渡辺さんが所有する別荘「シーマンズクラブ与那国」に荷物を降ろした。比川浜ビーチを見下ろす高台の上に作られた白亜の別荘で、四階建ての尖塔を備えた教会のような瀟洒《しょうしゃ》な建物だ。

少なく見ても三十六坪はあると思われる広大なリビングルーム（二階）を中心にして洋風の小さな寝室が四つと中二階のフロアが付属しており、一階には大きな洋風の寝室とリビングルームがあり、別に和室（十二畳）があった。

面白いのはプールのように大きな湯船を持つ浴室とプロ仕様のキッチンだ。大人数で宿泊することを前提にして設計されている。

この別荘というか、プチ・ホテルが当分の間、われわれ海底遺跡調査団の合宿所として利用されることになった。何が何やら、詳しい事情が判らないままにオブザーバー感覚で参加している私にとっては、何事も驚きの連続だった。

ハンコックさんやショック教授、ウェストさんと一緒にいるだけでも混乱しているのに到着早々、今度は地元与那国島のおエライさん方が表の庭に勢揃いしているところに誘い出されて二度ビックリ。

何やら、始まろうとしていた。庭のテーブルの上には焼き肉や焼きそばなどが、山盛りになった南国の果物と一緒に並んでいる。あちらこちらで威勢良く缶ビールの栓を抜く音が聞こえた。

シーマンズクラブ与那国の遠景

（中）（下）シーマンズクラブ与那国のホールの朝

いまから始まる海底遺跡調査で、与那国島の人たちにお世話になるので、渡辺さんが挨拶代わりに島の顔役たちを招待したのであった。この辺が世慣れた渡辺さんの凄いところで、とても私などの及ぶべきところではない。すばらしい。

知らない土地で何事か、なす場合、必ずこうした手続きを踏まなければならない。そうしないと事がスムーズに進まないし、何か、あった場合、土地の人の協力が得られない場合があるからだ。あれこれと思いを走らせている間にガーデンパーティが始まった。

その時、きちんとメモをしておけば良かったのであるが、出会った人々がどんな人で、何を話したのか、ほとんど忘れてしまったのは実に残念である。しかし、何人かの島の有識者たちと話したことは鮮明に記憶している。彼らは口々に言った。

「与那国島には歴史がない。十二世紀から向こうのことは全然判らない」

「与那国島を含む八重山《やえやま》群島は沖縄ではない。言語や文化、生活習慣が琉球文化とは共通項がない」

この二通りの発言だけは何度も耳にした。印象的だった。これだけは忘れない。

では、与那国島はどこの国なのか？

　筆者が言葉を交わした何人かの島の人は判で捺《お》したように「台湾だ」と言った。口をそろえて「与那国島を含む八重山群島は琉球ではない、台湾だ」と言う。これは衝撃的な発言だった。確かに文化圏としては、台湾は大琉球で、沖縄は小琉球と言っても良いのかもしれない。

　現在、地図上で見た位置関係が、県庁所在地である那覇に行くよりは台湾の首都台北に行った方がはるかに近いと

■八重山の位置

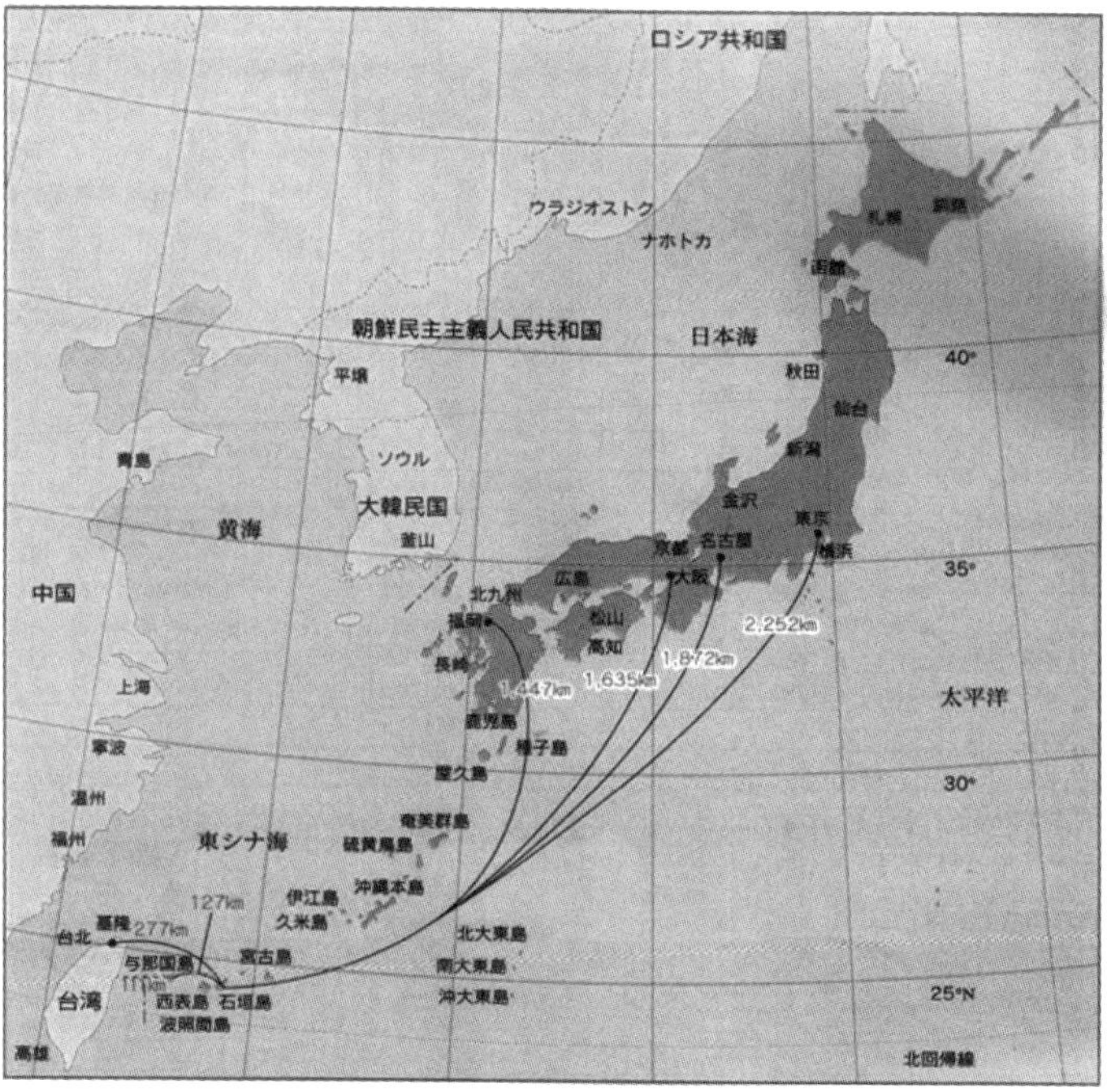

日本列島〜台湾地図

いうだけではない。太古の昔からそういう交流関係にあったということが窺えるのだ。

おそらく、島の人の発言は本当だと思う。与那国島の過去を振り返ろうとするならば、台湾を見ておかなければならない。もちろん、いま国際政治の焦点になっている尖閣列島の帰属問題とは別次元の問題である。

中国共産党が支配する支那《しな》に所属するのか、台湾に所属するのか。支那と台湾では大騒ぎしているが、与那国島も尖閣列島も日本国の領土であることは既定の事実であり、寸分も疑問の余地がない。

ただし、文化史的に見れば、隣の台湾国に近いというわけである。おそらく、そうだろう。自然の節理である。しかし、それと領土問題は区別して論じられなければいけない。ごっちゃにしてはならない。

さて、その上で、はっきりさせなければいけないのは、ただ行けばいいというものではないということだ。そして重ねて言うならば、誰でも彼でも行けばいいというものでもないということだ。行くべき人が、行くべきところへ、行くべき時に、行かなければならない。そうでないと見るべきものも見せて貰えないのである。

いずれにしろ、初めて耳にする発言が相次いだもので、ビールの酔いも手伝ったものか、頭がクラクラしてきた。いささか興奮気味のところへ、はるばる海を越えてイギリスから飛んで

（上）（下）イセキポイント（提供＝新嵩喜八郎氏）

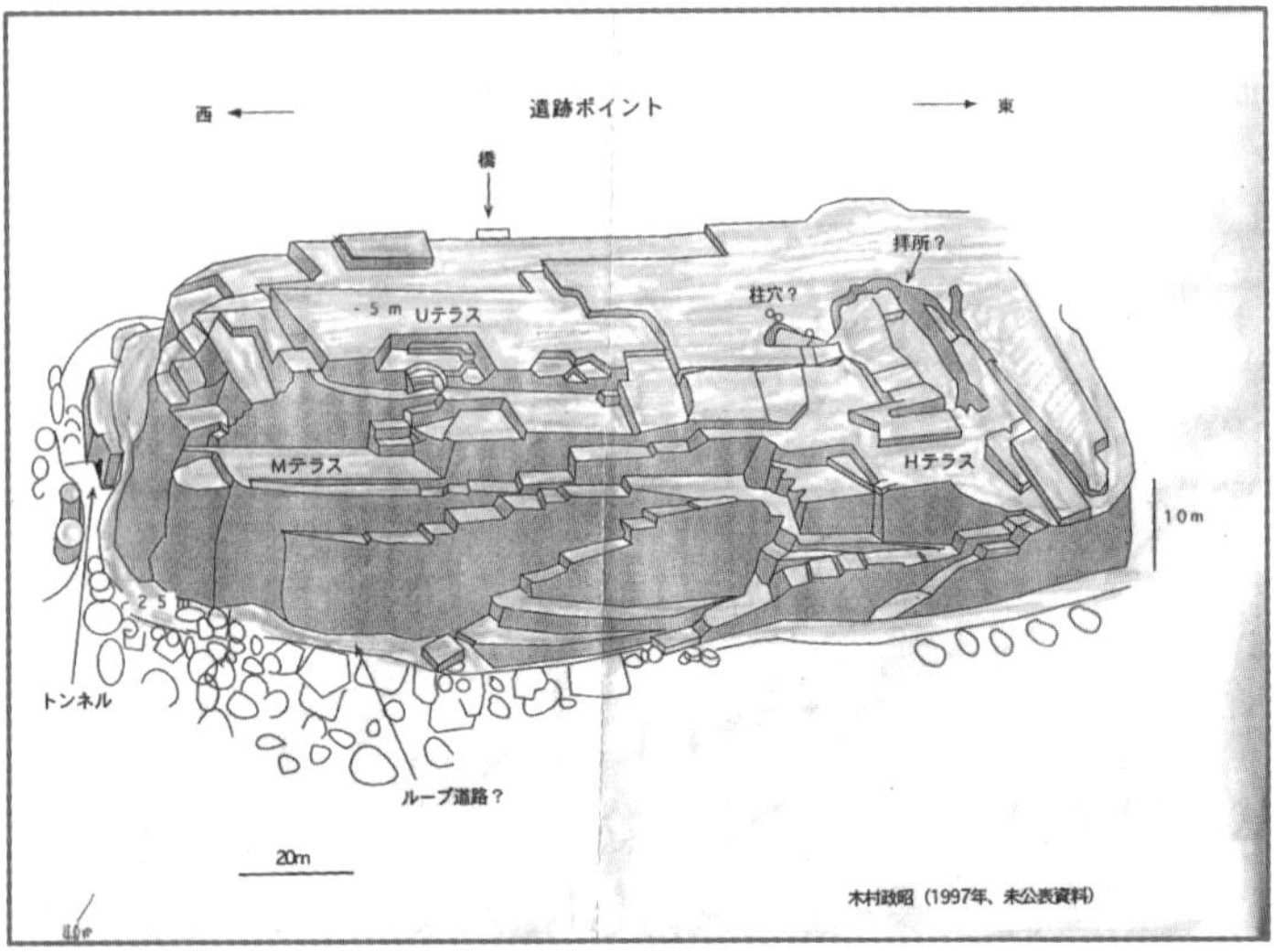
西
遺跡ポイント
東
橋
拝所？
柱穴？
-5m Uテラス
Mテラス
Hテラス
10m
トンネル
ループ道路？
20m
木村政昭（1997年、未公表資料）

イセキポイントのラフ・スケッチ（提供＝木村政昭氏）

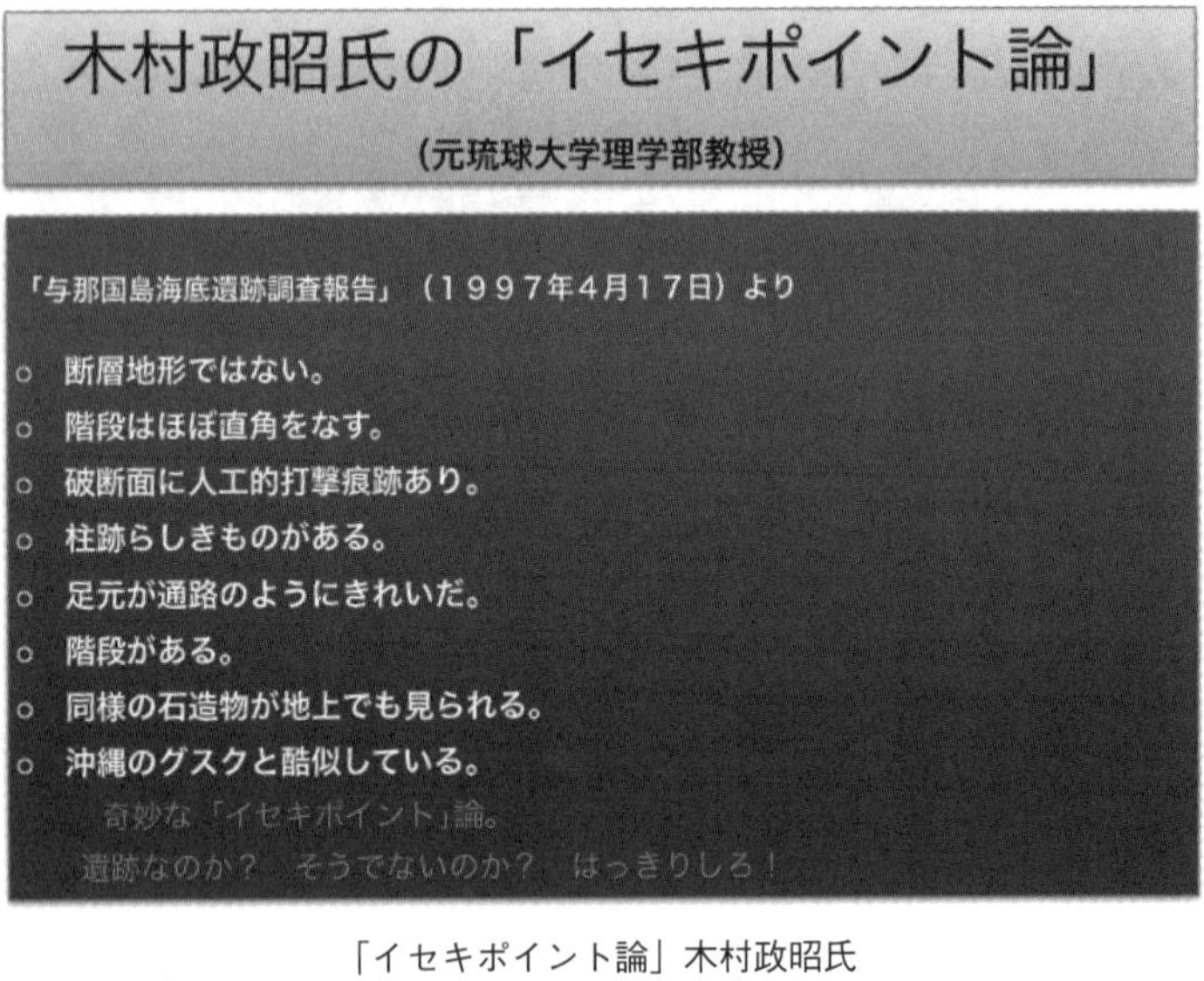
木村政昭氏の「イセキポイント論」
（元琉球大学理学部教授）
「与那国島海底遺跡調査報告」（１９９７年4月１７日）より
○ 断層地形ではない。
○ 階段はほぼ直角をなす。
○ 破断面に人工的打撃痕跡あり。
○ 柱跡らしきものがある。
○ 足元が通路のようにきれいだ。
○ 階段がある。
○ 同様の石造物が地上でも見られる。
○ 沖縄のグスクと酷似している。
奇妙な「イセキポイント」論。
遺跡なのか？ そうでないのか？ はっきりしろ！

「イセキポイント論」木村政昭氏

来たテレビマンが私の横にすり寄って来た。何か、話をしたがっていることは見え見えだった。

無視してくれればいいのだが、と心の中で祈っていると案の定、心配している私の意に反し、私の横に座った。そして座るが早いか、矢継ぎ早に質問を浴びせ掛けたのだ。

「やはり、あの海底の岩は遺跡ですか」

型通りの質問だ。私も型通りに答えた。

「私はまだ現場で直接には見ていないので何も答えることはできない。しかし、テレビや雑誌で見た限りでは人間の手が加わっているのは明らかだ。自然にできるものではない」

そして、そばにいた人物（名も知らない人物）の助けを借りて、人間の手が加わっていると思われる、いくつかの事実をたどたどしい英語で指摘し、説明すると面白いジョークで切り返してくれた。


「君は日本のグラハムか？」

多少は海底に沈んだ遺跡について知っていると判断したのかもしれない。

だから、私は真面目な顔で答えた。

「私はグラハムのお兄さんだ」

すると、彼は何がうれしいのか、にこにこ笑いながら叫んだのだった。

「日英同盟、万歳」

●海に出るのを嫌う山男

海に出たのは翌日のことだったと思う。

シーマンズクラブ石垣リゾートホテルからわざわざ運んで来たボートで、久部良《くぶら》港から出航。南岸回りに海底遺跡の真上に出た。

ハンコックさんとサンサさんご夫婦、ショック教授やウェストさん、皆、ウェットスーツを着込み、両足にフィンを付けるとエアータンクのバルブやマウスピースの具合を念入りに点検している。

異常がないことを確認すると慣れた動作で背中に背負い、顔にマスクを付けると次々に水中に消えて行った。笑いながら、楽しそうに潜って行ったのが印象的だった。ハンコックさんとサンサさんなどは、あろうことか、抱き合って潜って行った。少しも水を恐れない。

ところが、私は潜れない。ライセンスを持っていないなんてものではない。そもそも海なんて、自分には無縁の世界だと思っていた。潜りたいという意欲というか、意志などはまったく

ハンコック、潜る

黒潮荒波

なかったのだ。

潜るつもりなどはさらさらなかったので、結局、渡辺さんと一緒に船上で釣りをすることになったのであるが、その釣りとても二十年近くお休みしていたし、ほとんど興味を持たなかった。渡辺さんは鯛を釣り上げたとか、あれを釣った、これを釣ったと景気がいいが、こちらは雑魚ばかり……だったと記憶している。

本当のところ、海は苦手だったのだ。本能的に嫌いなのだからどうしようもない。海を見たら恐怖心が先に立って手足が縮こまってしまうし、いつの間にか、呼吸がせわしく、小さくなってしまう。

それに「自分は山の専門家であって海は関係ない」などという妙な自尊心もあり、まったくの部外者として時を過ごす他になかったのである。どうして、こんなところに来てしまったのか。後悔するばかりであった。

従って、石垣島のシーマンズクラブ・ホテルで黒又山調査に関する講義をしさえすれば、私の責任は果たし終えたものとばかり思っていたのであるが、若干、いや、かなりの程度、その認識は甘かったようだ。

参加メンバーが水中に潜っている間、船上に残された私と渡辺さんは、ぼんやり待っているのも芸がないということで釣りを始めた。口をつぐんだまま、一言も発せず、じっと糸を垂れているだけであった。

　すると渡辺さんは気を遣ってくれたのか、一言、二言、話しかけて下さった。

「どうですか。海底遺跡には関心がありませんか」

「……はあ……ないわけではないのですが、私にはまったくわかりません。まったくわかりませんし、私の専門外というか、違う世界の出来事としか、受け取れません」

「そうですか」

　ここで話が途切れた。

　その後、しばらく経ったところで、私から口を開いたように記憶している。

「それにしても、ここは潮の流れが速いんですね。あっと言う間に糸が引っ張られます」

「そうらしいですね」

　再び話が途切れた。そして再び、私から口を開いたように記憶しているが、どうだったのか。あまりはっきりした記憶はない。

　とにかく、何か、わけのわからない、胸にこみ上げるものがあって、無性に急《せ》かされ、べらべら、話し始めたのである。

「ところで、この島には山がありますね。そして、磐座がありますね。どうして、それをしっかり調査しないんですかね」

島の南岸に屹立する立岩

北から遠望する宇良部岳の全景

「磐座ですか……聞いたことがないですね……鈴木さんがやってみたらどうですか」

「誰もやってないんですね……それならば……そうですね。やってみましょうか……磐座が解らなければ、海底遺跡を云々しても仕方ないので……」

ぶつぶつ、独り言のように語ったのである。そのやり取りがきっかけになり、海底の遺跡調査に来て海底に潜らず、山の調査をするというへそ曲がりな男が一人、誕生したわけである。

そして海底に横たわる遺跡について「あれは山（陸）の遺跡の一部だ」「沈没した遺跡だ」と言い始めたのだから始末に負えないことになる。ハンコックさんご一行の見解、考え方とまったく異なっており、問題意識が違っていたのである。

当然のことであるが、ほとんど誰にも理解していただけなかった。理解者は一人もいなかったのである。幸いなことに皆が皆、「海の調査に反対している」とか、「対立している」とか、公然と口に出して批判することはなかったのであるが、中には「嫌がらせをしているのか」と皮肉る方もあった。

それでも私は自説を曲げなかった。喧嘩《けんか》したり、対立したり、そういうことではない。自説を曲げる必要は感じなかった。多分、当時の私には「素人さんのモノ好きに同調する必要はない」という妙な頑固さがあったように思う。

与那国島における祭祀遺跡の分布状態を綿密に調べ上げ、「クロマンタ原理」を適用して遺跡の配置関係を見て行くとみごとに当てはまることが判明したため、ますます海中に潜らず、山登りに精を出し、勢い付いたのであった。

その結果については、帰京後、市谷の会社社長室において、渡辺さんと主だった社員の方たちを前にしてミニ講演会を行なった時、お礼代わりに自分なりの見解をレポートさせていただいたつもりである。

しかし、その時は「与那国島における古代祭祀遺跡のクロマンタ原理」を結論的に提示するのが早すぎたためか、私の主張点が整理されていなかったためか、ほとんどの出席者には理解して貰えなかった。

従って、いま、改めて発表することによって恩返しの一部なりともさせていただきたいと念願するものであり、思うところの一部だけでも発表させていただきたいと思うのである。

●不貞腐れた半端もの

いつの頃からか、市谷台町にある渡辺さんの会社にしばしば通うようになり、渡辺さんの他にも何人かの社員の皆さんとお付き合いをさせていただくようになった。当然、磐座ファン、不思議大好き人間が集まり、仲間になった。そして、渡辺さんが寿司というか、海鮮物が好きだということもあり、いつも会合する場所は馴染みの寿司屋さんであった。

終電時間を過ぎるまで飲み続けるのが不文律になっており、世田谷の渡辺さん宅までタクシーで「拉致《らち》」されるなどというのは当たり前のことで、そのまま泊まり込み、午前様になるのも珍しくなかった。

渡辺さん宅をお訪ねすれば、私はいつも部屋の片隅でぶっ倒れていた。だらしない。正体不明なんてものではない。べろん、べろんに酔い潰れて倒れていた。酒の飲み方を知らないというわけではない。酔い潰れる他に私の過ごすべき方法がなかったからだ。

山賊は私独り。他は全員、海底遺跡大好きの海賊ばかりだし、ハンコックは天才だという人々の集まりだし、横文字中心の会話だし、何しろ、自分の不得意なところ、苦手なところばかりに土俵が作られた。入り込む隙間がなかったのである。

皆さんは江坂輝彌《てるや》先生の「縄文大海進」なんて興味がないようだし、霊感とか、超能力という、訳の分からない分野に興味があるように感じられた。だから、沈んだ遺跡をミステリーとして捉えてしまうわけで、考古学的に考えただけで解決できる、当たり前のことをやって何が面白いのか、私は全然解らなかった。

そればかりではない。

いま思えば、問題はまったく別のところにあったように思う。先に結論を言っておこう。私はお付き合いのマナーがなっていなかった。沈んだ遺跡はミステリアスな事柄ではない、考古学的に考えただけで解決できる当たり前のことだと言えば良かったのである。

言いたいことがあれば、率直な意見表明をして面と向かって論争をすればいいわけで、そうすることが仲間としては大切なことで、皆、それを私に期待していたのであり、必要なことは難しいことではない。そういう簡単なマナーだったのである。

そうすれば、単なる海面的水位の上下による遺跡の沈没に止まらない、地球的異変への論議に発展することは間違いなかったし、現実に、北極と南極の氷が解けてしまうのはなぜかとか、地軸の移動などが生じたのはなぜか、という論議に発展している。

しかし、その頃の私は少々ひねくれていた。いや、ひねくれていたなどという生易しい状態ではない。いじけていたと言うのが正解かもしれない。気弱で、中途半端な男であった。

いまの世であれば、大抵の学者は、テレビや雑誌、新聞紙上で推理や憶測も平気で口にするようになったが、当時の日本には私の質問に正面からコメントして下さる学者が少なかった。と言うか、いなかったと言って良いかもしれない。

私自身、ペトログリフ（古代岩刻文様）からイワクラ（巨石文化）、ピラミッド（古代山岳祭祀遺跡）に至る古代遺跡の取材を重ねているうちに期待する解答に巡り合えず、ついには自ら調査研究せざるを得なくなってしまったのもそのためである。

信じられないことかもしれないが、当時、私の知る限りにおいては、人間の住居や墓（古墳）、生産関係の遺跡発掘に関わる考古学者はいたが、それらの中軸を占める神様の遺跡、すなわち、祭祀遺跡の発掘や調査研究に携わる考古学者にお目に掛かることはなかったのである。

古代社会の祭祀遺跡についてはまったく手が付けられず、縄文時代や弥生時代の住居や墓や田んぼなどを発掘調査するだけで、それらの中心に据わるピラミッドやストーンサークル、あるいは磐座と呼ばれるご神体石を祭る祭祀遺跡の調査研究についてはほとんど問題にされなかったというか、避けられていた。

いつのことだったか、忘れてしまったが、そのことについて、黒又山総合調査団団長をお務めになった故加藤孝先生（当時、東北学院大学

黒又山山頂部で発掘調査中の加藤孝先生（中央）と筆者

教授＝考古学）に尋ねたことがある。すると先生がしみじみとお話しして下さったことを忘れることができない。

「考古学には四つの役目があるんです。一つ目は住居遺跡を調べること。二つ目は墓、古墳などですね、これを調べること。三つ目は田んぼだの、工房だの、生産史跡を調べること。そして、四つ目は祭祀《さいし》遺跡を調べること。四つあるんです」

「四つですか」

「そうです。ところが、戦後日本の考古学は、四つ目の神様事に関わる調査研究はさっぱりやらなかった。神様事に関わるのは右翼だとか言いましてね」

「右翼ですか」

「はい。それなので、下らぬ穴掘りばかりに熱心で、肝心な研究がまったく疎《おろそ》かになってしまいました。実に残念なことです」

老考古学者の呟《つぶや》きは、私の胸にずしりと重く響いた。しかし、だからと言って、これから将来に、祭祀遺跡の調査研究者が登場するまで待っているわけにはいかなかった。

「よーし、自分でやれるだけのことはやってみよう」

そういうことで、物書きとしての仕事を続けながら一人の民間研究者としての生活を始めたわけであった。給与を得るわけではないし、物好きなスポンサーがいるわけでもなし、自前で調査費用を捻出しながら細々と行動する他になかったのである。

　時には生活を無視して動き回ることもあった。家計を圧迫しても調査活動を優先させることがしばしばあり、無謀な人生を送ったものだと反省している。妻と娘にはえらい迷惑を掛けてしまった。

　好き好んで研究者の仲間入りをしたわけではない。書きたいと思うことについて先行して研究する学者が見当たらない以上、自ら調査し、研究する他になかったということ以外に、まったく他意はないのである。

●生活も顧みず、磐座一筋の道

　さて、私が大学の研究室でもなく、民間の研究機関でもなく、一個人、民間の一研究者としての生活を始めたことについて「思い上がりだ」とか、「越境行為だ」とか、「生活無視の愚かな行為だ」とか、したり顔で、いろいろと批判する向きもあるが、判り切ったお説教は無用に願いたいものである。

　当時としては、それ以外に選択の余地がなかった、あるいは、止むを得ない選択であったと言う他に言い様がない。

言うまでもないことであるが、常識的な判断をする人物ならば、私のような馬鹿げた選択はしない。自分一人、個人の希望とか、欲求だけで進路を選択すれば、家族や多くの関係者に迷惑を掛けることになるのは火を見るよりも明らかだから。

ところが鈴木旭は、誰も関心を抱かず、何千年も謎のままに放っておかれた古代祭祀遺跡の調査研究に興味と関心を抱き、人も通らない道なき道を歩み、山中の茨の道に分け入り、遺跡調査に没頭した。馬鹿な男である。

しかも、何のテキストも参考書もない。当然、多少は参考になるとか、ヒントをいただく報告書も論文もない。いや、あっても断片的な観察報告書程度のメモにお目に掛かるだけのことであった。参考にすべき資料がなかったのである。

この点、極めて重要なことであり、超古代文明研究のパイオニアである大先輩、大先達として知られる佐治芳彦先生（超古代史研究家）も同じようなことを言っておられたのを覚えている。

「問題意識に応じて書こうとすれば、どこにも参考にすべきテキストはないし、資料として使える書籍もないというのがしばしばであった」

「また、一冊の書にまとめようとしても、個人的な努力によって自学自習し自分なりの視点、論点を定めて執筆作業を進めて行かなければならなかった」

恐れ多い言い方をして恐縮であるが、それは私も同じであった。どこにも参考にすべきテキストはないし、資料に使える書籍もない。師匠もいない。苦労に苦労を重ね、自学自習して書き上げる。

それにもかかわらず、なかなか認めて貰えなかった。何を言っても「それは鈴木さんのご意見でしょう」と言われるばかりであった。名の通った学者として多少は論文を書き、学界で認められなければ、どんな高邁《こうまい》な学説を論じたとしても認められなかった。

そういう悔しさがあったわけで、少々、ひねくれても仕方のないところがあった。

しかし、世の中は変わった。わずか十数年の間に起こった変化であるが、確実に変わった。

三内丸山遺跡

そう感じるようになったのは、三内丸山遺跡《さんないまるやま》（青森県青森市）が、いろいろな形で、広く世に知れ渡るようになってからのことではないだろうか。

たとえば、いまでは誰も「縄文人が頭の髪を伸ばし放題に伸ばし、なめし革を身にまとっただけで山野を放浪して獣や鳥を追い求め、草花や木の実をもぎ取って食するだけのその日暮らしの野蛮人だった」とは思わない。

ちゃんとした定住集落を作り、クリやアワ、ヒエなどの選択的栽培（農業と言っても良い）をして安定的な暮らしをしていたのを知っているし、高度な漆器や土器を作っていたことを知っている。

三内丸山遺跡は、一つの村がそっくり、そのままの形で、タイム・カプセルのような状態で地面の下に残されていたのだった。

そのことによって、飛鳥時代にならなければ、あるはずのない直径一メートル余の巨木を使った神殿を建造する技術力、そして、長さ三〇メートル、横幅九メートルという途方もない大きさのロングハウスを建造するほどの技術力があったことが判った。

従来の縄文文化論では決して出てこなかった事実であり、その見直しを図る動きが出てきても当然のことであった。中には縄文文化という概念では狭すぎる、「縄文文明」という広義の概念を用いるべきであると主張する人さえも登場した。

考古学上の変化は、もう一つあった。三内丸山遺跡の発掘調査結果が世に広まる直前のことだった。

自然の山に見えた黒又山（秋田県鹿角《かづの》市十和田大湯）が、実は自然の山を改造し、人工の施設を加えて造り上げた半自然半人工の階段式ピラミッドであったという調査結果が、新聞やテレビを通じて大きく報道され、話題になったことだ。

つまり、メキシコやグアテマラ、インドネシアなどで見られるピラミッドと同じ階段式で、しかも、そのルーツ（原型）とも言うべきピラミッド、もっと古くまで遡る可能性があるピラミッドが日本にあったということが大々的に知れ渡ったのだ。

「日本にピラミッドがあった」というニュースに触れた人々は、十和田大湯縄文人のスケールの大きな科学力と技術力を知って驚愕した。

その結果として、縄文文化そのものの見直しが始まったのは当然の成り行きだった。それは「失われた文明」とか、「忘れられた文明」を追求するハンコックさんの問題意識とも一致していたと言っていいのではないだろうか。

その意味では、私が黒又山ピラミッドの調査事例を紹介するためにシーマンズクラブ石垣リゾートホテルに向かったことは、当時の私が考えた以上に大きな意義を持っていたのかもしれ

エジプトの3大ピラミッド

メキシコの太陽のピラミッド

ない。

黒又山ピラミッドの調査報告は、考古学的観点から発掘された三内丸山遺跡と違って、日本における「失われた文明」「忘れられた文明」の実在を証明しようとした唯一の学術調査報告であったから……。

日本にも〝神々の指紋〟があったことを実証するという意味があったのは無論のことだが、研究者にインタビューして構成される記事や出版と違って、自ら組織した調査研究チームによって得られた生データをもとにして展開されたものであったという点において、一層貴重なデータであった。

海に来て山に登るという自分の頑固さについて書いているうちに、どんどん脇道に逸れてしまった。そろそろ元の道に戻らないと何を言いたいのか、分からなくなってしまう恐れが出て来た。

ボートの上で所在なげに釣りに興じている場面に戻ろう。早く戻ろう。

●黒潮が激突する岬

釣りをしながら一つだけ気付いたのは潮の流れが異様に速いことだった。海中に投じた釣り糸がどんどん西へ流され、引っ張られて行く。

海底遺跡がある新川鼻《あらかわばな》と島の間は潮の流れが速くなりやすい。黒潮が島にぶつかり、左右に分かれるところだからだ。勢い、潮の流れが速くなる。

これでは潜っている人たちも大変だろうなあ、と潜ることにはまったくのど素人の私でも感じ入ったのである。これが意外なことだが、海底遺跡に関心を持ち、仲間入りする第一歩になった。

「随分、潮の流れが速いようですね」

「久部良《くぶら》で聞いたのですが、この岬、新川鼻というのですが、ここで潮の流れが東西に分かれるんだそうです、東と西に」

「この岬にぶつかって、東と西に分かれるとい

激しい黒潮の流れ

うことですか」

「はい。東に分かれた黒潮は反流となって南に戻り、西に分かれた黒潮は琉球列島、日本列島の西を北上するんだそうです」

シーマンズクラブのスタッフに聞いたことは大変、参考になった。この地点、すなわち、新川鼻こそ、黒潮の中心が激突する地点であった。ここで黒潮が東西に分かれることを知った意味は大きかった。

北上するのも南下するのも自由自在ということだ。黒潮の中心が激突する地点であり、尚且《なおか》つ、自由自在に往来できる場所だからこそ、新川鼻に海底遺跡があったのであり、なければならなかったのではないだろうか。

どうして海底遺跡がそこになければいけないのか。その理由を摑《つか》み当て、正しく説明できなければ、遺跡調査をしたとは言えない。必ず必然性があり、それを摑み取らなければならないわけで、初日から大きなヒントをいただいたのであった。

そうなると、いつまでも太公望を決め込んでいるわけにはいかない。私は「山の専門家であって海は関係ない」などと偉そうなことを言う前に、与那国島を見て回る必要があるのではないかと思い始めていた。

下調べではないが、お勉強のために一度、主だったところだけでも見学させていただこうという気持ちになった。もちろん、私には私なりの下心があった。

本命は山にある。そう直観した。山に入れば、必ず何かがあるし、見せて貰えるはずだ、と。初めから予感するところはあったのだ。そうやって山の情報を摑んでおけば、何か、海に潜る皆さんのお役に立てることもあるのではないか、と考えたのである。

まず向かったところは、島内で一番高い山、宇良部岳《うらぶ》である。標高二三一メートル。祖納《そない》の町外れから山の麓に辿り着き、延々と坂道を登って行く。

当時は道路が舗装されておらず、水路代わり

宇良部岳入口の謎の階段石

になってしまった溝がうねうねと続くばかりの悪路を右に避け、左に逃げながら、うんうん唸りながら登って行ったもので、結構神経を使った。

しかし、何とか、山頂部に到達することができた。あれは4WDの小型ジープだったので、比較的楽に登ることができたのかもしれない。

山頂部に到達した時、NTTの巨大な電波塔が聳《そび》え立っているところを見ると、元々の形などはとうの昔に失われているに違いないとも思っていたが、必ずしもそうではないことを確認することができた。

やはり、予想通り、その山が祭り場であったことを示す証拠はまだ残されていたのであった。海底遺跡をそのまま縮小したような階段状の岩がなぜか、斜面に張りついている。

だが、それだけではない。その上にも巨石群がごろごろ転がっていたのである。それには後に詳しく触れる予定である。

次に訪れたのは、テンダバナと呼ばれる天蛇鼻《てんだばな》だ。

名前がすばらしい。天に登らんとする蛇の棲む岬という意味である。天に駆け上がる龍ならば理解できるが、蛇が天に駆け上がるというのは珍しい。あたかもテオティワカン（メキシコ）のケツアルコアトル、羽毛を持つ蛇を連想させるネーミングであるが、これには後に詳しく触れる。

祖納の町を見下ろすように崖がそそり立つ天蛇鼻。

山頂部の様子はまったく見えなかったのであるが、中腹に造られた回廊のような展望台を巡り歩いて祖納の町並みを見学した。

なるほど、波多浜《なんたはま》が接する祖納港を中心に広がる市街地がよく見える。一望することができる。奥まで進んで行くと、地下水が溢れ出る洞窟や勢いよく水が噴き出す水道のようなものがある小広場に出た。

何か、由緒、謂われがあるものと見えた。

意外なことであったが、高台を形作っているテンダバナが水量豊富な水源地になっていることを知って驚いた。そして、この時は、どうして、テンダバナが水源地になる必要があるのか、納得できる理由が見つからなかった。

伝えられるところによれば、ここは十六世紀の頃、サンアイ・イソバと呼ばれた巨人族の女酋長《しゅうちょう》が治める村のあったところで、宮古島から攻め寄せた軍勢に攻め滅ぼされてしまったと

天蛇鼻の北壁に刻まれた巨大な龍神の岩刻文様

（上）（下）天蛇鼻の丘に散乱する磐座群

天蛇鼻の丘に散乱する磐座群

天蛇鼻遠景

いう。

だが、私は、この場所がサンアイ・イソバが活躍する十六世紀をはるかに溯る遠い昔から重要な意味を持つ場所だったのではないか、と考えた。

なぜなら、回廊の真上、山頂部に東西一直線に配列された巨石群の残骸や北側に位置する巨大な沼の跡を見つけることができたからである。単なる自然のイタズラと見るにはあまりに雄大かつ幾何学的なものであった。

実際のところ、後になって、私が調査に取り掛かった途端、さまざまな新事実が次々に発見され、いままで気付かなかったことが解き明かされることになる。

さらに、島の両端、**東崎**《あがりざき》と**西崎**《いりざき》を回ったところで、またもや気になる巨石群を見てしまった。

東崎灯台に向かう途中の東牧場敷地内に意味不明の組石状の巨石群が数個体、置かれたままになっている。岩盤が露出しているとか、火山の露頭が顔を出しているわけではない。明らかに組石遺構の残

東崎全景

東崎の各所に点在する磐座群

骸と見る他にない巨石群だった。

しかも、広い牧場の敷地内に唐突に置かれているためによく目立つのである。よく目立つのに誰も遺跡だ、遺構だ、と騒ぐ人はいないように見受けられる。いったい、どうなっているのだろうか。

島の西側、西崎灯台に向かった。

南牧場を通過する観光道路を走って西崎灯台に辿り着いたのを覚えているが、灯台下の広場に車を停め、階段を登ろうとして上を見上げた時に唖然とした。

何と真ん前に真東を向く巨大な目玉の組石遺構らしきものが鎮座ましましていたのであった。おそらく、春分の日、秋分の日に真東の空から昇る太陽の光を見つめる目玉ではないだろうか。

私は思わず、声に出してしまった。

「何だ、ここの灯台は遺跡じゃないのか？」

灯台の周辺は公園になっており、公園内には大きな石が至るところに並べられている。

灯台の建設工事をする時、邪魔になるので除《の》けてしまったのであろうが、

西崎から東崎を望む

（上）（下）西崎灯台下に眠る巨大目玉状組石

おかげで組石遺構の部材として使われた石が捨てられずに残ったのかもしれない。その辺の事情は一切不明のままであるが、そういう可能性がまったくないわけではない。

周辺を回ってみると、やはり、気になる岩が多数、散らばっているのである。時の流れと共に風化しつつある巨石群は、この先、どうなるのだろうか。

こうして島内を見学し、概観しただけでも与那国島はただの島ではないのが一目瞭然となるのであるが、与那国空港に降り立った時からずっと気になっていた**久部良岳南峰の「みみ岩」**の由来を聞いて、ますます与那国島とは何だったのか、気になった。

三体の巨大な岩には大きな目玉のペトログリフがあって、それが台湾の高雄山にある高雄神社の信奉するご神体石「みみ石」と一対になっているというのである。まだ確認していないので何とも言えないが、与那国島と台湾が兄弟分だということではないのか？

これは面白いことになった。

只事《ただごと》ではない。どうして、誰も注意を払わないのだろうか。どうして、その謎を解明しようとしないのだろうか。そして、海底遺跡の謎を追い掛け、夢中になっている人々がなぜ、こちらの肝心な巨石文化遺跡に対して関心を向けようとしないのか。

私は呆然として立ち止まった。

この時から、目標が定まったのである。これでは何事も進まない。何も判らない。陸上にお

久部良岳山頂のみみ岩遠望

みみ岩（拡大）

ける巨石文化そのものに目を向けて行かない限り、与那国島における海底遺跡の謎解きは一歩も前進しない、と。

どこへ行っても、私はまずその土地の方位方角を見る。そして、地形を見る。与那国島を訪れた時も方位方角を見て、それから地形を見た。

どこの土地でも、必ず中心になる聖地とか、産土《うぶすな》の土地があって、その土地を中心にして町や集落が出来上がっているというのが一般的な形であり、その形を見れば、その土地の文化や歴史というものをおよそのところで読み取ることができる。

すでに見た通り、与那国島も要所々々を歩き回り、東西南北をざっと見て回る機会が与えられたお蔭で、与那国島の土地柄を見ることができたわけであった。その結果、何が判ったか。与那国島に固有の文化が、しかも、肝心要の部分が、まったく未調査のままに放置されているという現実であった。すなわち、巨石文化である。

島内の要所々々に纏まった形で残されている巨石群は単なる自然石ではない。石ころではない。極めて重要な意味を持つ古代祭祀に関わる磐座なのである。

私が磐座であると見立てた巨石群が本当に磐座なのか、あるいは違うのか、はっきりした結論を出す必要に迫られているのではないだろうか。

この先、「第二章　イワクラ・ネットワークの全貌」において詳しく検討することになっているので、ここでは深入りすることはしない。

とりあえず、「なぜ、イワクラ・ネットワークを見ることが大切なのか」をはっきりさせておくだけに留めておきたいと思う。

そもそもイワクラ・ネットワークという用語は、磐座と呼ばれるご神体石が置かれている場所を地図上に記入して行くと、ある一定の法則に従って配置されているとしか、思えない状況が浮かび上がってくるのであるが、元々は黒又山ピラミッドの調査当時（平成三年〜六年）から使われている「クロマンタ原理」に端を発している。

では、クロマンタ原理とは何か。

黒又山ピラミッドを中心に置いて、周辺の祭祀環境を見てみると、春分の日、夏至の日、秋分の日、冬至の日、それぞれの日ごとに太陽の出入りする方位方角を見ると、そこには必ず神社や山、巨石遺構などがあり、とても偶然の出来事とは思われない。

ところが、その神社や山、巨石遺構周辺などが発掘調査されることによって関連性が実証されるとか、はっきりした年代判定結果でもあれば問題はなかったのであるが、どこにおいてもそういう調査は実施されていなかったので、結論を得ることはできなかった。

それにもかかわらず、それらの神社、山、巨石遺構は黒又山を中心にして組織された古代祭り場の跡だったのではないか、という仮説だけが残されたのだった。

たまたまGPS（全地球測位システム）によって緯度、経度を測定した結果、判明したものであり、当時の考古学には天文学とか、地球物理学的観点から遺跡を見て行くという視点がなかったために大きな話題になったのである。

GPSと言えば、クルマ用のナビゲータとして普及しており、いまは珍しくもないが、平成三、四年当時はSONYから発売されたばかりで、価格的にもポータブルサイズのGPS一台が二十四、五万円もしたのを記憶している。そのGPSを利用して緯度、経度を測定したところ、思わぬ結果が出たので大騒ぎになったのであった。

念のために確認すると次の通りである。


この「イワクラ・ネットワーク図」は、山から里に降りてきた神社が落ち着いた形を測定した原図を基にして、私が修正したものである。

元々の形を探らなければならないと考えて追加調査を実施したところ、黒又山ピラミッドの東側に位置する出羽《でわ》神社は、元々はずっと真東の山中奥深くまで入ったところにある犬吠森《いぬぼえもり》にあった。

それが「東の聖地」の現在形であったことを確認する一方、西側にある愛宕《あたご》神社も、毛馬内《けまない》

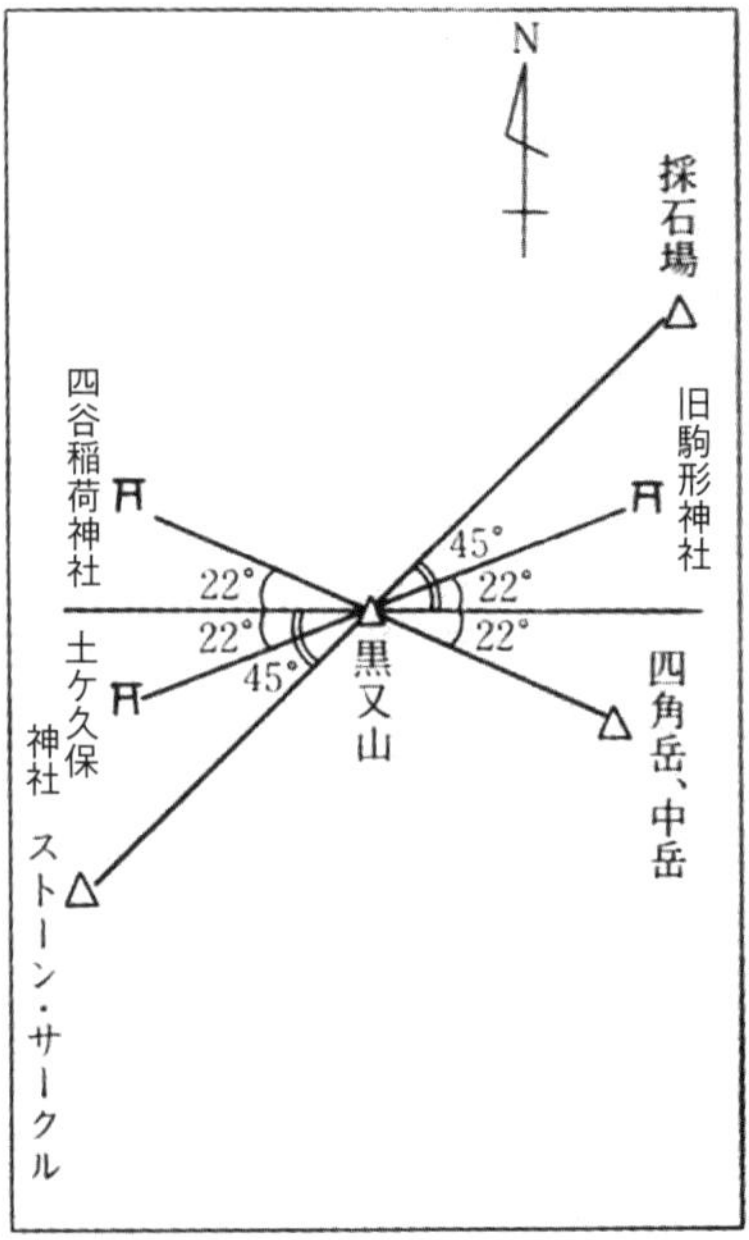

黒又山ネットワーク（作成＝辻維周氏）

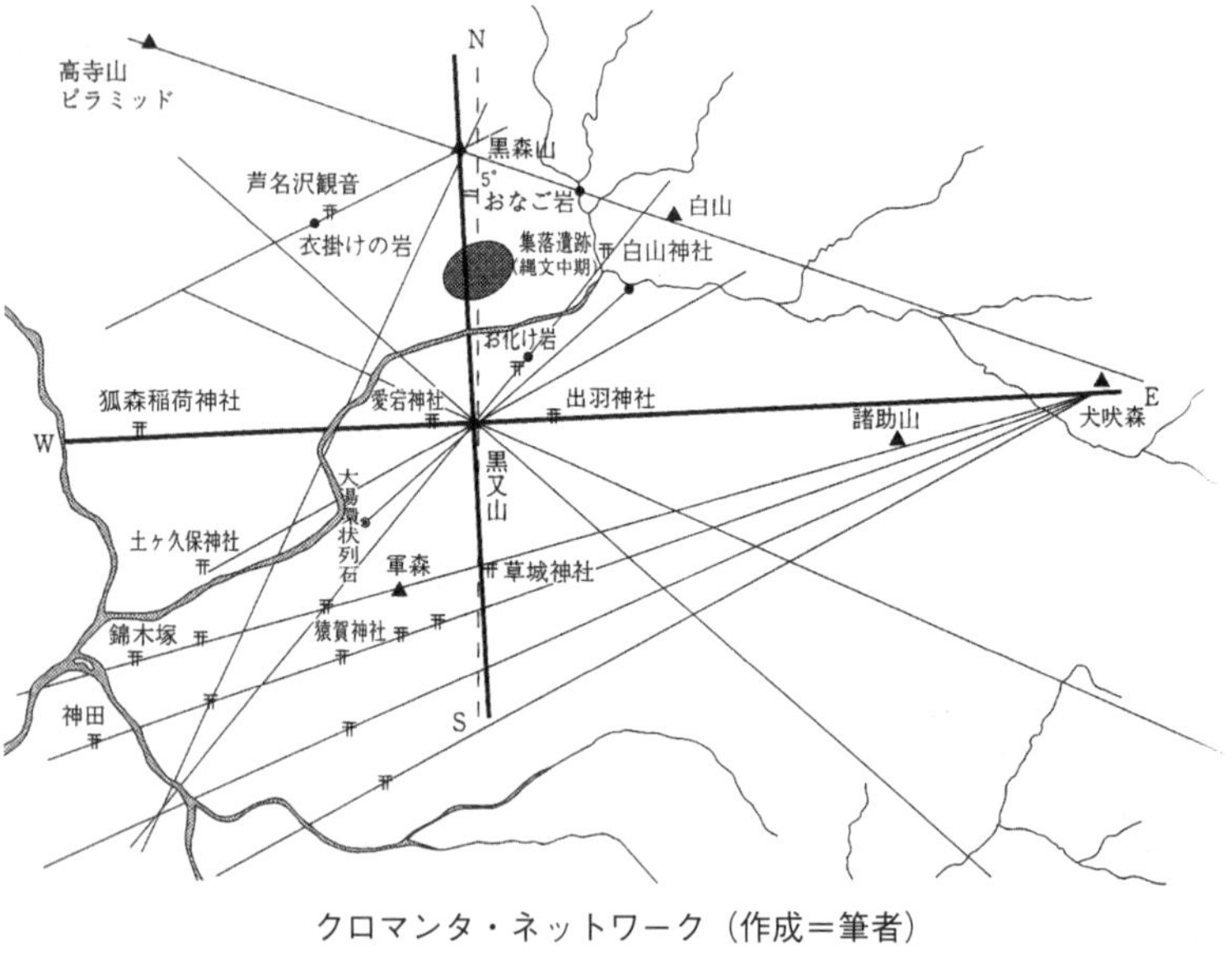

クロマンタ・ネットワーク（作成＝筆者）

地区にある高台に祭られた西町神社か、狐森《きつねもり》稲荷神社と何らかの形で関係があったのではないか、と推察できた。

元々のネットワークとは違っていた可能性も出て来たわけである。

また、黒又山ピラミッドの西南二・二キロに有名な国の指定史跡である大湯環状列石があるのだが、その環状列石を形作った素材（石英閃緑ひん岩）は、黒又山ピラミッドを挟んで真反対、北東方向へ二・二キロの安久谷《あくや》川沿いにあり、ちょうどよいバランスを保っているのを発見した。

改めて、黒又山ピラミッドと大湯環状列石に深い繋がりがあり、密接に結び付いていることを知ったのは大きかった。

黒又山ピラミッドと大湯環状列石はワンセットになっている可能性がある。これだけならば、偶然説も強い発言力を失うことはなかったかもしれないが、多分、夏至と冬至の日の出地点、日の入地点を指すのではないかと見られる次の神社が浮かび上がって来たのは興味深いことだった。

夏至の日の出地点にある旧駒形神社、日の入地点にある四谷稲荷神社、冬至の日の出地点にある四角岳、中岳、日の入地点にある土ケ久保《どがくぼ》神社の四地点にある神社である。いずれの神社も黒又山ピラミッドを中心にして放射状に延びる直線の仰角が東西線に対してちょうど二二度の傾き角度であった。

偶然にしてはでき過ぎている。誰もが、そう思ったのは当然だった。

こうして黒又山ピラミッドとその周辺における遺跡相関図というか、ネットワーク図を修正して地図上に描いてみると、古代人の自然観というか、地理観というか、地勢観というか、土地の利用法というか、土地々々の地理や地勢に応じて人間社会を建設している様子が判ってくる。

その時代を生きる人間たちが、いかにして、自分たちが生存するための社会を建設したのか、その基本的思想というのが読み取れるような気がするのである。これは大きな意味があった。

一つひとつの遺跡が単独に孤立して存在しているのではなく、その土地にとって最も大切な神々を祭る聖地とか、産土の地（集落発生の地）を中心にして、さまざまな因縁を持つ遺跡が寄り集まり、集合し、一定のルールに従って結ばれているのをネットワーク図にして見せてくれたからだ。

この点、最初に発想し、視覚化して目に見えるようにして下さった辻維周さんに感謝したいと思う。「井戸は最初に掘った人が一番エライ」のだから。

その後、私は辻さんが作成した遺跡相関図を修正したことは先述の通りである。

何度となく黒又山ピラミッドを訪れ、その周辺を詳しく歩き回った結果に基づいて、筆者は「黒又山を中心とするピラミッド・ネットワーク図」を描いて発表した。

その図は、学研から発売になった拙著『古代史の封印を解く　日本ピラミッドの謎』（一九九四年九月刊）の巻頭グラビアページに掲載されている。横に付けられた説明文を読み直すと、私はいまでも体が震えるような興奮を覚える。再録する。

ピラミッドと言うと、従来は山ひとつだけを見つめてきた。それが三角山であるとか、山頂部や麓に謎の巨石文化遺跡があるという視点からのアプローチである。しかし、黒又山の場合、その山を中心にしてシステム化されたピラミッド・ネットワークを考察の対象としている。この点、非常に重要な意味を持っている……。

先述の黒又山総合調査団団長・故加藤孝先生（考古学＝元東北学院大学文学部教授）は多分、平成五年（一九九三）春に実施された第二次総合調査の期間中だったたと思う。

ニコニコしながら私を近くに呼び寄せて言われたことがあった。先生は無類のパイプ愛好者であるが、その時もパイプを離さなかった。甘酸っぱいパイプの煙を漂わして言ったのである。

「この〝クロマンタ原理〟という言い方をされた周辺遺跡の関係図のことね、これ、黒又山だけの特殊例外的なことか、それとも日本全国に共通する普遍的原理なのか、いっぺん徹底的に調べてみると面白いかもしれませんね」

「面白い？　徹底的に調べてみる？　特殊例外的なことか、普遍的原理なのか、どちらなのか、ですか」

「あなたのように国内外を飛び回っている人はやりやすいのではないですか」

「そうですね。そうかもしれませんね。面白いかもしれません」

「これは、先生が〝クロマンタ原理〟という言い方をされたので、これはうまい言い方をされたなと思ったのです。それで、言われた通り、原理と言えるものなのかどうか、一遍試してみたらどうかと思ったわけです。ヒントは鈴木先生、あなたがくれたのですよ、是非、やってご覧なさい」

そう言って、先生はニコッとお笑いになった。

私はドキッとした。迂闊《うかつ》にモノを言ってはならないということを教えられたような気がした。そして一旦、口にしたら最後、それを実証するために死に物狂いになって動かなければならないし、途中であきらめてはならない。そう思ったのである。

以来、北は北海道から南は沖縄・与那国島に至るまでの間、日本全国を走り回り、さまざまな機会を捉えて調べ回ったピラミッド（山岳祭祀遺跡）の数は二十カ所や三十カ所ではない。

主だったところを挙げて、その成果を確認するだけでも大変な作業になる上、東アジア諸国諸地域を入れたらもっと多くなる。膨大な件数になった。

その中から、日本の祭祀遺跡だけでも、いくつか抜粋して紹介してみようと思う。

まず、結論を先取りしておこう。

クロマンタ原理は、黒又山総合調査団の個人的主観に基づく一面的な見解ではなかったことを数多くの遺跡調査・見学によって確認することができた。

つまり、黒又山ピラミッドだけの特殊例外的なことでもないことが判った。どこでも適用できる一般的かつ普遍的原理であったということだ。

言うなれば、極めて常識的で、当たり前のことであり、どこにでも適用できる法則だったのである。これは簡単なことであるが、実に重い事実であった。

【フゴッペ遺跡と西崎山（北海道余市町）】

多くの人は、フゴッペ洞窟の見学に余市町《よいち》を訪れても西崎山ストーンサークルまで足を運ぶことは少ないのではないだろうか。

また、訪れたとしてもフゴッペ洞窟と西崎山ストーンサークルを関連付けて見る人はいないのではないかと思う。しかし、好奇心旺盛な人がいれば、双方を関連付けて見て行くと意外な

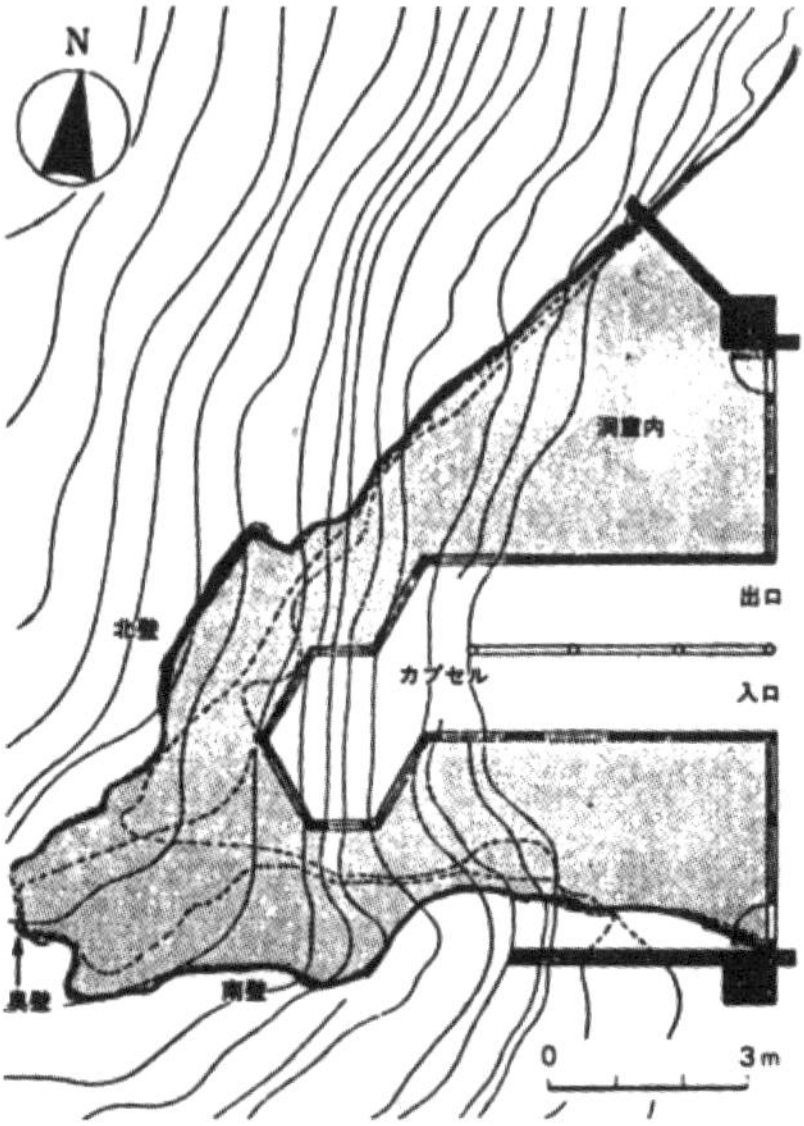

フゴッペ洞窟構造図（提供＝北海道大学）

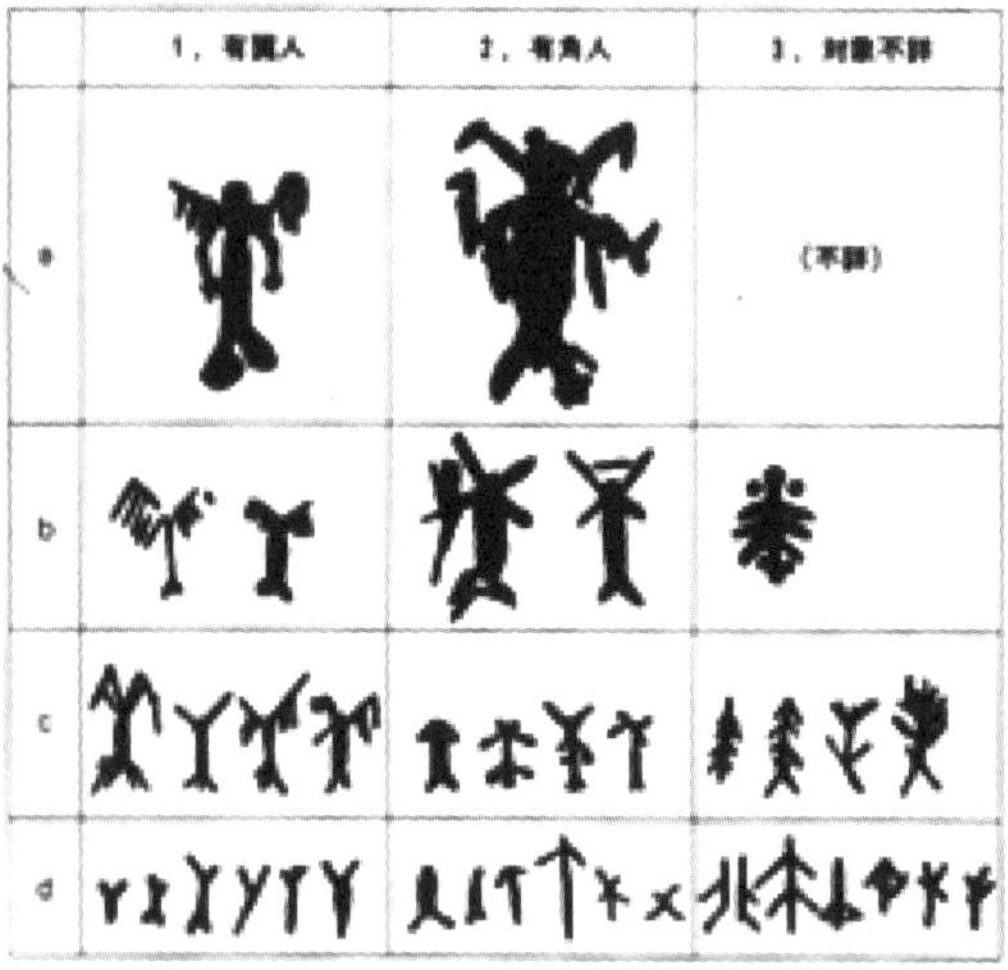

フゴッペ文字（提供＝北海道大学）

事実が浮かび上がって来るのである。

西崎山ストーンサークルは西崎山山頂部の北端に造られた遺跡であるが、その場所に立って北西方向を見るとフゴッペ洞窟が視野に入ってくる。

逆に、フゴッペ洞窟から見れば、西崎山ストーンサークルは南東方向に見えるわけで、ここから昇った太陽の光が洞窟の北西壁に直角に当たる仕掛けになっている。ちゃんとした理由があって、そうなっているのである。

西崎山ストーンサークルには男根《だんこん》を象徴する立石、フゴッペ洞窟は子宮口を意味する洞窟。両者はワンセットになっていることは疑いない。

西崎山の男根石が隆々と勢いよく勃起する時、そこから昇る太陽の光が子宮口に例えられるフゴッペ洞窟の内部に差し込む仕掛けになっている。元気のいい命を授かるわけである。

また、今は間を遮る障害物が多く、確認したわけではないが、真東に位置する地鎮山の山頂部に残された磐座から昇る太陽の光は洞窟奥、真西に延びる洞窟の奥に差し込むようになっているはずだ。

何度か、地鎮山を訪れているが、この山頂部からは雑木林の枝葉に視界を遮られて、フゴッペ洞窟が見えなかったような気がする。ここでも立石は男根石である。

こうして見ると、このフゴッペ洞窟を取り巻く祭祀環境においても合理的な方位方角の位置関係が保たれており、みごとに「クロマンタ原理」は貫かれているのである。

当たり前と言えば当たり前であるが、当たり前の現象として貫かれている事実の中に限りなく深い意味が含まれていることもある。

歴史学に言う文献資料の解読研究と似て、われわれの調査研究は自然環境、祭祀環境などを注意深く観察することによって成立する。

再確認して、妥当な結論を出したいものである。


【手宮洞窟と天狗山（北海道小樽市）】


手宮《てみや》洞窟のペトログリフはあまりにも有名な史跡であるが、その評価をめぐる公式見解がいまだに定まっていない。

それというのも有名な事件であるが、国語学者の金田一京助さん（故人）が、昭和二十九年（一九五四）八月、北海道旅行にお出でになられた昭和天皇に「これは一アイヌ人のイタズラ書きであります」とご進講申し上げたため、古代文字に進化しつつあったペトログリフ（古代岩刻文様）が「一アイヌ人のイタズラ書き」に成り下がってしまったのであった。

それから半世紀近く後のこと。

同地を訪れた歴史言語学者川崎真治《しんじ》さんが、改めて壁に刻まれたペトログリフを見直したところ、甲骨《こうこつ》文字やウル＝シュメール語、古代トルコ文字などが混在した古代文字で、「梟神《ふくろうがみ》に祈る」という祈りの文字となって刻まれていることが判明した。

古代手宮洞窟人の主神は梟神だったわけで、アイヌ人とは明らかに違う人々であったことが判明したわけである。

重要なことは「梟神に祈る」というペトログリフは、西南西方向（ほぼ二四〇度方向）を向いた壁に刻まれているということだ。その壁を背にして西南西方向を向けば、はるか向こうに天狗山が見える。

昔は修験道に打ち込む行者の道場と

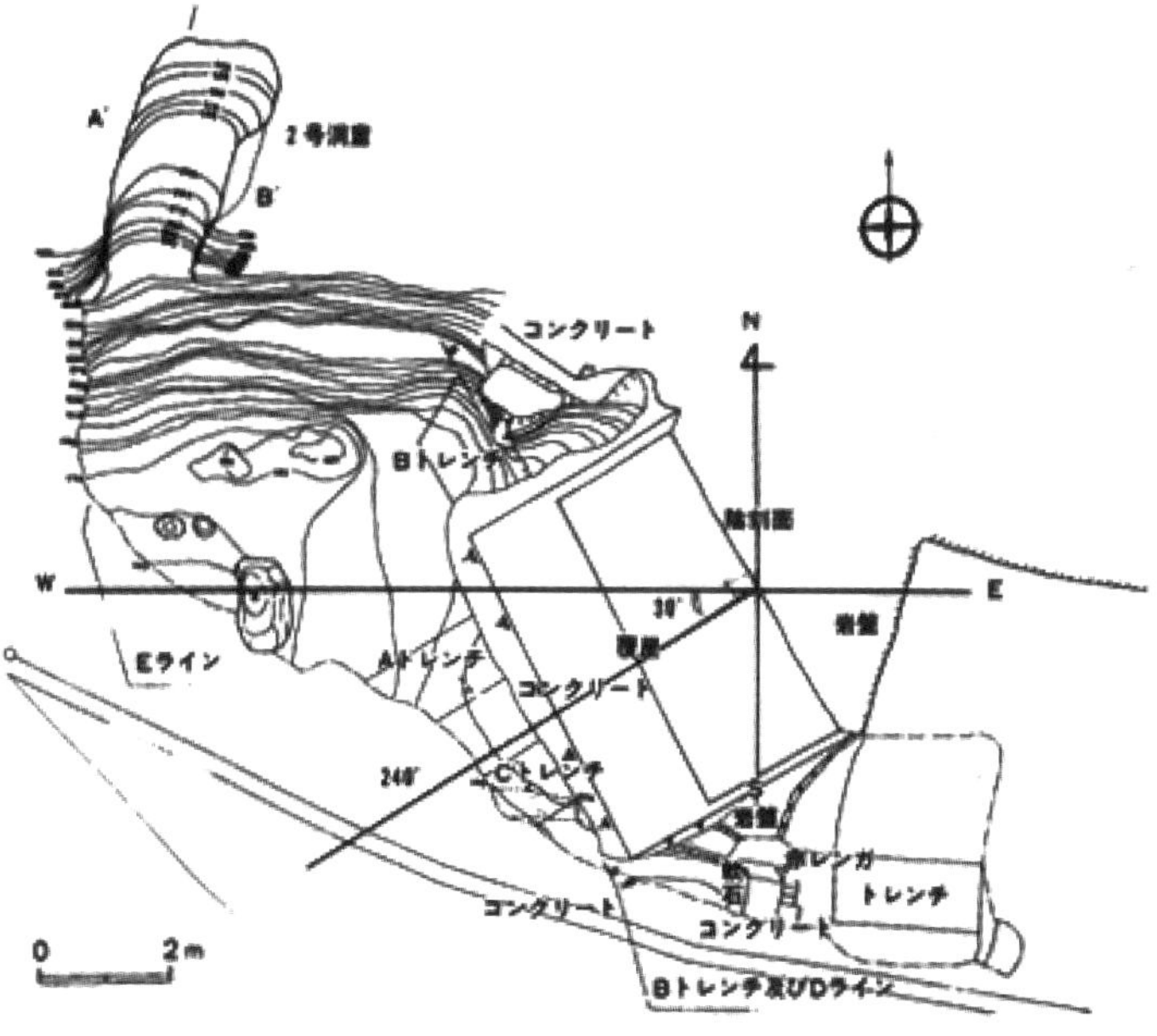

手宮洞窟方位方角図（作成＝筆者）

なった山だ。それが、手宮洞窟から見れば、冬至の日没地点に位置している。早速、行ってみたところ、天狗山は、やはり、巨石文化の名残を各所に残しており、怪しげな雰囲気が漂っていた。

おそらく、手宮洞窟から見て日没地点に相当する天狗山に日が没すれば、闇夜を支配する梟神に祈る他にない。だから、手宮洞窟のペトログリフは「梟神に祈る」となっているのである。見るべきところを見れば、謎解きは簡単なのだ。天狗山に気が付くか付かないかで、それだけの差が出て来る。筆者が天狗山に着目したのは「クロマンタ原理」を体得していたからであって、古代文字研究だけでは気付くことはなかったであろう。

やはり手宮洞窟でも、みごとに「クロマンタ原理」が貫かれていることが確認されたのである。学問は実践学習、現場で試されるものなのだ。

［モヤ山（青森県市浦村《しうら》〈現・五所川原市〉）と岩木山（青森県岩木町〈現・弘前市〉）］

モヤ山は謎めいた霧に包まれた古代津軽を象徴している。きれいな三角形をしているため、古くからピラミッドではないかと噂されてきた。しかし、一度も正式な調査が行なわれたことがなく、いまだに謎のままで留まっている。

このモヤ山と岩木山は東経一四〇度二〇分の一直線上に並ぶ。そして、どういう理由があっ

モヤ山

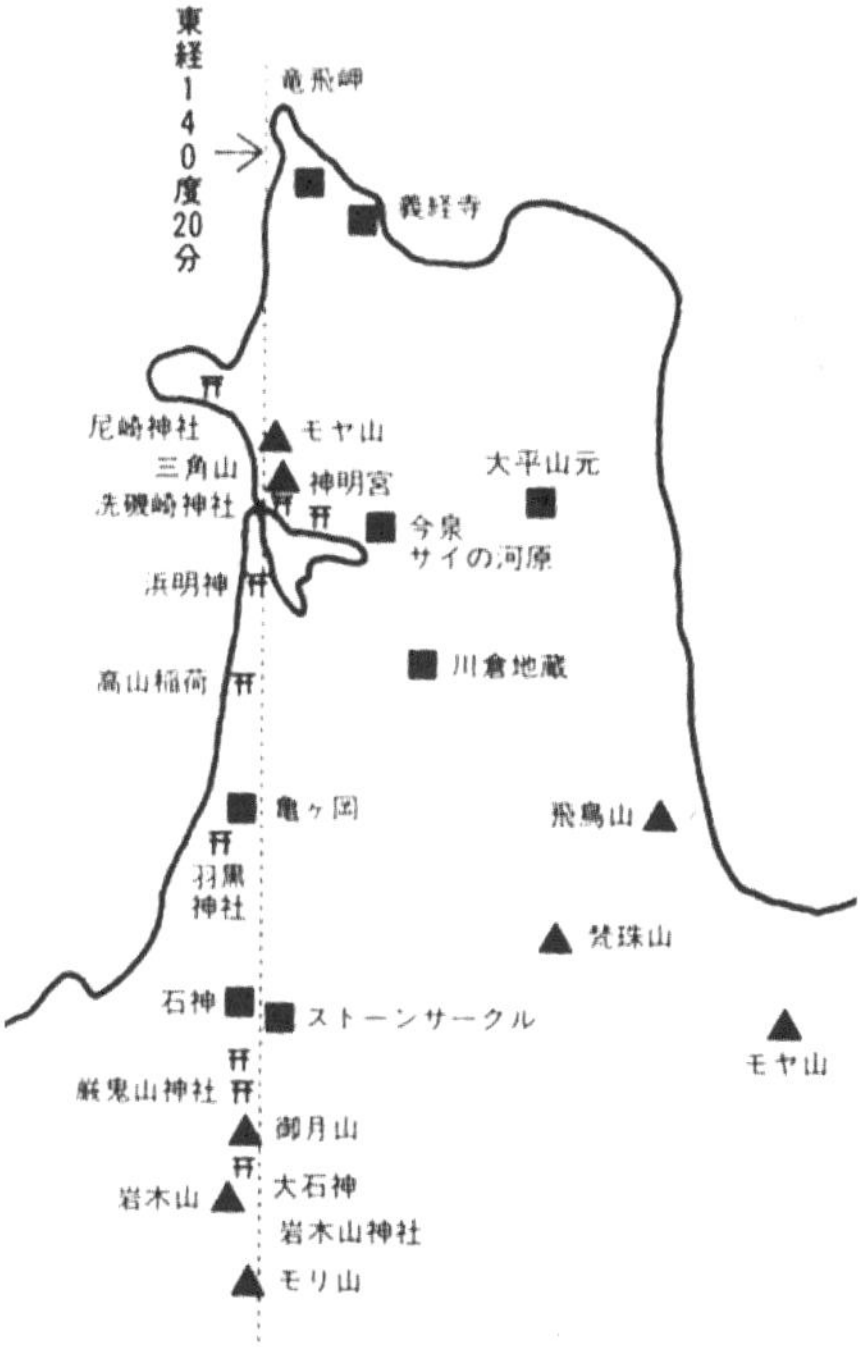

大石神＝モヤ山ライン（作成＝佐藤有文氏）

てか、同じ直線上には石神信仰の洗磯崎《あらいそざき》神社、遮光器土偶の浜明神、古代神事占いの秘儀を伝える高山稲荷神社、遮光器土偶の亀ヶ岡遺跡、ストーンサークルの大森勝山、石神遺跡、巌鬼《いわき》山《さん》神社、大石神《おおいしがみ》などがあたかも整列しているように一列に並ぶのである。

どうしてだろうか。

また、モヤ山の真東に進めば、世界最古の縄文式土器を出土した大平山元《おおだいやまもと》遺跡がある。簡単に「世界最古」というが、桁外れに古い年代であり、一万五千五百年前前後まで遡る。

いま、世界的に名が知られているカンベイ湾（東インド）から出土した土器類でさえも九千五百年前のものだから、いかに古いものであるかが想像できようというものである。

それが津軽の地にあるわけで、従来は別々に論じられてきたピラミッド（モヤ山）と縄文文化（大平山元遺跡）が相互一体のものではないかとされる所以でもある。

こうしてモヤ山と岩木山を結ぶ南北線は「謎のレイライン」と呼ばれてきたのであるが、筆者はさらに東西線を加え、「謎のイワクラ・ネットワーク」と呼ぶことにしたい。

未解明のままに残されている津軽の謎は深まるばかりであり、前進しないのであるが、首尾一貫、「クロマンタ原理」が貫かれていることをより徹底して追求し、実証作業を行なえば、その謎を必ず解明できるはずである。

今後の新展開に期待したいと思う。機会があれば、私自ら調査をしてみたいと思っている。

［大石神（青森県新郷村）と十和利山（秋田県鹿角市）］

　キリストの村として知られる新郷村《しんごう》。観光名所として名高い十和田湖の真東にある。

　十和田湖のすぐ東側には十和田山、十和利山《とわりさん》、迷ケ平《まよがたい》、戸来岳《へらいだけ》が競い合うように並び立っているが、その中のひとつ、戸来岳と十和田神社を結ぶラインをどこまでも東に向かって延引して行けば上大石神の山頂部に突き当たる。

　この東西線が何らかの意味を持っていることは十分に想像できることであり、十和田湖の東にあって何か、特別な役割を担っていたものと思われる。

　ところで、大石神は上と下に分かれており、上下一対になっている。

　山頂部の上大石神には大小多数の岩が東西線上に並んでおり、中には巨大な岩偶《がんぐう》のような岩も立っている。

十和利山

その下はゆるやかな斜面になり、畑になっているところを見れば、かつては祭りの広場になっていたのかもしれない。

その下、下大石神には鏡岩、方位石などの巨石群が密集している。中でも圧倒されるのは、縦横が一〇×八各メートルを超すと思われる超特大の鏡岩である。安政年間に地震で倒れたままになっている。

こうして見ると、上下の大石神共、南向きの斜面上に巨石群を並べて林立しており、正に太陽の動きを見つめながら立っているわけであるが、それらの巨石群に相対する人間から見れば、真北の空に輝く北極星を見上げる形になるわけで、南北線が重要な祭祀線になっていることが窺える。

東西線だけでなく、南北線が交差する場所になっているということを見れば、特別な祀り場になっていることは大体予想できるはずだ。

どのような意味で特別であったのか。具体的な事実を摑めば解明できるわけであるが、この周辺の調査をやり直すくらいの心構えで取り組めば、きっと新しい発見があるかもしれない。

いずれにしろ、十和田湖方面でも「クロマンタ原理」は生きていたのである。

〔田沢湖と靄森山（秋田県田沢湖町、西木村〈ともに現・仙北市〉）〕

田沢湖は観光のメッカである。

冬はスキー。夏は湖上のヨットやモーターボート、キャンプを楽しむ人々で賑わい、春と秋は桜の花や紅葉を楽しむ観光客でごった返す。年間を通じて、人の流れが途切れることがない。その移り変わりの中で、いつも伝説と神秘のヴェールに包まれて静まり返っているのが田沢湖である。

さて、この湖は北岸に御座石《ござのいし》神社が祭られ、湖に向けて鳥居が立っているところを見ると、北岸が正面のように見えるのであるが、実は南岸が正解である。

南岸を見れば、靄森山《もやもりやま》という三角山が立っている。まるで湖中に身を迫《せ》り出すような格好で立っているのであるが、この小山は明らかにピラミッドである。山頂部は平らな祭りの広場になっており、小さな神社を営んで神様を祭っている。

神社をお祭りする前から靄森山が祭り場であったかどうか、その点はもう判らなくなってしまったが、太古の昔から祭り場であった可能性は高い。

なぜなら、山の麓、周辺一帯は縄文遺跡になっており、いまでも手つかずのままになっているところが少なくないからだ。

また山の周辺を見れば、真東には男根石を祭る神社、夏至の日の出方向には坂上田村麻呂の試し斬りの石、冬至の日の出方向にはアラハバキのイシカカムイを祭る四柱《よはしら》神社があり、巨石

靄森山の北岸

御座石神社の北から望む女陰石

文化の形跡がいまも残されているのである。

それらの中心に位置する靄森山の山頂部が祭り場でないという方が難しい。

靄森山を中心にして四方八方に広がる縄文文化と巨石文化のネットワーク。これこそ、完璧な「クロマンタ原理」に基づく田沢湖縄文人のネットワーク社会でなくして何であろうか。その世界観、宇宙観が見えて来るような気がする。

さらに言えば、田沢湖縄文人のネットワーク社会は田沢湖高原にも広がって行く。

乳頭《にゅうとう》温泉郷を流れ下る唯一の真清水の川、先達川《せんだつがわ》に造られた「水の神殿」を中心にして広がる遺跡などは決して見落としてはならないもので、立体的に組み立てられた壮大な文化圏の広がりが見えて来るはずである。

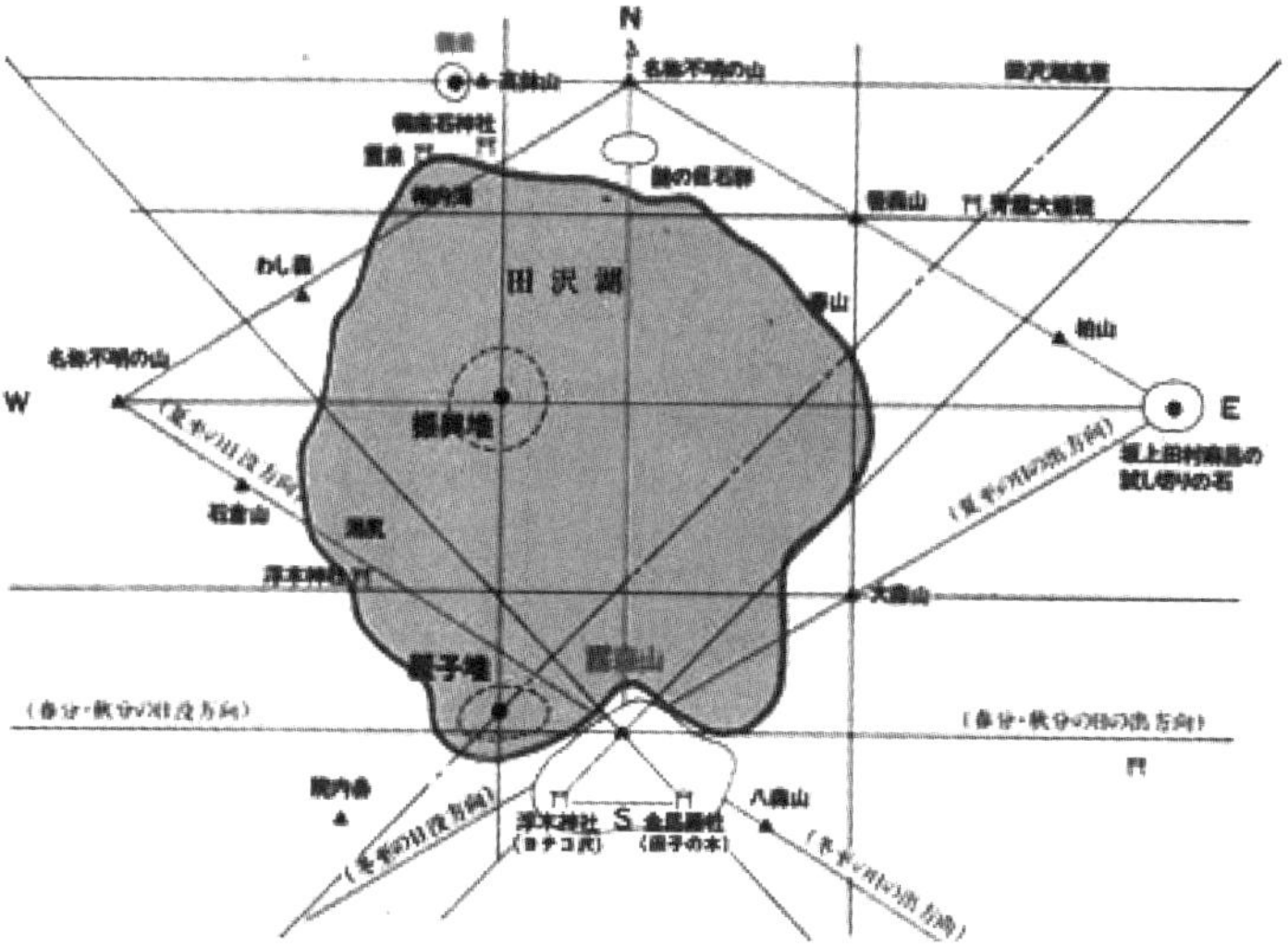

田沢湖と靄森山

解明しなければならないことは山ほどある。地元の人々の活躍に期待するばかりである。

【盛岡城（岩手県盛岡市）】

意外と気付かないのが盛岡城とその周辺の謎である。どんなガイドブックにも、歴史書にも書いてあるわけではなく、ただ単に筆者の直観で語るだけのことであるが、盛岡城は多分、太古の昔は、この地方の中心を占める聖地だったのではないかと思われる。

しかし、単なるヤマカンで語っているわけではない。それらしき形跡がちゃんと残っているのである。

盛岡城の北の丸に位置する現・櫻山神社のご神体石は元々、盛岡城が古代祭り場であった頃の名残であり、それは二の丸に露出している巨大な磐座（一個体の岩から出来ている）とワンセットになっている磐座群のなれの果てではないかと思われること。

古い文書に曰く、不来方《こずかた》城（盛岡城の古称）の北側、現在の櫻山神社周辺に小高い森があり、巨大な岩がたくさんあった、と。

また、私は随分前、本丸石垣の補修工事を見学した折、石垣の内部に巨大な円球が埋まっているのを目撃したことがあった。コスタリカの円球と似ている。

確か、直径二メートル程度の大きさはあったと思う。それが三～四個体ほど、東西に横一列に並んでいたように記憶している。どう見ても、それは祭祀用の石球のように思われた。偶然のものではない。

城全体が花崗岩台地の上に建設されているというのも只事ではない。明らかに土地の性状を知り尽くした者がおり、意図的にこの地を選んで祀り場を作ったのである。城が造られる前は、この場所は間違いなく聖地だったと見て良いのではないだろうか。

城を出て、遠く北の方角に登って行くと三ツ割地区を経て黒石山、大森山に向かう。そして東へ向かえば、八幡宮をへて岩山公園に至る。八幡宮の境内はみごとな花崗岩が至るところにあり、特別な場所であることが見て取れる。

有名な観光名所の石割桜も三ツ石神社も悉《ことごと》くイワクラ・ネットワークによって結ばれてしまう。

盛岡城を中心にして四方八方を見て行くと古代祭祀社会の全貌が見えてくる。この点においても単なる偶然として見て行くには偶然すぎる気配がある。

とすれば、やはり、この盛岡においても「クロマンタ原理」は生きていると言わなければならない。今後の見直し作業に期待しておきたい。

【エンデ森（岩手県北上市）】

黒又山ピラミッドと瓜二つの山があった。岩手県北上市《きたかみ》にある飯豊森《いいとよもり》（エンデ森）である。

筆者が見たところ、山の形と言い、大きさと言い、斜面の角度と言い、何から何までそっくりの山であった。山のシルエットを見るだけであったら見分けが付かないと思う。それくらい、何から何までそっくり、瓜二つの山であった。

しかも、山の近くにはクロマンダ（黒鴨田）と呼ばれる旧家まであるという。クロマンタと同じ音の旧家名ではないか。あまりの偶然にビックリ！

ただし、二つの山の間には決定的な違いがあった。きれいな三角山に見えるのは、黒又山の場合、真西の方角から見た時であるが、エンデ森は真南から見た時の形である。

また、前方後円墳に見えるのは黒又山の場合、真南だが、エンデ森は真東と九〇度ずつ時計と反対回りにずれる。この微妙な方位方角のねじれ現象はいったい、どういう理由に基づくものなのか。

しかも、上座は黒又山は真東なのに、エンデ森は真西である。私は思った。奥羽の山並みを基準にして上下を決めているのだろうか、と。奥羽山脈に近い方を上座とし、下流方向を下座としているのであれば説明が付く。

このエンデ森においても、東に稚児《ちご》ケ淵《がふち》というマウンド遺構があり、古墳か塚のような墓とされている。エンデ森の真東に位置する祭り場になっている可能性があり、もし、発掘調査が実施された時、一定の結論が出るわけであるが、どうなっているのか、気になるところである。

また、西には奥羽山脈から湧き出る清水を守る水分《みくまり》神社（花巻市）があり、北西にクロマンダ（本館）家、南西に八幡神社がきっちりと配置されていたのである。その他にも祭祀遺跡となる可能性のある遺跡群があった。

いずれ機会があれば、再び訪れてみたい。このエンデ森においても新たな発見があるのかもしれない。やはり、ここでも「クロマンタ原理」が貫かれているように見える。

【山寺（山形県山形市）】

慈覚大師《じかくだいし》が開いたと伝えられる山寺立石寺《やまでらりつしやくじ》。岩盤が剥き出しの険しい山肌に張りつくように建てられた寺院が名物になっている。長い々々石の階段を登って山頂に祭られた奥の院に辿り着くのが山寺信仰の冥利冥加とされる。

しかし、奥の院とされるご神体（ご本尊）は奥の院に祀られている釈迦牟尼仏《しやかむにぶつ》と多宝如来《たほうにょらい》ではない。私の独断であるが、開山堂と納経堂がてっぺんに座り、開祖慈覚大師の納棺が安置される入定窟が掘られている百丈岩こそ、本来のご神体であろうと思う。

真っ平らな南面を正面として屹立《きつりつ》する百丈岩こそ、ご神体となる磐座、すなわち、ご神体岩として相応しい。だからこそ、慈覚大師は初めてこの地に足を踏み入れた時、この岩の前で大休止し、開山の地に相応しいと決心なさったのである。

山寺立石寺を離れ、周辺に一歩踏み込めば、たとえば、元山寺と言われる裏山に入れば、意味不明のままに放置された巨石群が至るところにあるだけでなく、大規模な洞窟や広場が残されていることを知らない人はいないが、その意味を知る人はいない。

また山寺周辺を見渡せば、みごとな三角山とか、縄文遺跡（前期）などがあり、「クロマンタ原理」に基づいて組み立てられた天童・山寺縄文人のみごとな世界観を見ることができるのであるが、そういう視点で山寺の周辺史跡を見渡す人はいない。

もし、そういう人が出て来たら、より一層、壮大なスケールで築かれた縄文ネットワークの広がりが見えて来るようになるはずだ。そして、その中心になる聖地こそ、ジャガラモガラという不思議な名前のすり鉢状の遺跡らしき谷であることに気付いた時、世界観は変わる。

山寺立石寺／入定窟

あるいは別の見方もある。

いまは山寺だけを見ているが、裏山にあるジャガラモガラと一対にして周辺状況を見て行くと何かが見えてくるかもしれない。単なる偶然を超える必然性が浮かび上がってくるかもしれない。

たとえば、昔から山岳修験道のメッカとされてきた元山寺、裏山寺は何か、怪しい雰囲気を漂わせる。そして、われわれの知らない世界がまだまだ隠されているような気がする。

[千貫森〈福島県飯野町〈現・福島市〉〉]

いまは市町村合併によって福島市に編入されたが、旧飯野町《いいのまち》は自ら「UFOが飛来する町」と宣言、ユニークな町づくりを進めてきたところとして全国的にその名を知られている。

その旧飯野町の中心に位置するのが美しく、形のいい乳房を伏せたような千貫森《せんがんもり》ピラミッドである。高台に広がる町のシンボルになっており、いろいろな施設が作られている。

山頂部にはUFOコンタクトデッキと称する展望台、麓にはUFOふれあい館という公民館など。何でもない施設だが、そういうネーミングだけでも人々の夢を誘う。なかなかユニークな発想だ。

だが、主観的な思い入れだけではない。数年前、真南にある和台遺跡、白山遺跡で大規模な

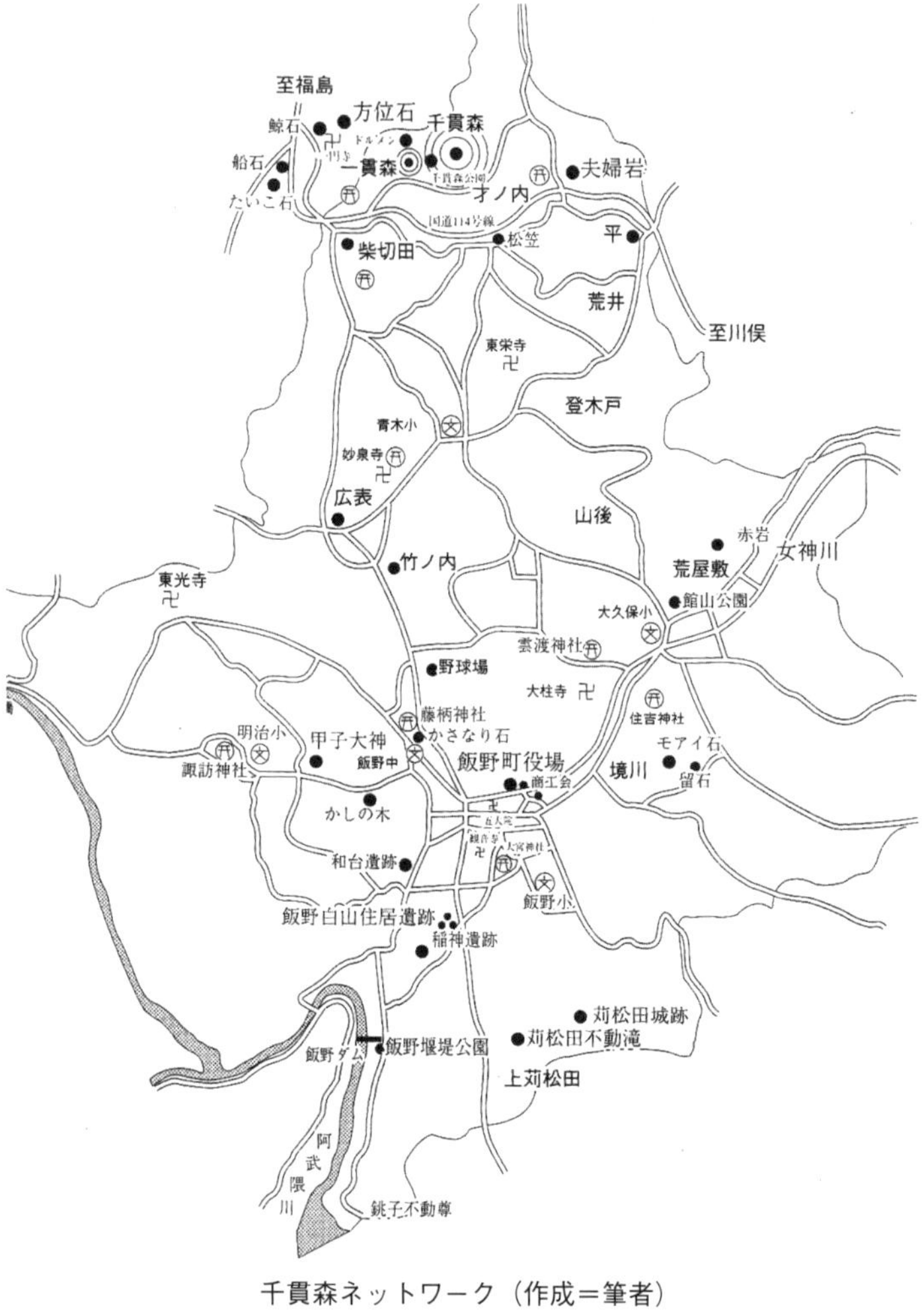

千貫森ネットワーク（作成＝筆者）

縄文遺跡が発見された。しかも、文化庁が「重要文化財級の発見」と折り紙を付けた人体文様の縄文土器が発見されたことに見られる通り、考古学上、第一級の遺跡地帯となっている。

古代祭祀を象徴するピラミッドとイワクラは、その縄文遺跡と一体になっている点に注目しておきたいのである。

ところで、千貫森の真北にある天井山はなだらかな起伏の牧場地帯を形作っており、かつては〝北の聖地〟をなしていたものと思われる。真南には岩塚という聖地がいまも残されており、さらに南に下ると狐森にも巨石群が集中する地域がある。しかも、断面を見れば、複数の石を貼り合わせた人工石のように見える岩もあり、自然にできたとは思えないものが集まっているから不思議議である。

その外側、女神川を超えると和台遺跡と白山住居遺跡があるところを見ると女神川が結界になっていたのかもしれない。さらに、北東七〇度方向には霊山姫神《ひめかみ》山、南東一一〇度方向には木幡《きばた》山、南西二五〇度方向には安達太良《あだたら》山、北西二九〇度方向には信夫《しのぶ》山があり、千貫森の周囲は霊山によって取り囲まれているところを見れば、飯野町も「クロマンタ原理」によって造られた町なのかもしれない。

〔寺野東遺跡（栃木県小山市）と筑波山（茨城県つくば市）〕

いまは埋められて見ることはできなくなってしまったが、栃木県小山《おやま》市の工業団地建設予定地内で見つかった陸上競技場か、サッカーコートのような広大な平地（グラウンドのような広場）と、その平地を取り囲む巨大土塁遺構。

江戸末期の二宮尊徳翁による農地改良事業で水路を開削する大工事によって半分が消えてなくなってしまったが、それにしても原形を復元すると、かなりの大きさであったことが判明した。

直径一〇〇メートル余の広場を取り囲む幅一五～三〇メートル、高さ〇・五～二メートル余の大土塁は、外形寸法で見れば、大きいところでは、直径一八〇メートルに達する。

これほど大きい施設は他に類例を見ない。

幸い土手の上から土偶や土面、玉飾りなどの女の祭祀用具、広場では石剣や男根状の石棒などの祭祀用具が出たので「祭りの広場」であることが判ったのだが、この祭りの広場が巨石文化のメッカ、歌垣の山として有名な筑波山と関係があるらしい。

筑波山はちょうど南東方向一一七度に位置する。

冬至の日の出方向に相当するということだ。一年を通して最も日照時間が短く、太陽の力が弱まる時、この祭りの広場で老いも若きも男も女も村中総出で、祭りが行なわれたのではない

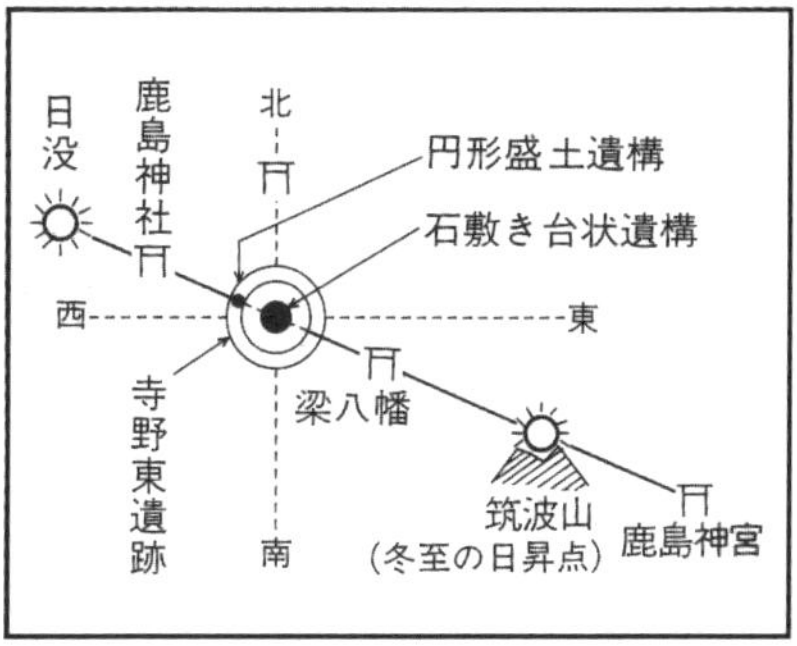

寺野東と筑波山

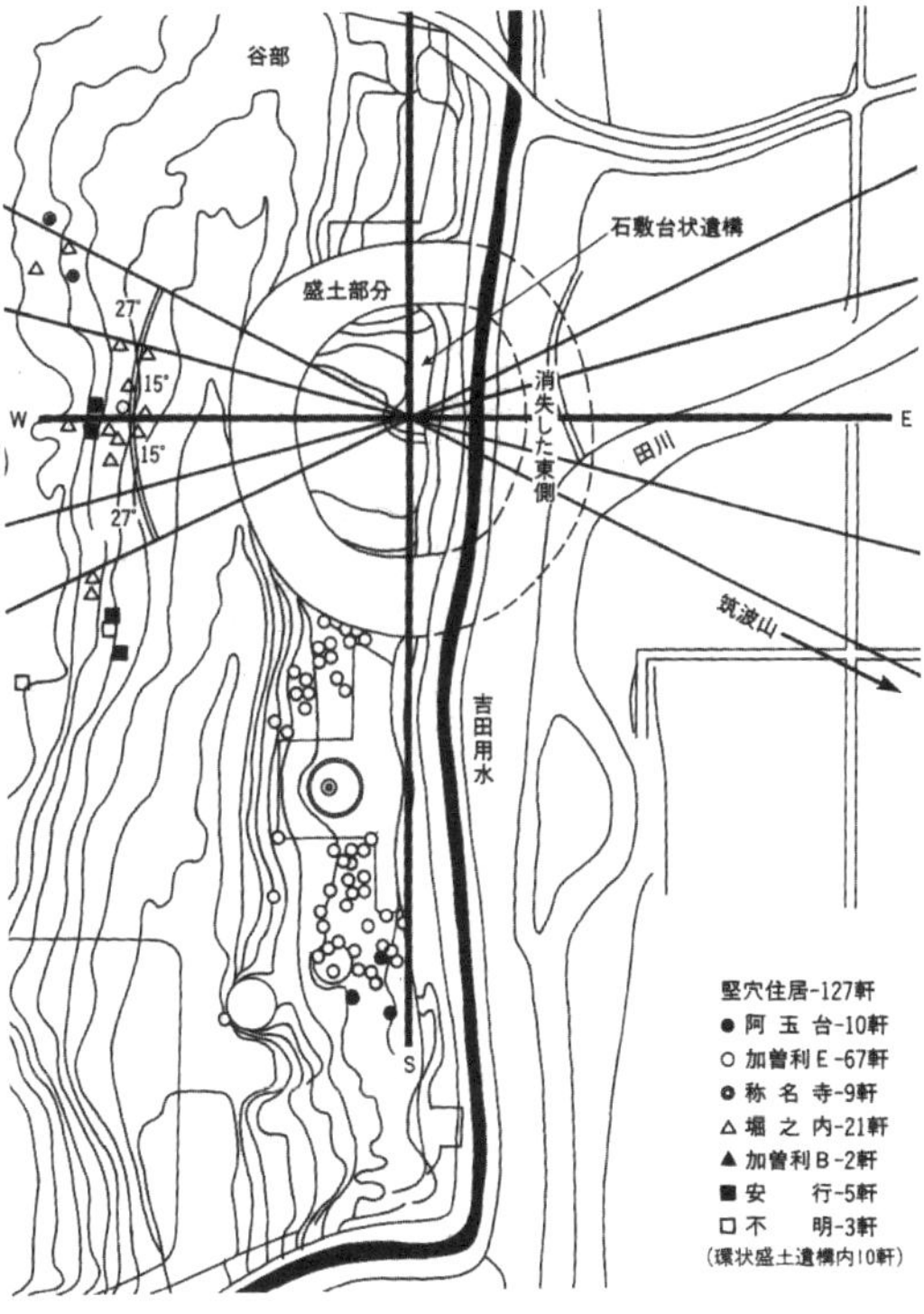

（上）（下）寺野東遺跡と方位（方位＝筆者）

だろうか。

なぜなら、反対側、西側の土手は東西線を中心軸として南北両側に二七度の広がり角度のところから土塁の高さが段階的に低くなるように作られており、東側の状況にピタリと対応しているからだ。

こうして見ると、やはり、この巨大土塁遺構も「クロマンタ原理」による祭祀線によって周辺施設と結ばれている可能性が濃厚、と言わなければならない。

【尖山（富山県富山市）】

「謎の古文書」として名高い『竹内文書』のルーツとして描かれる御皇城山《おみじんやま》と密接な関連があるものと見られている尖山《とがりやま》。

御皇城山とその真南にある夫婦山、尖山を結ぶと正三角形になるだけでなく、御皇城山の古名が布倉山（神の倉の山の意味）で、夫婦山の古名が巌瓶山《いっぺ》（祀り場の意味）であったという尖山。

そういうことで昔から注目を集めている尖山で、山頂部から土器や鏡が出土し、俄《にわか》に地元教育委員会や考古学関係者の間で話題になったのは記憶に新しい。

さらに、尖山の周辺を見れば、真東に進めば雄山《ゆうざん》神社祈願殿や風土記の丘という縄文遺跡地帯がある他、はるか遠くの高原地帯には美女平があり、北に立山カントリークラブ（ゴルフ場）という絶好の自然環境を備えている。

雄山神社前立社壇もきっちりと北西方向に位置している他、周辺を取り囲む山や名のある神社群も悉く納得できる方位にあることに見られる通り、尖山は抜群の祭祀環境を備えてい

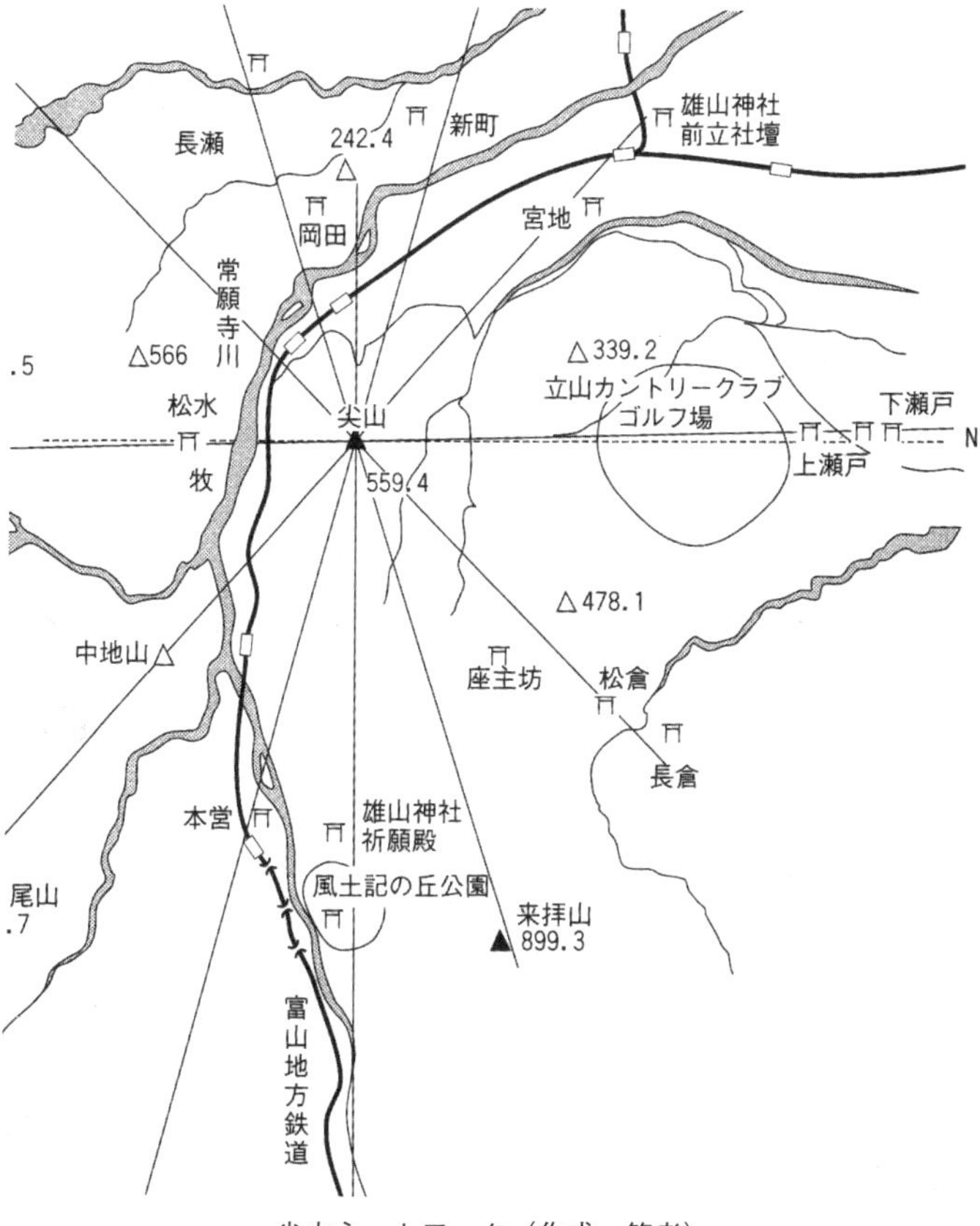

尖山ネットワーク（作成＝筆者）

るのである。

いずれも「クロマンタ原理」に即して見て行くと、納得できる解答が得られることを改めて強調しておきたいと思う。


【東谷山（愛知県名古屋市）】


東谷山《とうごくさん》などと言っても誰も知る人はいないのではないか、と思う。私が初めて名古屋在住の知人安藤国輔氏から紹介されて世に送り出したピラミッドである。名古屋の西側から北側を巻いて東上し、愛知県の一番奥まったところというか、岐阜県との県境近くにある山である。

周辺には意味不明の塚や石造遺構、古墳や神社が異常に多いことでよく知られている。

特に目を引くのは、東谷山の北にある高座山《たかくらやま》と西高座山。石造遺構が見られるのは、そこが「タカクラ山」「西のタカクラ山」と呼ばれている名前の通り、東谷山の〝北の聖地〟であったからに他ならない。

また、高森山、西高森山、弥勒山、奥の院などと呼ばれる重要な意味を持つ山も北側に集中している。反対側の南側に石作神社、山の神神社があることに対応しているのではないかと思われる。実に興味深い祭祀線となっている。

やはり、東谷山においても「クロマンタ原理」はみごとに貫かれているのである。

ところで、山の稜線が奈良県桜井市にある三輪山とそっくりなのはなぜだろうか。山頂部から南側に下る稜線が三輪山を真南から見た形とそっくりなのである。山頂部から南側斜面に下るとテラス状の台地を形作り、一旦盛り上がって、再び下がる。

山頂部には上社、中腹には中社が祭られ、麓には里社があって、それぞれ祭られているのに対応している。方角も北東から南西に下って行くわけで、これも三輪山に対応している。いったい、なぜだろうか。不思議な形である。

［ハンの木山（岐阜県山岡町〈現・恵那市〉）］

岐阜県山岡町は恵那市に併合されてしまったが、特徴のある地域である。

周辺部から見れば、高原地帯にあって、やや奥地にあるという印象がある。しかも、小高い山が連なり、その山という山には磐座というご神体石が無数にあって、特別な祭祀の場所、聖地ではなかったか、という印象を与えるのである。

それも一カ所や二カ所ではない。複数の山の連なりが形作る山岳地帯、高原地帯が〝高天ヶ原的雰囲気〟を醸し出してしまうのだ。従って、町全体が高天ヶ原を舞台にして展開されているという雰囲気なのだ。それは現地に行けば体感できる。

そんな町へ足を運んだ時、どこが中心点になっているか、探すのは至難の業である。右も左も判らない土地に足を運び、何度も見て歩くうちに直感したのが「ハンの木山＝磐座ネットワークの中心」だった。

少なくとも、真東の烏龍《うりゅう》神社の北にある巨大目玉石、さらに遠く真東にある山岡小学校が建つ丘を結ぶラインは東西一直線になる。他にも複雑な祭祀線が入り組んでいるのであるが、まだまだ調査活動は継続中であり、探査途中にあるので結論らしきものは確定していないと言うべきであろう。

最近は南に広がる恵那市明智町に興味を覚える。

山岡町は神々の丘であり、明智町は人々の集落が展開する丘であったのではないか、と。山岡町では集落遺構を探しているが、そういう人間の遺跡はなくても良い。

何度も言う通り、ここは神々の丘であり、人間の丘ではない。おそらく、周辺市町村との繋がりを追求して行けば、実相が見えて来るかもしれない。今後が楽しみなところである。


【神野山（奈良県山添村）】


奈良の奥の院と言われる山添村《やまぞえむら》。その中心を占めるのがアスピーテ型の神野山《こうのやま》である。

山頂部から麓にかけて大小の角閃斑《かくせんはん》れい岩が溶岩のように折り重なって一本の流れを形作っている。これを「なべくら渓」と言い、土地の奇岩名勝の一つとなっている。

神野山のなべくら渓＝石の川

巨大ドルメン

山添村役場前庭で出土した地球儀状丸岩

最近の調べでは、これが天の川に相当するのではないか、という説が浮上し、地元では話題になっている。なぜなら、なべくら渓の近くにある複数の大岩がデネブ、ベガ、アルタイルなどの星座の位置とピタリと一致することが判明したからだ（柳原輝明説）。

元々、山添村では、村内に散在する巨石群の位置関係を見ると、きっちりと神野山を中心として東西南北、あるいは北東、南東、南西、北西、あるいは夏至や冬至の日の出、日没線と重なることが話題になって磐座探査活動が始まった。

最近では、どういうわけか、東西線上に並ぶ巨石群の連なりを発見。地元では「太陽の復活・再生を祈る祭祀線ではないか」と仮説を立てて再び活発な活動を開始した。

そう言えば、完全な円球ではないが、太陽か、地球を象《かたど》ったような大小さまざまな円球が地中から現れ、大きな話題になったのもつい数年前のことである。

あたかもコスタリカの円球にも似た大小さまざまな円球は大半が爆破されてしまったが、あまりに大きくて爆破できなかった一個の石球だけが保存された。円球を出土した場所は、その祭祀場だったということはないだろうか。

山添村に行けば、クロマンタ原理が判る。そして、さまざまな原理が生きていることを実体験できる。いまは、そう言っても言い過ぎではない。

【三輪山（奈良県桜井市）】

縄文時代の奈良盆地は琵琶湖のような湖だった。

縄文末期になっても海抜七五メートル付近まで満々と水を湛えていた。その湖に浮かぶのが畝傍山《うねびやま》、忌部山《いんべやま》、耳成山《みみなしやま》、天香久山《あめのかぐやま》であり、三輪《みのわ》・金屋《かなや》遺跡（縄文前期〜弥生後期）であり、その中心にあって堂々と聳えていたのが三輪山だったと言われている。

それればかりではない。三輪山と畝傍山、忌部山を結ぶラインを基本線とし、耳成山と天香久山を脇に配して形作られる状態は、みごとにピュタゴラスの定理に適っているというのである（渡辺豊和説）。これは画期的な見解だった。

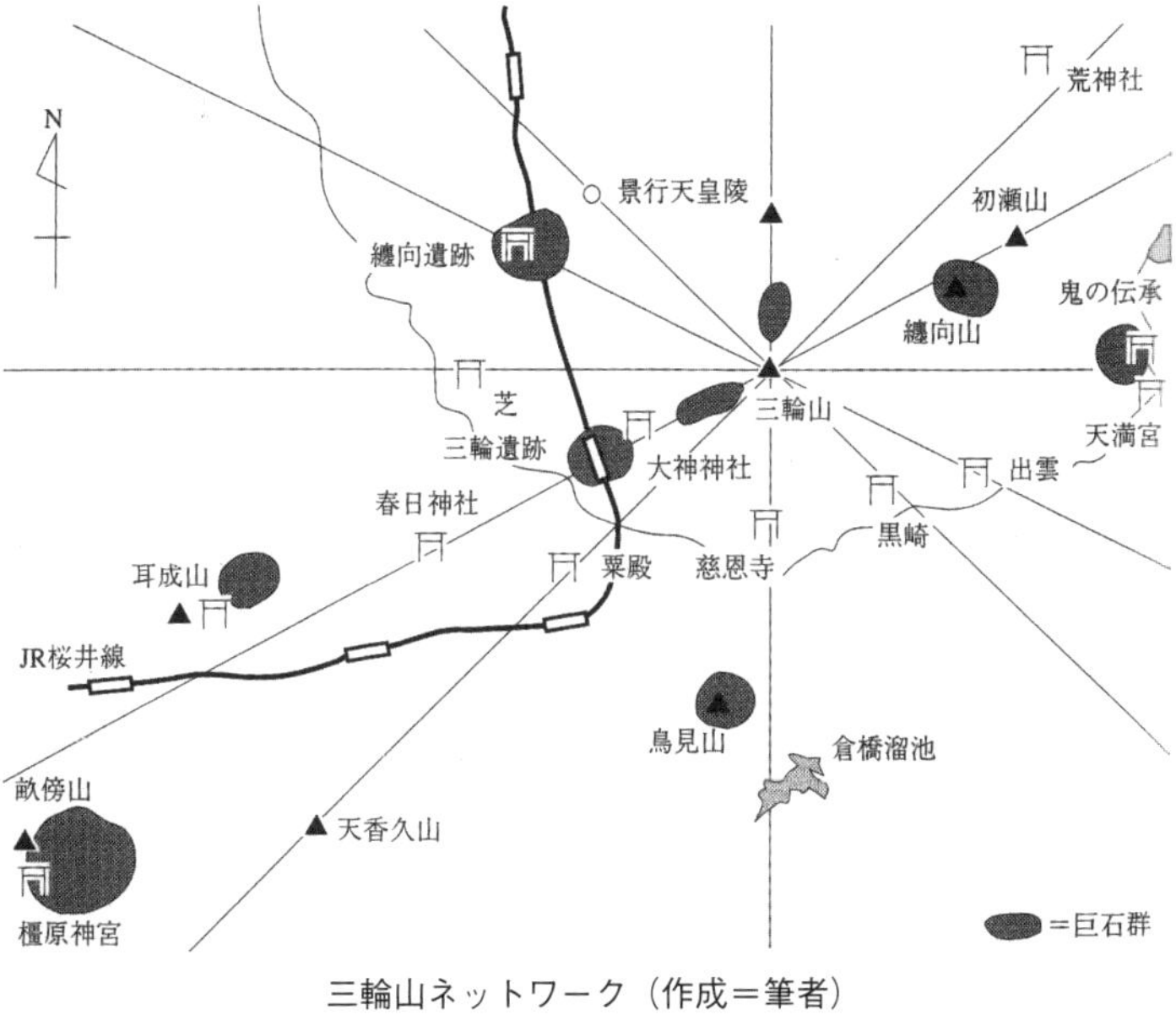

三輪山ネットワーク（作成＝筆者）

ところが、私の調査によれば、それぱかりではない。たくさんの祭祀線が複雑に絡み合っていることが判明したのである。

夏至の日没点に向かう祭祀線に重なる檜原《ひばら》神社および箸中《はしなか》遺跡（縄文前期〜後期）もあれば、日昇点に向かうライン上にも初瀬山《はっせやま》が乗って来る。

真西に位置する「芝遺跡（縄文後期〜古墳前期）」も無視できない。反対側の真東にある天満宮も遺跡地帯である。

やはり、三輪山を中心とする奈良縄文人の世界も「クロマンタ原理」によって建設されたのである。

やはり、どんな遺跡も偶然では場所は決まらない。その場所でなければいけない理由があって選択されたのである。他にも多数あるが、ここでは詳述することも叶わないので割愛する。

以上のケーススタディに見た通り、私が「クロマンタ原理」と呼ぶ祭祀線、イワクラ・ネットワークの構成原理は、その土地、土地における祭祀の原理を一個ずつ孤立した状態で観察するのではなく、それぞれを関連付けて考察するように教えている。

そして、少しでもピラミッドやイワクラに通じた者であれば、否応なしにそうせざるを得ないことに気付くはずである。

こうしてみると、私はいまは亡き加藤孝先生の墓前にお供えする言葉を選ぼうとするならば、やはり、「日本国内を隈なく調べさせていただきましたが、やはり、クロマンタ原理は一黒又山的特殊現象ではなく、日本全国に通用する普遍的現象でした」ということでなければいけないはずだ。

あえて付け加えるならば、ミクロネシアのパラオ諸島とか、韓国・済州島においても通用することを確認したとご報告申し上げておこう。

そういうことで、沖縄・与那国島においても以上に述べる「クロマンタ原理」を適用した場合、立派に古代祭祀の実態に迫り、調査する手段として役立つことを立証した。

そういう意味では、私の主張は明確な方法論に基づいて展開されるものであって、他人様の見解を並べ立てるものではない。誰もやっていないからこそ、自分で調査しなければならなかったという状況の中で選択された独自の見解である。

第二章

イワクラ・ネットワークの全貌

どうしても島内の山岳地帯に分け入り、自分流に巨石文化の実態調査をしたくなった。平成十二年（二〇〇〇）秋の頃だったと思う。

当時、グループ黄トンボのメンバーは皆、新川鼻沖の海底遺跡調査に集中していた。山の調査に関心を抱く者はなく、私は調査要員を募って自前の作業チームを結成しなければならなかった。

もちろん、自前の作業チームと言っても、グループ黄トンボの全体企画に基づいて行動するわけで、海底遺跡の調査チームとはターゲットが違うだけである。だが、調査費用は負担するが、要員確保は自分でやれ、ということであった。

当初は付き放されたように感じて、いささかムッとしたこともあったが、少しも腹を立てる理由はない。理由がないだけではない。むしろ私自身、自分の力を思う存分、発揮する機会をいただいたわけで、またとないチャンス到来だったわけである。

作業チームは私を除けば三人である。

最初の一人は田中正勝さん。

本職は、音楽教室を経営する傍ら、作曲・演奏活動をして飯を食っているシンセサイザー専門のミュージシャンであるが、昔は新聞記者として活躍したことがあるという変わり種である。

しかも、出身と言うか、生まれ在所が秋田県鹿角市であることによって規定されているのか、

俄作りの調査用だが、最強のコンバット・チーム

足腰が強く行動力のコンバット・チーム

ピラミッドに強い関心を抱いており、十和田古代文明にも詳しいという人物。ずっと私の片腕として活躍して下さった。

次は世一秀雄さん。

応用原子核物理学（博士前期課程修了）の研究が専門なのだが、趣味として始めた遺跡巡りが三度の飯よりも好きという、これも変わり種である。現在、超歴史研究会（金本隆会長）の有力メンバーとして活動している。

何よりも計測・測定作業のプロなので、フィールドワークには打って付けの人材として金本会長から派遣していただいた。調査には欠かせない人物となった。超歴史研究会には心から感謝している。

残る一人は紅一点。私の妻、鈴木ヒサエである。

元来が好奇心旺盛な女性であり、何事にも首を突っ込みたがるタイプであるが、頑丈な体と千里の道も厭わない強い足を備えているので、鬼に金棒。私も呆れ返るほどのパワーである。

今回は男性さえも敬遠するほどの与那国島の山岳調査、冒険旅行に名乗りを挙げてくれた。それればかりか、不案内な現地で三度々々の調理も引き受けてくれるというおまけ付きである。

こういう人物はなかなかいない。わが妻ながら、本当に感謝している。

以上三名の他に私を加え、総員四名の作業チームが出来上がった。

ドラマ「Dr. コトー診療所」のセット

セットの隣に現存する製塩所

こうして俄拵《にわか》えの調査団が与那国空港に降り立ったのは、台風シーズンも終わり、ある程度、気候も落ち着いた頃、平成十二年十一月六日午後のことだった。

本土では、そろそろ晩秋の候、向寒のみぎりという時候の挨拶が交わされる頃であるが、与那国では気候安定のダイビングシーズン真っ盛りである。

老若男女を問わぬダイバーたちが、押せや、押せや、と与那国島に集まって来るシーズンに山に登る？　いったい、何を考えているのか？　そう言われても仕方のない行動だったのかもしれない。

そういうことで、海に生きる与那国島の人々から見れば、とんでもない常識外れの集団であったが、とにかく、われわれは与那国島の山登りに来たのである。

われわれは意気軒昂《けんこう》として比川浜ビーチの高台にあるシーマンズクラブ与那国に荷物を下ろすや否や、全員で町へ買い物に出た。

自炊暮らしが約束なので、台所の洗剤やスポンジ、食材は無論のこと、シャンプーやリンス、デッキブラシ、トイレットペーパーに至るまで買い揃えなければならなかったのである。

シーマンズクラブ与那国には何度か、来させていただいたが、こんなことは経験したことがなかった。なので、大慌てとなったわけであるが、ぐずぐず言う暇があったら自分で調達し、自分でやれ。それが最初の生活方針となり、滞在中の原則となった。

最良最高のパートナー、よしまる観光

街角の風景

与那国島市場

集落の一角に三角岩を祭る

Do it yourself！

調査は何の心配もないが、日常レベルのあれこれが、どうなることやら、はらはらどきどき、心配のタネになった。それにもかかわらず、幸いにもメンバー全員の波長が合ったものか、心意気が通じ合い、最初から何の支障もなく、滑り出したのはうれしかった。

これは大したことではないと考えがちであるが、山岳調査や海底調査をする時には極めて重要なことであり、気の合わない者と一緒になった時はなかなか難しいことになる。そういうことで、最良のチームに恵まれたことに感謝しながら買い物に出た。

ついでにチームのメンバーを島内の重要個所、観光名所に案内しようと考えた。ある程度の地理感覚を身に付けて貰おうと考えたのである。クルマに乗ったままでいいわけで、ゆっくりと島内を一巡しながら、島の感じをつかんで貰った。

その際、なるべく予定している調査ポイントまで接近し、簡単な説明を試みた。

翌朝から始まる調査は、与那国第一の高峰、宇良部《うらぶ》岳山頂部の巨石探査、二日目は天蛇鼻《てんだばな》山頂部の巨石探査と奥地の探検、そして、事実上の最終日となる三日目は、与那国第二の聖峰となる久部良《くぶら》岳の「みみ岩」探査であり、どういう場所なのか、何をするのか、ある程度は理解して貰うことができたと思う。

その結果、どこをどうするか、初めて与那国島を訪れた作業チームのメンバー間で少しずつイメージが出来上がって行ったのだった。

第一の構想は、宇良部岳山頂部を中心点として、北にある天蛇鼻山頂部の巨石群と南にある海底遺跡（イセキポイント）および新川鼻山頂部が一直線上に並んでしまうという事実を確認すること。

その方法は、予め用意したGPS（全地球測位システム）で測定把握し、測定データ（経度・緯度）は『与那国町地形図』（与那国町作製・1／5000）に落とすことによって記録することにした。

できることならば、なぜ、宇良部岳と天蛇鼻と海底遺跡が一直線上に並ばなければいけないのか、その理由を明らかにすることにした。どこまでやれるか、判らないが、やれるところまでやってみようということだった。

茫洋《ぼうよう》として摑み所のない目標であるが、宇良部

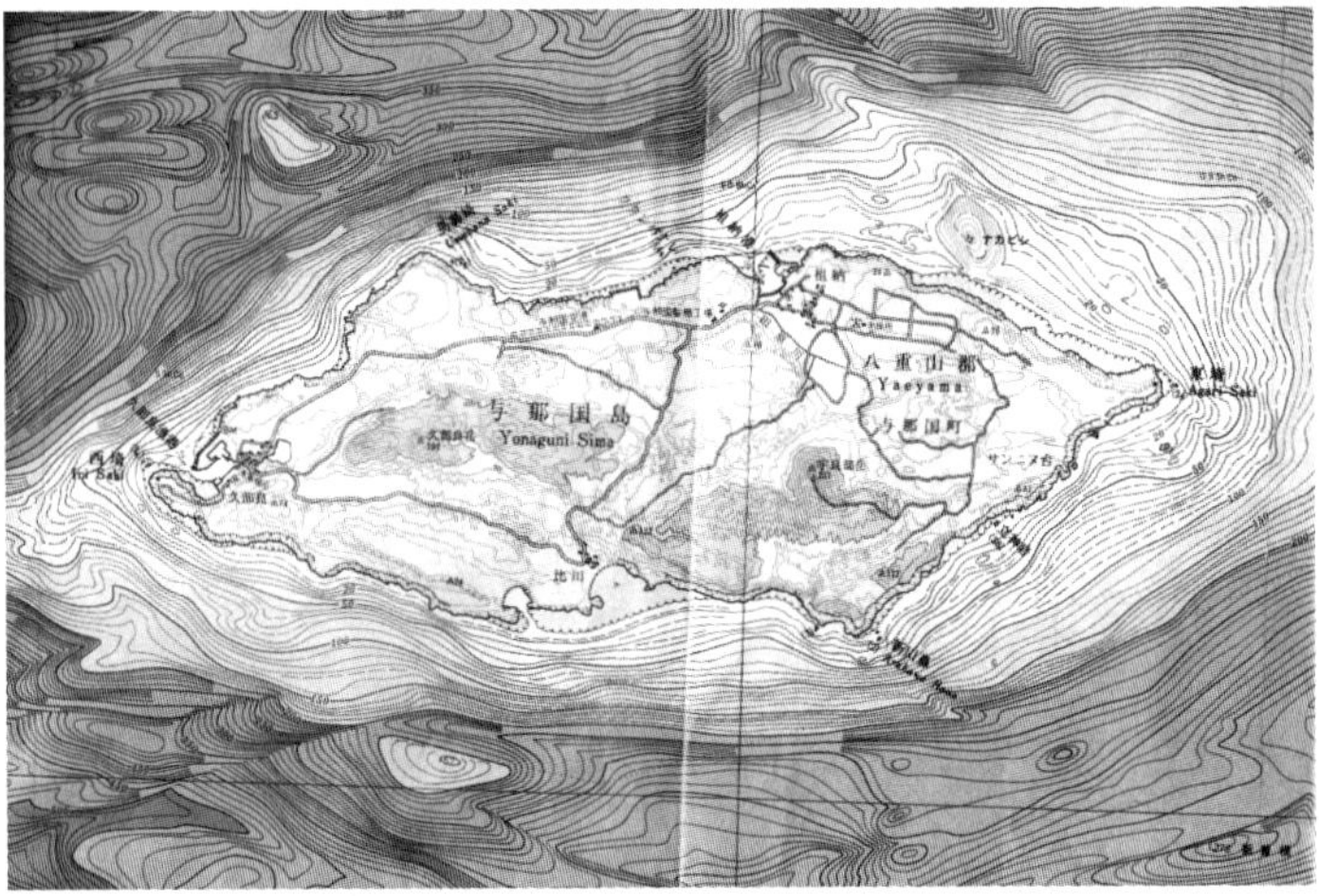

与那国島全景

岳と天蛇鼻を結ぶ直線を延長すれば、そのまま海底遺跡と新川鼻に向かうのは偶然なのか否か。ヒントくらいは摑んでおきたかった。

第二の構想は、宇良部岳山頂部とンダン・ダバル（帆安田原）地区、東牧場、東崎《あがりざき》灯台、東崎堆（海底に沈む山）も同じように一直線で結ばれるという事実をGPSで測定・把握することだ。

同時に、この直線が東西線に対して一五度の開き角度で延びて行く理由について考えることにあった。

多分、夏至の日の出ラインではないかと想像しているが、天文シミュレーションをする前に事実確認をしておきたかった。

ところで、この開き角度は、久部良御嶽と久部良岳の「みみ岩」、天蛇鼻山頂部を結ぶことによって作られる直線が東西線に対して形作る開き角度と一致するのであるが、それはなぜなのか。

双方とも同じ開き角度で延びて行く直線になっているとすれば、偶然とは言えないのではないだろうか。

しかも、宇良部岳山頂部と東崎灯台を結ぶ直線が、その沖合、数百メートルの海底に聳え立つ東崎堆と直線で結ばれるとすれば、何か、特別な理由があるものと推定せざるを得なくなる。

①久部良岳～宇良部岳～サンニヌ台を結ぶ断面図

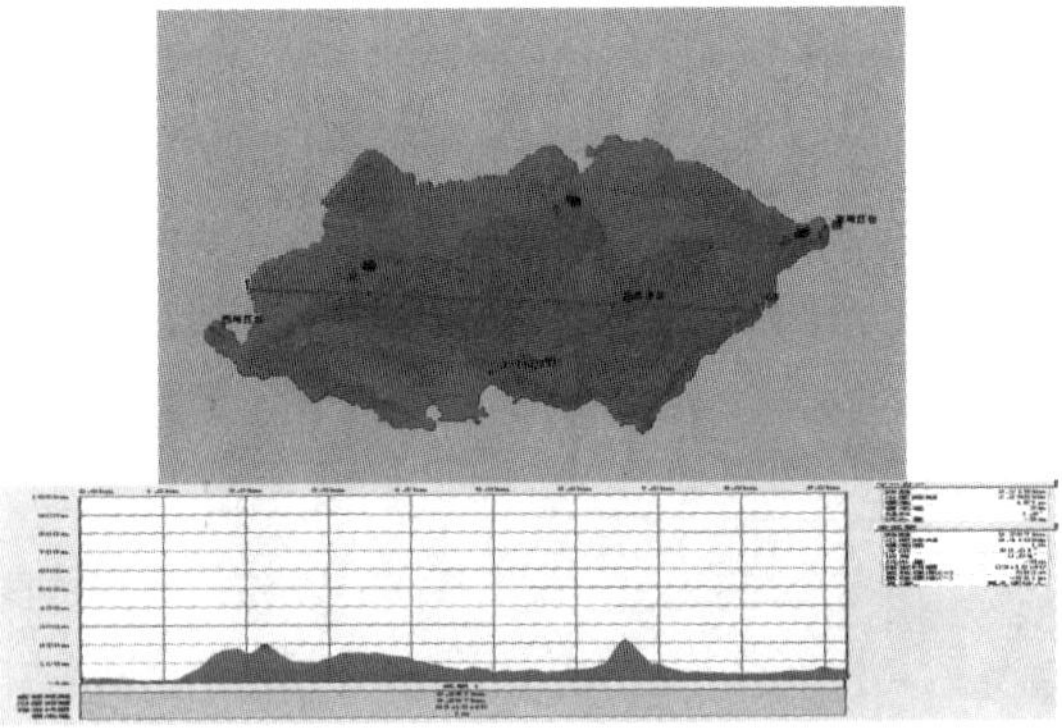

②宇良部岳～東崎を結ぶ断面図

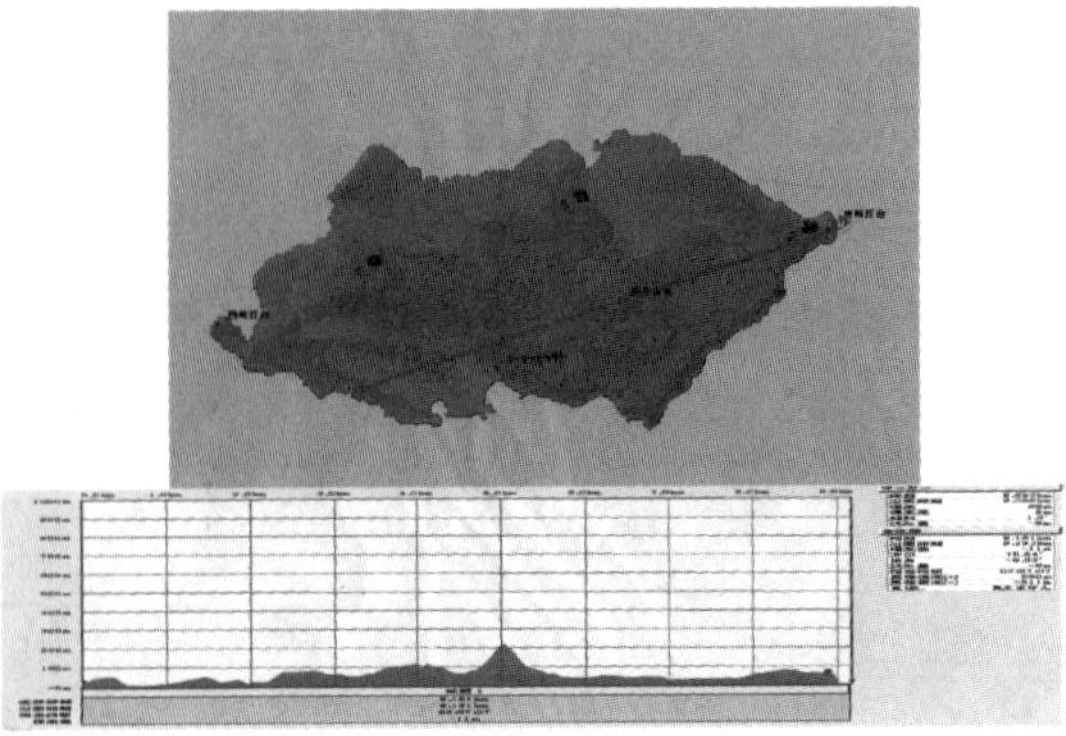

③テンダバナ～宇良部岳～新川鼻を結ぶ断面図

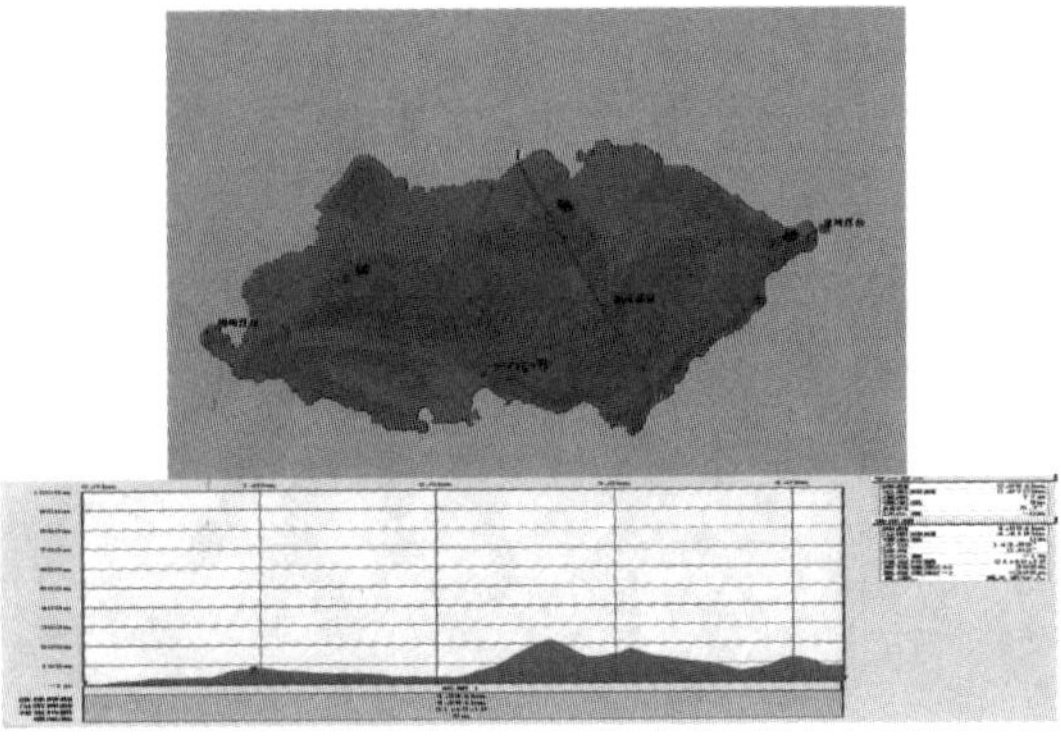

測量（図作成＝世一秀雄）

東牧場の手前にあるンダン・ダバルは「つい最近まで霊地（聖地）であったところ」（与那国町教育委員会）と聞いている。そして、東牧場内にはいくつかの巨石群がなぜか、そのまま放置されているのである。

それらのミステリーゾーンが連なるラインの延長線上に沈んだ山、すなわち、ピラミッドがあるとすれば、「イセキポイント」ではなく、多少は興味を抱いて本当の海底遺跡を覗いて見てみようという気になるものである。

ましてや、沈んだ山、ピラミッドに対して、誰も関心を持たないとすれば、やはり、一度は覗いておきたいと思うものである。

第三の構想は、与那国第二の聖峰である久部良岳の北峰に立つ三つの巨石群、いわゆる「みみ岩」を詳しく観察し、その周辺を調査するということである。

この「みみ岩」については、台湾の高雄《たかお》神社（高雄市）にあるみみ岩と一対になっているという噂話の他には確たる情報は何もなく、与那国町教育委員会においても他に調査資料は何もないということなので、われわれの調査が最初の本格的調査となるとのことであった。

「みみ岩」というのは、与那国空港に降り立った者が、まず第一に目にするもので、空港の南側を左右、つまり、東西に横切る峰の上にサツマイモを三個立てて並べたように見える岩のことだ。

東西に横切る峰というのは、与那国島の西半分に裾を広げる与那国第二の聖峰である久部良岳の北峰である。その上に三体の岩が遠目にも鮮やかに突っ立っているものだから、否応なしに目に飛び込んで来るのである。

しかも、その峰は自然の植物や動物、鳥などを保護するために立入禁止（沖縄県指定「天然保護区域」）になっているというのである。

おそらく、鳥獣の天国になっているのかもしれないが、われわれにとっても天国になる。立入禁止になっていることを聞いた時、私は自分の幸運を喜んだ。そして、心の中で叫んだのである。

（ラッキー！　人が近づかない、立ち入らない分だけ、踏み荒らされずに済んでいるということである。もし、みみ岩がわれわれの予想する古代遺跡であるとすれば、保存状態がかなり良いということではないだろうか？）

宇良部岳の場合、電波塔建設工事の際、メチャメチャになってしまったが、久部良岳の北峰は往時の姿をそのまま残している可能性があった。

いずれにしろ、与那国町には確かな資料もなく、過去において誰も調査していないということであれば、行動開始前から肩を落としてうなだれるものであるが、われわれは最初の発見者になることを喜んだ。

そして、できる限り確かな調査をしておかなければならない、そのように受け止めた。いつもやっていることを与那国島でもやろうじゃないか、というだけのことだったのであるが、やはり、力が入る。

とにかく、好きなことを好き放題、目一杯、やらせて貰えるわけだから、こんな幸せはない。海に潜って、水遊びができないことに不満を洩らす人もいなかった。四人とも子供のように嬉々として山の中に飛び込んだ。

与那国島には人間に害毒を与えるような虫はいないし、毒蛇もいないと聞いていた。それだけでも安心して足を踏み入れることができたし、最初の探検者として思い切り活動できたのである。

われわれは予定通り、まずは宇良部岳に向かった。

クルマのエンジン音も快調に、曲がりくねった坂道を登り切り、ほとんど山頂部の真下まで到達することができた。外に出ると、気持ちのいい風がそよいでいた。

「雨上がりにしては涼しいね」

田中正勝さんが言った。

すると、世一秀雄さんが応えた。

「うん。これからジャングルに入ろうとしているのに蒸し暑かったら最悪だよ。神様は、われわれのためにベストコンディションにしてくれたんだよ」

皆、身支度をしながら頷いた。アウトドアアクションが大好きなので、この辺は慣れている。少しも苦にしない。だから、私は最初からこのメンバーを選抜している。

コンバット・チームとして仕立てるためには、ある程度の条件はクリアして貰わなければいけないわけで、一応はメンバーを厳選したつもりである。

（さあ、仕事始めだ）

動こうとしたところ、ふいに目の前に飛び込んで来たのが、山頂部の斜面に唐突に飛び出た階段状の岩だった。きれいに加工されているように見える。自然の岩にしてはでき過ぎである。まるで誂《あつら》えたように正確に加工された石造りの階段に見える。これには巨石文化に対して特別な関心を持っていなくとも注目するはずだった。

それを見たのが不思議大好きのメンバーだから、簡単に通過するはずがなかった。

「これ、これ、この階段石。よく雑誌で見るけど、どう見たって自然にできるはずがないよね。どう思います、世一さん」

田中さんが口火を切った。

「自然にできるという人がいたら、その人に聞きたいよ。どうすれば、こういう階段構造の岩ができるのか。ちゃんと証明して貰いたいね」

世一さんが応えた。そこに私が割り込んだ。

「この岩は東西にまっすぐに延びているんだけど、新川鼻の鼻先に沈む海底遺跡も東西一直線に延びているんだよ。同じ格好で沈んでいるんだ」

すると、私の側で常々写真資料を見ている妻のヒサエが言った。

「そう言えば、階段状の岩は海底遺跡のミニチュアタイプという感じですね」

「おお……なるほど、なるほど……」

「言えてる、言えてる……」

どうやら、論議は海底遺跡のミニチュアタイプということに落ち着いたようだ。

素人の直観と言って馬鹿にしてはいけない。素人の直観は、ずばり本質を突くことがあり、

宇良部岳入口の階段石

壁にぶちあたって、難渋している問題を意外にあっさりとブレークスルーさせてしまうことがある。

実際、ちょうど海底遺跡のある方向を向く山頂部斜面に階段状の岩が露出した状態で置かれているわけで、あり得ないことではない。海底遺跡の一部を切り取って宇良部岳の神様にお供えしたと言えば、誰も否定できないかもしれない。

しかも見たところ、宇良部岳山頂部から新川鼻に向かって土塁のような峰が延々と連なっている。つまり、地形上、新川鼻とひと繋がりになっているのである。

どうして繋がる必要があるのだろうか。新川鼻の真下に沈む海底遺跡と宇良部岳が何か、特別な結びつきがあるというのだろうか。はっきりとは判らないが、何か、特別な結びつきがあるように感じ取れるのである。

実際上、NTT電波塔に通じる道路に立ち止まって階段状の岩を見上げる時、海底遺跡との繋がりを連想する人はあまりいないのではないかと思う。

たとえば、『海底のオーパーツ』（二見書房刊・南山宏編著）では写真入りで紹介され、「新川鼻に近い宇良部岳にある岩を削ったような壇」と説明されているが、それより詳しく論じたものには出会っていないし、突っ込んだ論議を耳にした覚えもない。

そういう意味では、階段状の岩はいったい、何なのか。そこから入るのは正当だろう。

では、階段状の岩を見てみよう。

階段状の岩を見ると表面が真っ黒に焼け焦げている。真っ黒に焼け焦げた岩は南国特有のもので、パラオやインドネシアにおける山岳祭祀遺跡の調査旅行に出掛けた時によく見かけたことがある。

焼けつくような太陽光線の下では、物理的な刺激によるものか、どういうことなのか、まるで直火で炙《あぶ》ったように表面が黒く焦げついてしまうのである。

真っ黒に焼け焦げた階段状の岩は、道路に平行して東西に細長く、練り羊羹《ようかん》を重ねたような格好で横に延びているのであるが、北側がやや高くなっており、手前南側が低くなっている。

しかも階段の上面はいくらか、手前に傾斜しており、北側の部分が高く、南側が低くなっている。道路から見て奥の方が高く、手前方、道路側が低くなっているのである。どうして、そんな形になっているのか。

理由はともかく、水中に潜って海底遺跡を直接見学したことがある人はお判りになると思うのであるが、階段状の岩の形状は、海底遺跡と同じ特徴を示しているのに気付くだろう。

海底遺跡も東から西に細長い巨体を横たえ、その岩の塊は階段状に刻まれ、上面は斜めに傾いている。試みに西側から海底遺跡の上面を見てみると判りやすい。

すると北側、つまり陸地側が高く、海側、つまり南側が低くなっているのが確認できる。肉眼で確認できるほどの明らかな傾斜が付いている。

木村政昭元教授（琉球大学理学部）の測量結果でも「〝遺跡ポイント〟の現在の地層は、確かに南東方向へ10～12度ほど傾斜していた」（『海底宮殿』実業之日本社刊・木村政昭著）とされている。

宇良部岳の西側山頂部の階段状の岩もほぼ同様の傾斜が見られる。何かの偶然だろうか。一見したところではまったく関係ないように見えるのであるが、何らかの関連があるのかもしれない。

これから先、まだまだ検討しなければならないことは山ほどあり、この階段状の岩もその一つとして含まれるのであるが、本当のところ、そんなことはほんの瑣末な話題なのか

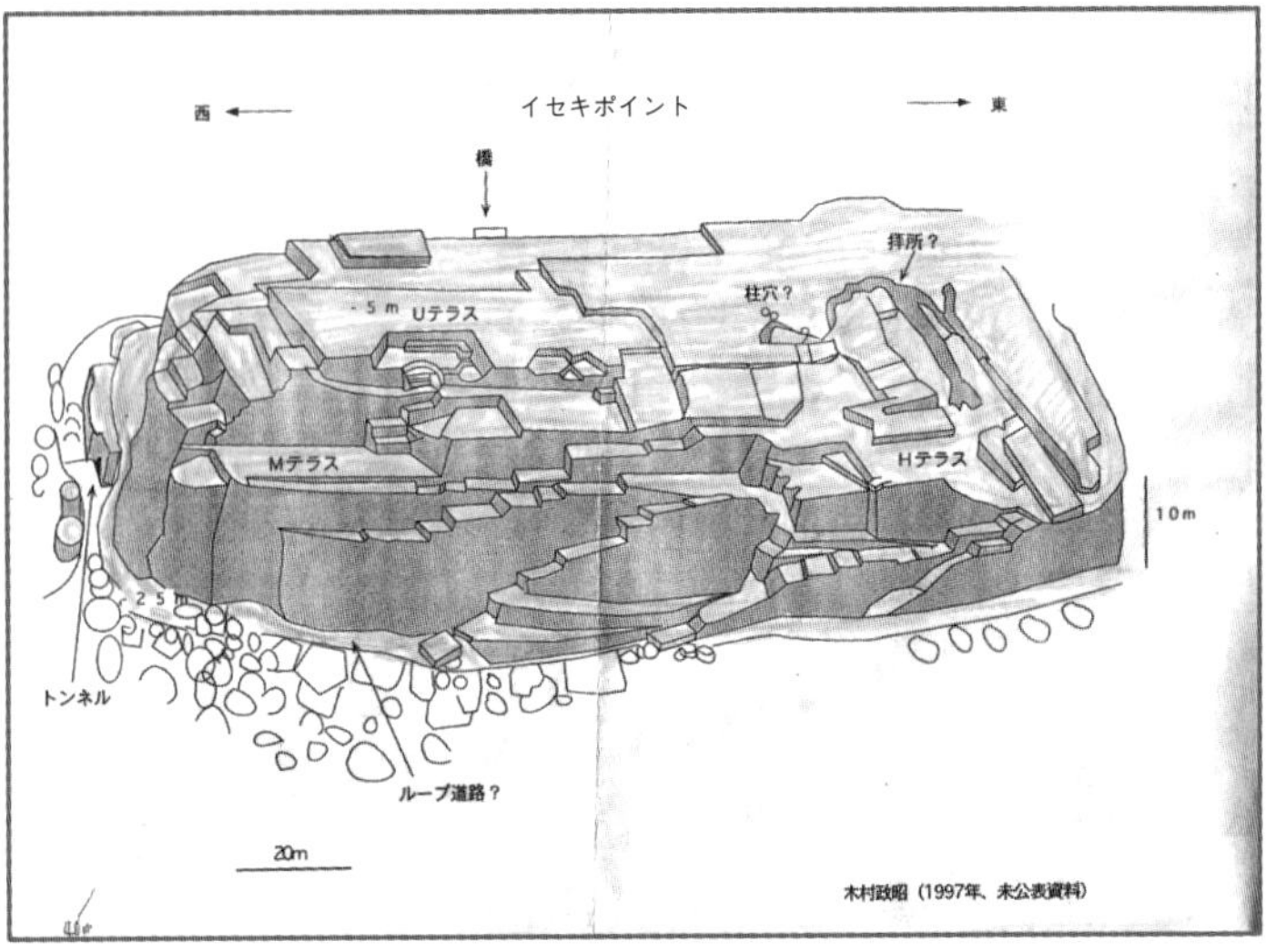

木村氏のラフ・スケッチ「イセキポイント」

もしれない。

と言うのは、極めて重要かつ本質的な問題がまったく手付かずに放置されたままになっているからだ。

階段状の岩が横たわる斜面の上、西側の山頂部が古代祭り場であったことを証明する重要な遺跡になっている可能性があるにもかかわらず、われわれ以外、誰かが調査したという話を聞いたことがないのである。

階段状の岩が横たわる斜面の上というのは、いまは雑木林になっている。しかし、ただの雑木林ではない。多くの人は、そんなところに何があるのか、何か、謎と言えるようなものがあるのか、訝《いぶか》しむかもしれない。

しかし、古代祭り場の原型となる遺跡を一度でも見たことがある人は現場に立てばピーンとくるものがある。これを直観というわけであるが、それは霊感である。神様から教えていただくのである。

与那国島を初めて訪ねた時からずっと気になっていたところなので、私は何度も雑木林の中に分け入り、予備調査をしてきた。すると予感が確信に変わって行ったのは間もなくのことであった。

（ここは間違いなく「祭り場だ」）

宇良部岳の西側山頂部が古代祭り場であったと仮定する**理由の第一**は、いまは雑木林になっている山頂部の地面がほぼフラットな状態を保っており、南北に細長く、楕円形をしていることである。

試みに、巻き尺を用いて雑木林の広さを測ってみたところ、東西が約一三メートル、南北が約二三メートルもあった。正確に測量すれば違った数字が出てくるかもしれないが、それにしても広い面積の山頂部である。

広場の周辺をぐるりと回ってみたところ、南北に細長い楕円形になっていることを確認した。東西に細長いか、南北に細長いか、違いはあるけれども、楕円形の広場になっているというのは、山岳祭祀遺跡や環状列石などの祭祀遺跡に見られる特徴である。

正円をなすものは見たことがない。必ず、楕円構造になっている。宇良部岳の山頂部も楕円形の広場になっているので、注目しておきたい。

従って、灌木《かんぼく》類を伐採した上で、東西方向、南北方向にそれぞれトレンチを掘り抜いて交差させ、山頂部の端から端まで切り通した後、ていねいに発掘したら思わぬ出土物があるかもしれない。

ところで、南北線が長いということは、宇良部岳が北極星か、南十字星を観測するための天文台というか、観測所的機能を持っていたことを暗示する。

つまり、宇良部岳山頂部が与那国島の座標軸を形作るための測量点になっているものと思われる。

その意味では天文シミュレーションをしてみる必要があるが、同時に南側が祭り場の正面なのか、北側が正面なのか、いずれかを選ばなければならない。

その際、南側斜面にある階段状の岩が正面を示すものであると仮定するならば、南側が正面になる。

はたして、どちらが正面なのか。現在の段階では、どちらとも言えないが、どちらかが正面になることは確かなのである。

第二は、宇良部岳の山頂部が祭り場であるとするならば、山頂部には神様の御霊が降臨する際、依代《よりしろ》となる磐座（ご神体岩）がなければいけない。

見渡したところ、雑木林の南端に岩の塊が集中してごろごろ転がっている。一つひとつの岩を子細に観察してみたところ、ユンボやブルドーザーなどの重機械の爪の跡がところどころに見えるのであるが、ペトログリフらしき文様も各所に見えるのである。

かつては磐座として用いられた巨石の残骸であったことは明々白々である。

おそらく、東の山頂部に立つＮＴＴの電波塔建設工事の際、東と西の二つの山頂部にあった磐座の巨石群を土台石に転用したのだろうが、転用されなかった巨石群は邪魔者扱いされ、ブルドーザーで山頂部の脇に押し退《の》けられたのであろう。

ところが、西の山頂部の片隅に押し退ける程度に留め、爆破するとか、細かく砕いてしまうとか、そういう手荒な真似はしなかったようである。幸いなるかな、最悪の事態は免れることになった模様である。

そうすると、西の山頂部の南端に押し寄せられた巨石群は元々、この場所にあった岩のはずである。工事担当者に聞いて確認する他にないが、山の頂に露出した状態で捨て置かれている巨石群などというものは単なる自然石ではあり得ない。

おそらくは古代以来、山頂部が祭り場として利用されてきたために守られてきたもので、つい最近に至るまで山頂部を祭り場として大切に守り抜き、工事が始まるまでの間、お祭りをしてきたためであろう。

そういう祭り場であれば、その場所には神様の御霊が降臨するための依代となる磐座がなければならないのであり、ない方が却って不自然なのである。

その意味において、この西側の山頂部にある巨石群は単なる自然石でもなければ、電波塔建設工事のために運ばれた土台石でもあり得ない。早急に確認したいと思う。

では、山頂部に残された巨石を見て何がわかるのか。

次頁の写真（上）の中央に写る岩の右側の面に注目して欲しい。右側の外辺は、見たところ、ゆっくりとカーブを描いている。そのカーブの曲がり具合を見れば、元々、かなり大きな丸い岩だったことが見て取れる。

それに対して、左側の岩の側面、上面はあたかもスイカをかち割ったような不規則な面をさらけ出しており、割れてしまったために内面を外側にさらけ出すことになった破断面を見ることができる。

あるいは子細に観察すれば、周辺に散乱している岩の破断面とピタリと合う面があるかもしれない。

こうして見ると、散乱している岩の破断面を丹念に拾い集め、あたかも土器の破片を接合して復元して行くような作業を継続すれば、元々の形を復元できないわけでもないが、そうした場合、かなり大きなものになるだろう。

しかも、薄い板状の岩ではなく、よく太った、球体に近い形状の岩のようであり、右側のゆるやかなカーブから想像すれば、かなり大きなものであっただろう。それほど巨大な岩が宇良部岳の山頂部に立っていたということになる。

次頁の写真（下）は一転して、極めて幾何学的に加工された巨石群が散乱している様子を写し出している。真っ先に目が行くのは中央に位置する岩で、直角の刻みが上下に入っている。

（上）（下）宇良部岳山頂部に散乱する磐座残骸

また何よりも上面がまっ平らすぎるほど、平らなのを見れば、完全に人の手が加わっているのは疑いないと言う他にないのであり、右隣に転がっている岩と並べて見れば、ますます確証は高まるのである。

周りに転がっている岩を見ても、それぞれ多少なりとも人工的な加工の痕跡を残しているのが窺える。

おそらくは大きな磐座を乗せるための土台石とか、構造部材として用いられた岩であろうが、直角の刻みとか、まっ平らに加工された面を見れば、単なる自然石ではないことは理解できる。

隣の頂に立っているNTTの電波塔を建設する際、土台石とか、構造部材として使われた岩の残りではないだろうか。

そして、宇良部岳が怪しいという**三つ目**の理由は、山頂部が雑木林になっていることである。「何を馬鹿なことを！　下らない」と一笑に付されるかもしれないが、これは重要なことであり、的を射た言い方であると自分では思っている。

と言うのは、その場所は雑木が大木に育たず、灌木か、小さな痩せ細った樹木のままに密生しているところを見ると、根っこが伸び伸びと成長できない理由があるのではないかと考えても良いのかもしれないということだ。

では、どんな理由が考えられるのか。

地中部に何か、固い岩盤のようなものがあるとか、礫《れき》状の石がびっしりと張りつめてあるとか、とにかく、立ち木が深く、太く、大きく根を張って行けない状況があるのは確かである。

私はかなり断言に近いトーンで語っているが、それはいくつもの山を調査しており、何度か、深く、太く、大きく根を張れない状況があるのを確認しているからだ。

あれは黒又山ピラミッドの調査中、平成五年（一九九三）春のことだった。故加藤孝先生（調査団長＝元東北学院大学文学部教授）の後ろに付いて黒又山の参道を登っている途中、七合目か八合目辺りで一休みを入れている時だった。

先生が何か、ぼそぼそと呟かれたのだった。よく聞き取れなかったので、私は「何か、仰いましたか」と言うと、先生は同じ言葉を繰り返して下さった。

「この山の木は痩せています。太れないのですね」

そして、脇に立っていた私に向かって、「そのわけを知りたいと思いませんか」と言われたのだった。特に木が痩せているとは思わなかった私は「はあ？」とか間抜けた返事をして、わけのわからぬ質問をしただけであった。

「あのう、先生、失礼ですが、痩せているというのは……」

「ここの松や杉はみな半端物です。売り物になりません。ご覧なさい、威勢の悪いこと。勢いがない。萎縮している。育てないのです、この山では。いずれ、判ります」

　そう言われてから一年後のこと。先生が「半端物」と言われた松や杉が植えられている山の斜面に地中探査レーダーを転がして地中構造を探査することになった。

　その結果、厚さ一メートル前後の堆積土の下に礫状の石をびっしりと敷きつめた階段状遺構が眠っている様子が確認された。松や杉の根っこが伸びられなかったのは、そのためだったのだ。

（一年前、先生が「いずれ、判ります」と言われたのは、このことだったのか！）

　以来、山頂に到達した時、そこがひ弱な樹木ばかりが密生していたり、灌木類が密生するだけだと「妙だな」と思うようになった。

　宇良部岳の山頂部に到達した時も黒又山と似た同じような状況があるのか否か。正式な地中探査レーダーによる調査も発掘調査も実施していない以上、何とも言えないが、あり得ないことではないと思っている。

　ところで、宇良部岳が注目される理由はもう一つある。

　雑木林の奥にもう一つ、東西に細長い、馬の背中のような祭り場があるのだが、それが、いまわれわれが見てきた祭り場、つまり、南北に細長い大祭り場とワンセットになっている。

いかにも与那国島第一の聖地に相応しい構造の祭り場になっている。なかなか面白い。東から西に向かって、馬の背中のようなほぼ正方形の祭り場（東西＝三・三メートル×南北三・二メートル）になっている。そして、西から東に掛けて合計五個の岩が埋設されている。一番西側の土留めになっている枕のような岩は問題にしないこととして、西端には高さ一五センチ程度の三角岩があり、その東に丸い岩二個がほぼ等間隔で踏み石のような形で埋設されている。その東側に再び三角岩があり、上がり縁に丸い岩が埋められているのである。

これらの岩がいったい何を意味するのか、私には判らないのであるが、いくつかの特徴を見た場合、面白い事実が浮かび上がって来るので注目した次第。

一つは一直線上に整列したように見える、二つの丸い岩と二つの三角岩の重なり方だ。西端の三角岩は直線状に引かれた東西線よりもやや北側に寄っている。どうしてこの岩一つだけが直線状に整列した岩の並びから外れているのだろうか。

最初は気にも留めなかったのであるが、後になってその意味を知って驚いた。後ろ、東側の三角岩を宇良部岳とすれば、前方、西側の三角岩は久部良岳になるのではないだろうか。そのように仮定すると、どうしてこういう形で岩が並べられたか、意味が判って来るのである。

一応、与那国町役場で買い求めた地図『与那国町地形図』を広げて、宇良部岳山頂部を基準点として横に真一文字に直線を引いてみた。説明するまでもなく、それが東西線になるわけである。

すると西側に位置する久部良岳は、どういう位置関係になるだろうか。久部良岳は宇良部岳から真西へ延ばして行った直線に対して、やや北寄りに位置していることが判る。

つまり、雑木林の奥にある、東西に細長い、馬の背中のような祭り場の石列は、与那国島の山岳地形を凝縮した形になっていたのである。

そうだとすれば、久部良岳を象徴する三角岩の東に位置する二つの丸い石は何を表しているのだろうか。これが次の謎になる。問題は常に具体的であり、何かを表現していなければならない。

だとすれば、その丸い石が象徴している場所がどこなのか、そこを特定しなければならないのであるが、それは今後の作業に委ねたいと思う。土地の人々の協力と援助がなければ特定作業などはできないからだ。

しかし、何かを表していることは間違いないので必ず、突き止めることができるだろう。

もちろん、宇良部岳の後ろ、東側にある丸い石も特定しなければならないのであるが、それは比較的に判りやすい。たぶん、その場所はいわゆるサンニヌ台を象徴しているのであろう。

実際のところ、『与那国町地形図』上で宇良部岳の真東へ直線を延長して行くとサンニヌ台にぶつかる。それによって、この小祭り場に配列された石は、それぞれ東から「サンニヌ台～

宇良部岳〜特定できない二カ所の山〜久部良岳〜崖（海）」を象徴しているのではないかというのが判ってくるのである。

この小祭り場において、どのような祭祀行為が行なわれたのか、それはまったく判らないのであるが、実に巧妙な仕掛けになっていると言えなくもない。

この祭り場に立って周囲を見渡せば与那国島全島を一望のもとに見通すことができるだけではない。与那国島全島を一手のもとに思うがままに掌握できる仕組みになっているのである。島に生きる人々の先祖代々、子々孫々、末代に至るまで幸福と繁栄を願ってお祈りが捧げられたに相違ない。

ただし、私の見落としがあったのかもしれないので、今度、与那国島に伺う機会があれば必ず、確認したいと思っているのは、天蛇鼻の位置関係を表す石がないのか、それとも見つけることができなかったのか、はっきりしないので改めて探したいと思っている。

この小祭り場を調査した時は、格別なことは何も予想していなかったので、目に付くもの以外にはまったく手を触れなかったのだ。

いずれにしろ、こうして見ると、いかにも与那国島の中心的祭り場は宇良部岳であることを象徴している施設であると言えないだろうか。

作業終了後、宿舎になっているシーマンズクラブ与那国に戻り、それぞれ道具の後片付けをしている時の気分は晴れやかだった。

妻のヒサエがキッチンに入って夕食の準備に取り掛かり、田中正勝さんと世一秀雄さんが、デジ・カメによる撮影写真の整理やGPSによる測定データの地図上への転写作業をしている間に私は日誌を書いた。

「平成十二年十一月六日夕方五時。調査初日、宇良部岳山頂部において磐座（イワクラ）の存在を確認し、クリーニング作業の上、写真撮影と簡易測量、GPSによる緯度、経度、高度の測定をした。

長い間、『イワクラがあるはずだ』『祭り場になっていたはずだ』という推測の域に止まり、確認できなかったのだが、ほぼ間違いない模様だ。

東から西の久部良岳を結ぶ山頂部の祭祀場と、北と南に延びる、一段下の大きな主祭祀場と二つあり、それぞれ使い分けられていたようだ。

宇良部岳が与那国島の中心的祭祀場であったことはほぼ間違いない。とりあえず、コンピュータによる図形処理作業をしてみたいと思う」

調査二日目。

一晩、熟睡して目を覚ますと正勝さんと秀雄さんは、もう起きていた。そして感心なことに雑巾掛けをしたり、風呂場をデッキブラシで掃除したり、二人とも朝から大活躍だった。

遅ればせながら、私もヒサエと一緒に朝食の準備に取り掛かった。前日、祖納唯一のスーパーに行っては見たものの、思うように必要な野菜も果物も買えなかったために朝食の準備は四苦八苦……簡単なハムエッグのトーストくらいで終わったように記憶している。

上等、上等！　前日、買ったばかりのドリップで淹れた、食後の熱いコーヒーをすすりながら打ち合わせをして行動開始！　われわれはクルマに飛び乗った。

調査二日目のターゲットは天蛇鼻である。長い間、暖めてきた計画に基づいた行動であるだ

シーマンズの朝

けに動きが早い。無駄がない。

ところで、いま、私は何気なく天蛇鼻と地名を書いたが、当時はどう表記すれば良いのか、判らなかった。

と言うのは、天蛇鼻に行けば判るのであるが、入口の看板には『県指定名勝　ティンダバナ』と書いてある。これをテンダハナタと書くものもあれば、テンダバナと書くものもあり、てんでんばらばらなのだ。

一向に要領を得ないもので、教育委員会に問い合わせたところ、漢字に直せば「天蛇鼻となるという説もある」とのことだった。おそらく、天蛇鼻が正しい表記なのではないかと思うようになった。

その理由を述べると結論を先取りすることになってしまうが、実を言うと天蛇鼻という名称の由来を裏付ける遺構になるのではないかと思われるものがある。

祖納の入口にある民宿『ホワイトハウス』の裏側にある天蛇鼻の断崖絶壁に刻まれた、巨大なコブラのようなレリーフ（高さ約三〇メートル、最大幅約五メートル）が、それである。巨大な頭部を上部にして、胴体が下に連なる形で刻まれている。

つい最近に至るまで気付かなかった私がいけないのであるが、そのレリーフが見つかったことによって、天蛇鼻はまさに「天に昇らんとする蛇神様の祭祀遺跡」であり、「水神様の祭祀遺跡」であり、だからこそ、「女神様の祭祀遺跡」になっているのではないかという仮説がますます確かなものになった。

　これは誰かが言っているとか、そういう伝承が与那国島にあるということではない。その時に至るまで過去十五年間、私自身、国内外の遺跡調査に走り回った結果から判断し、導き出した結論であることを特に強調して記しておきたい。

　あたかもテオティワカン（メキシコ）の巨大ピラミッド群の中でも異彩を放つケツァルコアトルのような羽を持つ蛇ほどには具象化されていないけれども、ある種の想像力豊かなイメージが表現されているのではないだろうか。

　天高く跳躍せんとする巨大な蛇のイメ

天蛇鼻の北壁に刻まれた巨大な龍神の岩刻文様

ージは、そこに住む者の消すに消せない、沸き起こる願望のようなものだったのかもしれないし、叫びだったのかもしれない。

最初から脇道に入ってしまったような気がしないでもないが、天蛇鼻というところは、そういう場所なのである。

ともかく、われわれはまず、展望台に上がり、与那国島の中心地である祖納の町を俯瞰《ふかん》することにした。細かい作業に入る前に概略を把握しておくという手続きは欠かせない。

調査に入る前に観光コースになっている展望台に足を運び、一通り、与那国島の特徴を肌で感じてみようというわけである。

「もう着いたんですか」

誰かが言った。

そして、私が答えた。

「いや……目的地に着いたわけじゃありません。われわれの行き先は、この断崖の上です。とりあえず、観光コースになっている天蛇鼻に来てみました……」

「なるほど……ね」

絶壁の東側に付けられた観光用に設けられた回廊を通って、われわれはゆっくりと北側に向かって歩みを進めた。

鬱蒼《うっそう》たる樹木に覆われた回廊は、昼尚暗く、すぐ左手に迫る斜面のところどころに洞窟が見えたり、白くなった牛の骨が転がっていたりするし、唐突に鳥が鳴いたり、飛び立ったりするので、一緒に歩く仲間がいるからいいが、自分一人しかいない時はとても歩く気にはなれない。何よりも空気が生暖かく、湿っており、じくじくと水がしみ出ているので、どうも気分的に晴れやかになれないのである。だから、というわけではないだろうが、ここには悲しい伝説がつきまとう。

「昔、久米島《くめじま》から琉球本島の中山王に奉る貢物を積んで出発した船が、途中荒天にあい与那国島に漂着した。その乗客の中に、一人の女と一匹の犬が加わっていた。ところがある夜から、男が一人一人犬にかみ殺されてしまい、犬と女だけが生き残った。その生き残った女と犬が住んでいたところが、(天蛇鼻の)イヌガァンとされる」(出典『与那国町の文化財と民話集』)。

女と犬の間に何があったのか、それは誰も知らない。とにかく、犬と女は仲が良かった。後に犬は人間に殺されてしまうのであるが、悲しんだ女は後を追うようにして自殺してしまう。暗い雰囲気は、そのためだろうか。

さらに先へ進むと、いきなり、視界が広がる。祖納の町を眼下に見下ろし、その向こうに紺《こん》碧《ぺき》の海が広がるのを一望のもとに見渡せる展望台である。

先述の『与那国町の文化財と民話集』には次のように記されている。

「ティンダハナタ（天蛇鼻）は、標高一〇〇メートルの自然展望台になっている。台上からは眼下に祖納部落のかやぶきや赤瓦の家並みをはじめ、有名なナンタ浜が、遠くには東シナ海が望まれる。岩かげには豊富な湧水があり、島の祭事の初めに行なわれるアラミディの祭に神聖な場所である。

また、与那国島の女傑サンアイ・イソバの碑が立っている。後方には嶋仲遺跡があって、女傑サンアイ・イソバがでたところといわれている。島を見守るようにしてたたずむティンダハナタは景勝地で、村人たちのいこいの場所である」

このサンアイ・イソバには後で触れる。

とにかく、天蛇鼻というところは水が豊富な場所であることは印象に残った。それもそのはずで、大きな石灰岩でできたお皿のようになっている天蛇鼻の上層部分には大きな沼があった。その沼に蓄えられた水が下にある展望台の回廊部分に落ちている。

島の祭事の初めに行なわれるアラミディ、すなわち、新水祭の祭り場になっているわけだから、天蛇鼻という場所は水神を祭る聖地になっているわけである。

初めて訪れた時は、そんなことはまったく知らず、断崖絶壁の上から途切れることなく水が流れ落ちるもので、「上がどうなっているのか、見てみたい」という一心で駆け上がっただけのことであった。ただただ好奇心と冒険心で押しかけただけのことなのである。

すると与那国空港に離着陸する航空機を誘導するビーコンタワーが建っている辺り、その周辺に放牧中の牛が戯れていたのでクルマを停め、しばらく歩いて行くと湿地帯になっており、足がぬかるんで歩けないほどだった。

「なるほど、山頂部は一帯が湿地帯になっているのか……」

私は、ようやく山頂部がお皿のような構造になっており、そのお皿の中は湿地帯になっており、豊富な水が蓄えられていることを知ったのである。

しかも、西へ回って行くと広大な沼があることが判った。この沼に収まりきれない水が溢れかえって一帯がじくじくと水浸しになっているという、山頂部の構図が見えてきたのである。

「山の上に沼か……」

そして、後ろを振り返った時だった。ところどころに巨大な岩が見え隠れするのに気付いたのである。

草をかき分けて接近し、見え隠れする全体を見て驚いた。ところどころに見え隠れしていた巨大な岩が、あたかも整列させられているかの如く、東西方向に横一列に連なっているのであった。

ばらばらに散乱しているには違いないが、それらの集合体はほぼ一列に連なっていたのである。

「これは妙だぞ。ただの岩じゃないぞ」

沼を背にして北側から見ると、南側は小高い森になっているようで、その森を中心にして円弧を描くように巨石群が連なっているのであった。

一見すれば、あたかも石造りの城壁のように見えた。端から端まで連なり具合を観察するために西から東に向かって歩いて行くと単なる自然石の繋がりではないように見受けられた。

そうかと言って、人工の手が加わった組石の集合体だと判定する手がかりになるものもない。その意味では実に中途半端な巨石群であり、判断の難しい巨石群であった。

たとえば、二～三段のブロック状に整形加工した岩を重ねて組石にしたと思われるものがある。精密な面取りをして三角岩やサイコロ状の立方体に加工処理したように見えるものがある。あたかも巨大な鉛筆か、電信柱のように見える円柱状の岩がある。生乾きの粘土に型捺《お》しして出来上がったとしか思えないような紋様の付いた岩がある。

とにかく、説明に苦しむ状態の巨石群がずらり、およそ一〇〇メートルは連続して並んでいるのであった。

「これは、まともな調査をしなければならない」

どうすればいいのか。調査と言っても天蛇鼻の場合、概観観察の他に打つべき手はない。

とりあえず、位置確認のためのＧＰＳ測定と写真撮影をしておいた。その時、順番に追跡し

天蛇鼻で発見された組石遺構

天蛇鼻に放置された巨石

天蛇鼻の崩壊した組石遺構

調査中の筆者

た事実に目を向けていただきたい。

判らないからと言って、見て見ぬ振りをするのではなく、判らなくても目前にある事実を直視しなければならない。何事も具体的に見て行かなければ話が始まらない。

まず、一六四頁の（上）の写真を見て欲しい。

ただの岩だろうか。私の目には三段に積み重ねられた組石のように見える。おそらく、この場所が東西に連なる巨石群の中心になるのではないか、と思われる。つまり、ご神体になるものが祭られていた可能性があるということだ。

どうして、そんな思いを抱くに至ったのか。その理由がないわけではない。

第一に組石自体、およそ一〇〇メートルになんなんとする巨石群の長蛇の列の中でも最も目立つ立派な岩であり、自然に巨石群が重なってできたものとは考えにくいからだ。

第二には、その手前にある座席のような岩、巨人族のダイダラボッチでも座るような巨大なイスのような岩が目に付いたのである。

背もたれと手すりが設えており、腰を下ろす部分が低く、平らに加工されている。自然石というには、あまりにもでき過ぎた岩であった。これは神様の座る岩、すなわち、磐座ではないだろうか。

こういう事実が目に付いたために東西に延びる巨石群の中心に位置する場所ではないかと思

った次第であった。

また、その東側には巨人族のうんこ（？）がそのまま固まってしまったような岩が転がっていた。写真がないのが残念！　先端部分と真ん中の部分では太さが異なり、切れ切れながらも繋がっているのが見えた。

まるで太さの異なる、セメント作りの電信棒のようにも見える。当初はほとんど問題にもせずに通過してしまったのであるが、いまになって思えば、これが蛇の胴体を表す石造りのモニュメントだったのではないだろうか、と思われる。

自然にできたものと言い切るにはあまりに不自然である。こうしたものに直面した場合、われわれは本当に困ってしまう。

あるものはあるわけであり、何らかの因果関係があってあるわけだから、何らかの結論を下さなければならない。それなのに何一つ、参考にすべき資料がなく、先行する調査報告があるわけでなし、指導者がいるわけでなし、孤独な調査活動を繰り返す他にない。

そういう乏しい判断材料の中でエキスを絞り出す他にないのであり、わずかなヒントを通じてインスピレーションを働かす他にない。

その際、力になるのは、やはり、体験の他にない。豊富な体験事例を通じてイメージを膨らませて行くのである。

他の例も見ておこう。

たとえば、一六四頁の写真（下）を見て欲しい。世一秀雄さんが「くじら石」と名付けた長方体の岩であるが、これは西端に転がっている。

よく見ると左側、つまり、東側に丸い目のようなペトログリフ（岩刻文様）が彫り込まれており、その右側に頭部と胴体部分を区切る太い線が刻まれている。

ところで、そのくじら石の上部にもう一尾の魚の姿が刻まれている。どうして、こんな岩が、ここにあるのだろうか。

よくよく考えて見ると、南側の小高い森の部分を残して、北側の平地は沼を中心にして湿地帯になっていたようだ。その周辺部には、どういうわけか、お皿の縁のように壁のような土塁が巡らされている。ある程度、水が溢れかえったとしても外には洩れない仕組みになっている。

そうすると、満々たる水を湛えた山頂部に魚のモニュメントとなる岩が見え隠れするということもあったのではないだろうか。

「そんな突拍子もないことを考えて不謹慎な！」と怒られてしまうかもしれないが、それくらいのイメージの飛躍がないと見えるものも見えなくなる。

おそらく、南側の小高い森に緑に囲まれた石の神殿があり、北側には周辺部を土塁に囲まれた沼が満々たる水を蓄えて波を打たせ、その境を仕切るのが累々たる巨石群の連なりだったのではないだろうか。

　そして、その沼の外側、北側絶壁に巨大なコブラのような大蛇のレリーフが浮き彫りにされていたのである。

　巨大なコブラのような大蛇のレリーフというのは、天蛇鼻という地名の由来を述べる部分でも触れているが、民宿ホワイトハウスの裏手にある絶壁に刻まれたレリーフのことである。皆、知っている。

　ところが、そのレリーフが何であるか、どれほど重要なものであるか、まだ誰も気付いていないようなので、この際、はっきりさせておこう。それは大蛇のレリーフであり、〝蛇神たちが住む水の神殿〟を象徴する巨大なペトログリフだったのである。

　私は意気揚々と日誌に戦果を書き込んだ。

「二日目も予想以上の成果を上げることができた。前々から指摘していた天蛇鼻の巨石群は、やはり、ただの自然石ではなかった。

　南側の高台を中心にして円弧状に並べられた巨石群の配列状態は東西に延びた蛇の胴体のように見える。三段に重ねた組石状の巨石群や、まるでソーセージを輪切りにしたような巨石群が転がっており、私の目には人工的な組石の残骸のように見受けられた。

　ところで、南側の高台に入って行くと、どこからか、『ザアー』という水の流れる音が聞こえてくるところがあり、地下水が勢いよく流れているのを強く意識させられた（注＝現在、この沼はカラカラに干上がってしまい、大きな窪みになっている）

さて、いよいよ三日目の朝を迎えた。

われわれはまず、教育委員会に足を運んだ。と言うのは、久部良岳は県指定の「自然保護区」になっており、無断侵入は禁止されているためである。

「みみ岩」の直下を走る道路の片端にも『県指定　与那国島久部良岳自然保護区域』の看板が立てられ、次のような説明文が記されている。

「本地域のビロウ林は、山地型のシイ林と低地型の森林の構成種をもち、中間的性格を有し、ビロウ－アカハダグス群落として識別され、与那国島固有の群落で極めて貴重な植物群落である。山麓部一帯にはアカギ、モクタチバナ、ショウベンノキ、フカノキなどの食草が豊富に見られ、ヨナグニサンの重要な生息地となっている」

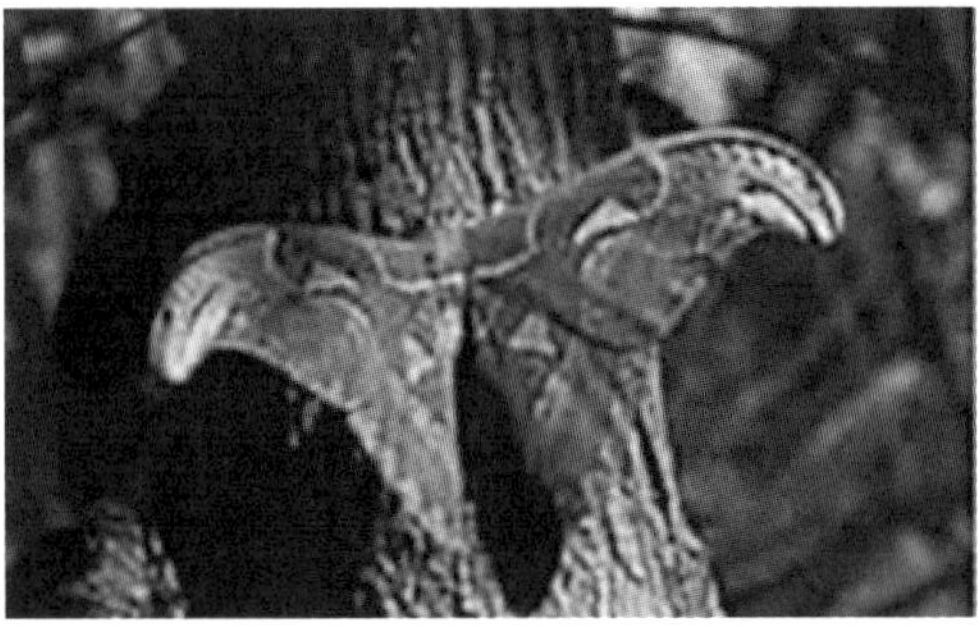

ヨナグニサン

自然科学に弱い私としては、それがどういう意味を持つのか、ほとんど理解する能力を持ち合わせていないのであるが、極めて貴重な植物群落を形作っている場所なんだな、ということぐらいは理解することができた。

ただ一つ、あえて言うことがあるとするならば、食草が豊富に見られる場所だということ。これは「みみ岩」が立っている久部良岳南峰が重要な祭り場になっていることと無関係ではあり得ず、偶然ではないように思う。

ちょっと調べて見たところ、アカギなどは天然記念物の蛾、ヨナグニサンの好物になっているらしく、「食草」と言っても、いまは蛾の食草になっているというわけであるが、人間も食べることができる。

与那国島は米の二期作地帯であり、年間二度、夏と秋に収穫するのであるが、無理に米などを作らなくとも十分に暮らして行けるようになっているのである。

さて、われわれは自然保護の看板が立っているところから山に入った。いつものスタイルだ。軽登山靴で足場を固め、肌を露出させないように長袖のシャツで身を守り、手に手に鉈《なた》や鎌、ナイフを持っている。

一歩々々、道を開いて登って行く。これは登るために必要な作業であるだけでなく、無事に帰るためにも必要なことで、来た道を目印として残すための作業である。

小さい山だからと言って馬鹿にしてはいけない。山中に入ってしまうと五里霧中、自分のいる場所がまったく判らなくなってしまうことがある。

しばらく登り、中腹とは言わないけれども中腹にほぼ近い高さに差し掛かった時のことだ。目の前に真っ黒い岩がヌッと現れた。

驚いて顔を上げると大きな甲岩《かぶと》が視野いっぱいに入ってきた。少なく見ても、高さ二メートルはある。幅も三メートルはあろうか。いかにも硬そうな岩である。

泥岩のように見えたが、いずれ地質学の専門家に見ていただくつもりでいる。形がいい。きれいな甲岩の形になっている。「みみ岩」を上

久部良岳南峰北側に佇む甲岩

久部良岳の北面に辿り着いた正勝君と妻ヒサエ（右端）

接近して見たみみ岩の北面

社とするならば、これは中社ということになるのであろうが、それにしても滅多に見られない立派な甲岩である。

われわれは早速、ご挨拶の意味もあってお参りをした。そして、向かって左側、東回りに登りかけたところ、自然石を配した階段があるのに気付いた。

ところどころに見え隠れする礫状の石がきちんと整列し、階段を形作っているのが見えてきた。おそらく、かつてはお祭りに訪れる人々が登り降りする時に使われた参道の名残ではないだろうか。

われわれは状況確認の意味もあって、ゆっくりと階段を露出させながら登って行ったのであるが、途中から判らなくなってしまった。

その時、眼前に見えてきたのが大きすぎて全体を視野に収めることのできない「みみ岩」のどてっ腹である。われわれは三つの岩の内、どの岩にぶち当たったのかも判らず、ただただ東へ、東へ移動して北側から南側に向かった時、一番東に立つ岩の東を巡って山頂部へ到達した。

熱帯雨林が鬱蒼と生い茂り、薄暗く感じられる山頂部に入ったところ、元々の祭り場の形と構造を意外に整然と残していた。つまり、みみ岩の真後ろには東西約九メートル、南北約一三メートルの祭り場の跡（広場）があるのが確認された。

広場は崩れさった岩や瓦礫で埋めつくされていたものの、祭りの広場であったことは明らかであった。その証拠には広場の南側、ちょうどみみ岩の真後ろに当たる位置に「みみ岩」のミニチュア版になるものが並んでいるのが確認できる。

一番、東側の「みみ岩」の後ろには、すり鉢のような漏斗《ろうと》型の石の水槽（幅二メートル大）があり、その水槽の南縁に三角錐形の石が立っている。妙な格好の石造物である。

三角錐形の石とすり鉢のような岩がワンセットになっているわけで、自然石を利用して組み立てられたものかもしれないが、いったい、どういう意味があるのか、私には全然判らなかった。

真ん中の岩の真後ろには、環状に配列された丸い岩の集合体があった。

正確な採寸はしなかったので数字を挙げることはできないが、およその直径は外形寸法（石の大きさも含む）で三メートルはあったものと記憶している。

みみ岩の後ろで発見された水槽

これも、何を、どういう形で運用したものなのか、まったく判らない。

そして西端にあったものは、お結び大の礫を丹念に積み重ねて作った三角山であり、最も人工的な匂いを漂わせて鎮座するご神体のように思われた。

高さ二メートルはあっただろうか。これもメジャーを用いることはできなかったので、およその目算であるが、大きな誤差はないはずである。

北側に三体の「みみ岩」があり、広場を挟んで南側には、「みみ岩」と一対の石造物があるという山頂部の形式がうっすらと見えてきたはずであるが、それでオールスターが勢ぞろいしたわけではない。

三体の「みみ岩」と、「みみ岩」と一対になる石造物の間に広がる広場には崩壊した岩や石が散乱しており、東西両端にも巨大な岩がある。

東西両端の巨大な岩にはガジュマロの根が絡みついているため、地肌が見えなくなっていたが、「みみ岩」にも匹敵する大きさの岩であった。

こうして見ると、「みみ岩」を取り巻く周囲の状況が見えて来るはずである。
一　参道は久部良岳南峰の北側斜面に付いており、北側から南側に向かって登って行く仕組みになっているところを見ると、北側が正面になっている。
二　北側斜面の途中、中腹に甲岩があり、その場が中社になっている。尚、中社の辺りからいつのものか、まったく不明であるが、貴重な石組みの階段遺構が残されており、北側正面説を補強している。

三　みみ岩は北側斜面を登り切ったところ、山頂部の際に立っており、横一列、東西線上に並んでいる。大きさは計測不可能のため、不明。

四　みみ岩の後ろは祭りの広場（九×一三各メートル）になっており、広場の後ろにはみみ岩のミニ・モニュメントとなる石造物がある。

五　祭りの広場の東西には、みみ岩にも匹敵する巨大な岩が各一個体あり、広場の横を塞ぐ形になっている。

そして、ここで「六」として記録すべきことかもしれないが、一応、別仕立てにして、主役である「みみ岩」の後ろ、南側の上部に大きな穴が開いていることを特にお伝えし記しておかなければならない。

「みみ岩」の後ろ、南側の上部に開けられた大きな穴というのは他ならぬ目玉のペトログリフのことである。

転落の危険があるために上に登ることができず、その大きさを測定することができないのであるが、穴の横幅は一メートル以上ある。縦は、その半分程度だろうか。とにかく、目の形に彫り抜かれている。

この目玉のペトログリフというのは、その土地にとって最も大事な聖地を向いているのが通常の形である。

だとすれば、目玉が何を凝視しているか、その行方を見定めることによってそのルーツを明らかにすることができるというのは、私自身の過去十有余年における調査事例から見ても間違いないところであるが、その目玉のペトログリフが南を向いているとすれば、われわれは何を追求すればいいのだろうか。

土地の人が言う通り、少なくとも高雄神社（台湾・高雄市）のみ岩と見つめ合っているというのであれば、どのような形で見つめ合っているのか、機会があれば、よーく確かめておきたい。

台湾北方、台北の北側にある嵩山《すうざん》とか、陽明山周辺とか、せめて基隆《キールン》付近を見つめているというのであれば容易に頷けるのであるが、高雄市と言えば、台湾西南部にある台湾第二の大都会であり、与那国島から見れば、ちょうど正反対側にあるわけで、どういう繋がりがあるのか、私にはまったく想像が付かない。

従って、高雄神社を聖地とする台湾全島、とりわけ、台湾南方の山岳文化と与那国島との繋がりということで大きく見て行けば、何か糸口が摑めるのかもしれない。

おそらく、「みみ岩」の目玉のペトログリフは将来、与那国島の謎を解明するための鍵をなす文化財として認められることになるだろう。

この時の日誌には次のように書き込まれている。

「三日目、事実上の最終日。西の聖地となる久部良岳のみみ岩を調査したところ、ほぼ完璧な形で北から南を仰ぐ信仰形式が整っていることが判った。

中腹には大きな甲岩があり、山頂には巨大なみみ岩（中心の岩は幅一四メートル、高さ七～八メートル）が屹立しており、背後（南側）には三つの祭り場がそれぞれ営まれ、塚状の基壇の上に磐座が乗っているという形になっていた。

いったい、北に向かって屹立するイワクラ、北から南に向かって仰ぎ見る信仰というのは何なのだろうか。日本本土のイワクラに限らず、ほとんどの場合、イワクラは南向きで、人間は南から北を仰ぎ見るのが基本形式、作法になっているのにここでは逆になっている。いったい、何を見ているのだろうか。

しかも、それぞれのみみ岩の頂点、頭部に穿たれた目玉のペトログリフは南を向いている。正確に言えば、どうなるのか。はっきりしたことは不明であるが、とにかく、北を向くみみ岩の後ろ、南側に南を向いて目玉のペトログリフが開けられている。噂では高雄神社（台湾）の境内にあるみみ岩を凝視しているということであるが、いったい、どういう形で双方のみみ岩が見つめ合っているのであろうか」

こうして移動に要する前後二日間を除いて、正味三日間にわたる山岳調査は終わった。

宇良部岳では磐座の残骸と思われる巨石群を発見し、山頂部一帯が祭り場になっている可能性を把握した。

天蛇鼻ではお皿のようなユニークな形をした山頂部において東西に延びる巨石群と沼を発見。水の神殿とでも形容すべき事実があるのを見ることができた。

そして、久部良岳のみみ岩を中心に組み立てられた巨大神殿の全貌を把握。台湾との繋がりを暗示させる目玉のペトログリフを見つけることができた。

もちろん、それだけではない。その他にも怪しい巨石群が多数あることをキャッチすることができた。

たとえば、左頁の写真（上）を見て欲しい。東崎灯台敷地内に散乱する巨石群だ。いまとなっては知る由もないが、元々の形がどうだったのか、気になった。

東牧場内においても、単なる自然石の片割れであると見過ごすには、あまりにもでき過ぎたものが多く、気になって仕方がなかった。

たとえば、一八二頁（下）に示す写真はあたかも動物の顔を表現した巨大岩偶のように見え

岩が点在する東崎の概況

宇良部岳方向を向く東崎の供物台？

東崎の組石遺構＝人工石

動物の顔を象った東崎の巨大岩偶？

る。手前から奥にかけて深く刻まれたラインは、大きく耳元まで食い込んだ口のように見える。そして、ラインの終点付近に大きな円形のペトログリフらしき線刻文様があり、何か、特別な意味を持たせているように見受けられる。

また一八一頁（下）の写真は大きな割れ石のようであるが、左右両岩の間に平石を入れた状態になっており、あたかも祭壇のような体裁にされている。

それもご覧の通り、きっちりと宇良部岳を視野に収めて造作されているところを見れば、初めから何らかの意図があって造られたものではなかったのか、と言えるのである。

なぜなら、この組石の割れ目と宇良部岳を結ぶラインは夏至の日の出線になっており、夏至の朝、東の海から昇った太陽の光は、この割れ目を通って宇良部岳に向かい、山頂部の祭り場に到達するのである。

逆に、この組石のある場所に立てば、冬至の日没方向に沈む太陽を見ることもできるわけである。その意味では、多少の変更はあるのかもしれないが、基本的な形は失われていないはずである。

さらに一八二頁の写真（上）を見直していただきたい。これは同じ東牧場内の沼地に放置された巨石群の一つである。

あたかも合わせ面を成形加工したものの如く、きれいに面取りが施されており、きっちりと重なった状態を想像すれば、やや段差を持って組み立てられた祭壇岩のように見えなくもない。要するに供物台である。上部の平たいところに山海の珍味を並べ立て、与那国随一の霊峰、宇良部岳に祈りを捧げたものかもしれない。

こうして見ると、東崎灯台と東牧場から成るエリアは何か、特別な場所であったことを想像することができる。

そんなことは与那国町のどんな文書や出版物にも記されていないし、私一人の直感的言動として聞いておいていただきたいのであるが、この場所は先述の通り、宇良部岳を中心にして見た場合、夏至の日の出地点に相当しており、特別な祭り場となる聖域を形作っていたに違いないということだ。

私自身の感覚で捉えられた印象では、この辺一帯は島内では高原地帯とでも形容すべき清々しい雰囲気の高台になっている。町（集落）を形作っている祖納や久部良などの平地とは随分、雰囲気を異にしているように思われる。

最近では真っ白な風力発電用の風車が最も高い台地上に建設されたので、ますますそれらしき様子が整ってきたような気がする。ある種の〝高天ヶ原的雰囲気〟が漂っているというのは言い過ぎだろうか。

これに対して、日が沈む岬、西崎にも怪しい岩がある。灯台に向かって登って行く坂道の途

西崎から宇良部岳を見る

東崎から昇る日の出の太陽を見る目玉状組石

西崎灯台下、もう一つの目玉状組石

西崎近くの丘陵にある目玉の磐座

中にある岩だ。階段の右手、北側に見える。

多少なりとも巨石文化に対して心得のある方ならば、「これは妙な岩だぞ」と気付くはずであり、すでに多くの人々の知るところとなっているかもしれないが、またしても巨大な目玉の組石遺構である。

私はいま、組石遺構であると初めから言い切ってしまったが、もちろん、土中に埋もれている部分を露出せしめ、全体の形を子細に観察しなければ結論らしきことを述べることはできない。

しかしながら、現在、土の上に露出している岩の形や状況を見ただけでも、およそのところはまとめることはできる。

私は最初、この岩はドルメン（テーブル状組石）ではないかと思った。土の上に露出し、大きなカーブを描いている平板が天井石で、それを支えている柱石が土中に埋まっているのかもしれないと思ったのだ。

しかし、子細に観察するまでもなく、天井石は大きくカーブを描いて土中に落ち込んでおり、天井石はまた、まったく別の石列の上に乗っかっているのである。

石列はサイコロのように正確に加工された岩から成っており、それも天井石に合わせて丸くカーブを描いて土中に沈む。

そうすると、土中に埋まっている部分が問題である。発掘し、埋まっている部分を露出させればいいわけであるが、掘るわけにもいかない。だとすれば、土の上に露出している岩は半分か、あるいは、それ以下の三分の一程度かもしれない。

どの程度、土中に残っているのか、はっきりしたことは判らないけれども、どのような形をした組石遺構が埋まっているのか、およそのところは推定する他にない。

多分、土の上に露出している岩をひっくり返したような形の組石が埋まっているのではないだろうか。

ところで、一見しただけで了解できることは目玉の組石遺構が真東を向いているということだ。なぜ、真東を向いているのか。あるいは真東を向かなければいけないのか。そこには何か、理由がなければいけない。

その際、重要なことは目玉は何かを凝視しているということである。従って、「目玉はいったい、何を凝視しているのか？」と問わなければならないわけである。

真東には凝視すべき何があるというのだろうか。

いま、その場所に立って真東を見ると久部良岳の末端に連なり、支峰となる名もない山が視野に入ってくる。その小さな山が真東に位置しているのであるが、やはり、目立つのは久部良岳である。真東よりはやや北寄りのところで、圧倒的な威容を誇って聳え立っている。

ところが、視野に入ってくるのは久部良岳だけではない。はるか彼方に与那国島随一の聖峰、宇良部岳の山並みも見ることができる。

要するに久部良岳と宇良部岳を中心に広がる島全体が見えるのである。島全体を視野に収めながら真東を凝視する目玉があるとすれば、その目玉はいったい、何を見ているのだろうか。

すでに久部良岳の目玉のペトログリフに触れたところで述べている通り、その目玉が凝視している対象が何かを明らかにすれば、目玉の謎というよりは、その土地にとって重要な祭祀の対象とテーマは何だったのかが判る。

おそらく、与那国島の根本的な存在意義を明らかにする意味が込められているのである。

そういう経験則から見て行くと、目玉の組石遺構が凝視しているのは与那国島の聖地となっている久部良岳と宇良部岳であることは疑う余地のないところであるが、それだけではないらしい。東の空を凝視した時、視野に入ってくるのは二つある。

第一には春分の日と秋分の日の日の出の太陽である。久部良岳の南側、名もない支峰の頂に日の出の太陽が見えた時、与那国の夏至の朝が始まる。

そして第二には、冬の星座を代表するオリオン座である。東の空に昇って中天に輝き渡り、西に沈む。星座を〝天のコンパス〟にして海を移動し続けた海洋民族にとってなくてはならない星だ。

とりわけ、与那国島にとって重視されるのはオリオン座ではないだろうか。

なぜなら、久部良岳北峰に屹立する「みみ石」が三体の巨大な立石を以て構成され、三体ワンセットになっている事実が物語っている通り、それはオリオン信仰に繋がるものかもしれないからである。

海洋民族にとって死命を制するオリオン座だからこそ、自分たちの上陸した久部良港の近くにある山に祭ったのであり、いつまでも忘れないようにするために巨大な目玉の組石遺構を作ったのではないか。

そういう解釈をしておけば、悉く辻褄が合って来るから不思議である。


さて、この「みみ石」については、西郷信綱氏が「オモロの世界」と題して『日本思想系・おもろさうし・解説』の中で次のように述べているのは興味深い。

かつて沖縄では王や独身男性が男系相続をすることによって先祖伝来の霊を純粋に保存してきたのであり、その神秘的傾向は下層よりも上層に行くほど強くなる傾向にあったのであるが、一般人の間では「火の神」の管理はいち早く主婦の手に移ったはずであるとし、次のように述べる。

「もっとも、沖縄の火の神信仰は、とくに中国福建省からの閩《びん》人三十六姓の帰化以来（一三九二）、道教との習合がいちじるしい。自然石三つを神体とするので御三神（うみつむん）と呼ぶが、この三という数なども道教くさい。しかし火の神信仰は決して輸入品ではなく、広い民衆的基礎をもつ沖縄固有のものであり、オモロの宗教思想の問題も、この火の神信仰が前述の神女組織とともにいかに変貌していったかということと不可分の関係にあると思われる」

自然石三体をご神体とする思想は何に由来するのか。どこから来たものか。いろいろと調べ回ったが、参考にすべき資料として目に留まったのは、わずかな行数で語られる西郷信綱の一文以外には見当たらなかった。

つまり、「道教くさい」という怪しげな言い方による暗示的表現である。しかし「道教くさい」と言うだけで、結論めいたことは言っていない。

結論はどうなのか。火の神信仰は輸入品ではない、広い民衆的基盤を持つ沖縄固有のものと語るだけで、自然石三体をご神体とする思想は何に由来しているのか、やはり、明らかにはしていない。

沖縄に固有のものと言いたいのだろうか。しかし、沖縄に固有のものと言い切るのは早計であろう。

なぜなら、それは本土でも見られるからだ。あるいは本土でも見られるということで、日本列島と琉球列島に見られるなどと限られたものの言い方をするのは正しくないのではないだろうか。

自然石三体をご神体として祭るところは、必ずしも日本列島と琉球列島に限られてはいない。世界各地の海洋民族の伝説伝承が残されているところであれば、どこにでも一般的に見られるのである。

つまり、表に表れる形は違っていても、「三」という数字で集約される状態を形で表現し、どこか、記憶の片隅にでも残されているものを刺激するのである。それが与那国島の場合、原初形態としてのみみ石信仰なのではないだろうか。

海洋民族のオリオン信仰であったと言えば、なぜ、西崎に巨大な目玉の組石遺構があるのか、その理由を説明できるのである。

東から昇るオリオン座を迎え、凝視し続ける海洋民族の子孫たち。それが久部良岳のみみ石信仰という形で継承されたということはないだろうか。

しかも、この推理には後半の物語が続く。おそらく西崎は長い間、祭り場として利用されたはずであるが、後になって「御嶽」という平地の祭り場が作られる。

もちろん、そういう流れの末に御嶽が祭り場として作られ、利用されるようになったなどという文献はどこにもない。これも私自身の直観的推理に基づいている。

山の頂にあった祭り場が平地に下ろされるというのは、与那国島のみならず、本土の神社においても一般的に見られる傾向である。

古くからの社は上社とか奥宮と呼ばれ、中腹部の祭り場は中社と呼ばれ、麓の祭り場は下社と呼ばれるようになるが、与那国島でも同じ経過を辿っているのではないだろうか。


さて、与那国島において巨石群が集中する場所を大まかに見てきたわけであるが、それらをばらばらに見て行くのではなく、相互関係を考察しながら見て行くと何事か、予想外のことが見えてくるから不思議である。

西崎の目玉の組石遺構が凝視する方向に何があるのか。想像力を働かして見て行くと、春分、秋分の日の日の出の太陽とか、冬の星座を代表するオリオン座、すなわち、海洋民族には〝空のコンパス〟といわれているオリオン座が昇って来るのが見えて来るはずだということを述べた。それと同じようなことが見えて来るのである。

たとえば、次の通りである。

われわれは、初日は宇良部岳の山頂部における巨石群を調査し、二日目は天蛇鼻の山頂部を調査し、三日目は久部良岳北峰のみ岩を調査し、合間々々に東崎灯台から東牧場を出入りしたり、西崎灯台周辺を観察して歩いた。

その結果、一つひとつの巨石群が、単独で、孤立して存在しているわけではないことを知ることができた。これは重大な発見と言っていいことだった。

なぜなら、〝クロマンタ原理〟が与那国島でも通用することを確認しただけでなく、それを適用することによって島全体がネットワークで結ばれた祭祀社会になっていることを立証することができたからである。

島全体がネットワークで結ばれた祭祀社会になっていることを立証することによって、今度は与那国島は特別な島であることを発見してしまったのであった。与那国島は神々の島であった、と。

具体的に見てみよう。第一は東西祭祀線で結ばれた祭り場のネットワークだ。

○ 宇良部岳を中心にして真東にサンニヌ台がある。

サンニヌ台は新川鼻の真下に沈む海底遺跡と関連して必ず調査対象となる。そのサンニヌ台が、何の偶然か、宇良部岳の真東に位置している。

友人三上丈晴氏によれば、「サンニヌ台＝三人台」ではないかと言う。いいカンをしている。なぜなら、宇良部岳を間に置いて反対側、西側には久部良岳があり、久部良岳にはみみ岩があり、三つの岩が立っている。

○ところで、宇良部岳の真西にあって、宇良部岳と久部良岳との間に祭り場となる山が二カ所あるらしい。それは宇良部岳の奥にある小さな祭り場で見つけた石の並び方に基づいて推理したことである。

久部良岳の東側に連なる峰のどこかにあるはずだし、なければならない。今後、探さなければならない。

第二には、宇良部岳の北側にある天蛇鼻（巨石群が集中する個所）と南側にある新川鼻山頂部が、宇良部岳を間に置いて、きれいな一直線で結ばれるということだ。

直線は、磁北○度を基準とすれば、左偏三五度の開き角度を持って延びている。

○なぜ、天蛇鼻と新川鼻が宇良部岳を挟んで正反対の位置関係にあり、直線で結ばれなければならないのか。何か、双方を結びつける特別な理由がなければならないわけであるが、いまのところは不明。

○いずれも「鼻＝岬＝断崖絶壁を伴う高台」になっており、高台でありながら、豊富な水源になっている。

天蛇鼻は地下水が噴き出し、溢れ出るほどの沼があったたし、新川鼻は水ごりをして行をする滝があり、山頂部には鏡池があった可能性がある。

第三には、宇良部岳とンダン・ダバル（帆安田原）地区、東牧場、東崎を結ぶ直線を延長して行くと東崎の沖合に沈む東崎堆にぶつかるということだ。

そして直線が形作る開き角度は、九〇度方向に延びる東西線に対して、時計と反対回りに一五度ほど、戻った角度で延びて行く。

○宇良部岳と東牧場、東崎を結ぶ直線が形作る角度一五度は、夏至の日の出方向を示している可能性もあるが、正確な天文シミュレーションが必要とされる。

○開き角度は、久部良御嶽から久部良岳北峰（みみ石）を結び、天蛇鼻に延びて行く直線が形作る開き角度と一致する。何かの偶然か？

○東崎堆は与那国島を大与那国島とすれば、小与那国島という位置づけで関連付けられる祭り場か。沈んでしまった本物の海底遺跡とは、こちらを指すのではないのか？

第三章

沈んだピラミッド（小与那国島）

それは平成十二年（二〇〇〇）九月のことだった。

シーマンズクラブの招待によって、グラハム・ハンコックさん、サンサ・ファイーアさんのご夫妻と大地舜さん（翻訳作家）、そして、私の他、本間公也さん（共和コンクリート株式会社専務取締役＝当時）が率いる水中調査専門チーム八名が与那国島に集合した。

水中作業については「プロ中のプロ」という評判の高い鉄組潜水工業所の社長、鉄芳松さんを筆頭にして、小長谷輝夫さん、谷敬志さん、大金昭彦さん、彦坂明孝さん、川村賢永さん、佐藤精眞さん、佐々木一雄さんが勢ぞろいした。一騎当千の兵ぞろい。

失われた文明を明らかにすべく、世界中を飛び回るハンコックさんご夫妻と本間さんが持っている水中調査専門技術をドッキングすることによって、海底遺跡調査の新境地を開拓しようというのがシーマンズクラブのオーナー、渡辺康夫さんの狙いであった。

この場合、私は想定外のメンバーらしい。二人を結びつけるコーディネーターの役割を与えられた。

ハンコックさんに「本間さんに会いたい」という強い希望があったので、私は代理人として札幌に飛んだ。そして本間さんに対し、渡辺さんとハンコックさんの意向を伝え、私自身の気持ちも込めて是非とも与那国の海底遺跡調査に参加して欲しいと説得した。

その結果、実現したのが、この与那国プロジェクトであったが、与那国島の神様は、そう簡

オーナー渡辺さん（右から二人目）＆ハンコックさん（左端）と友人たち

グラハム・ハンコックさん

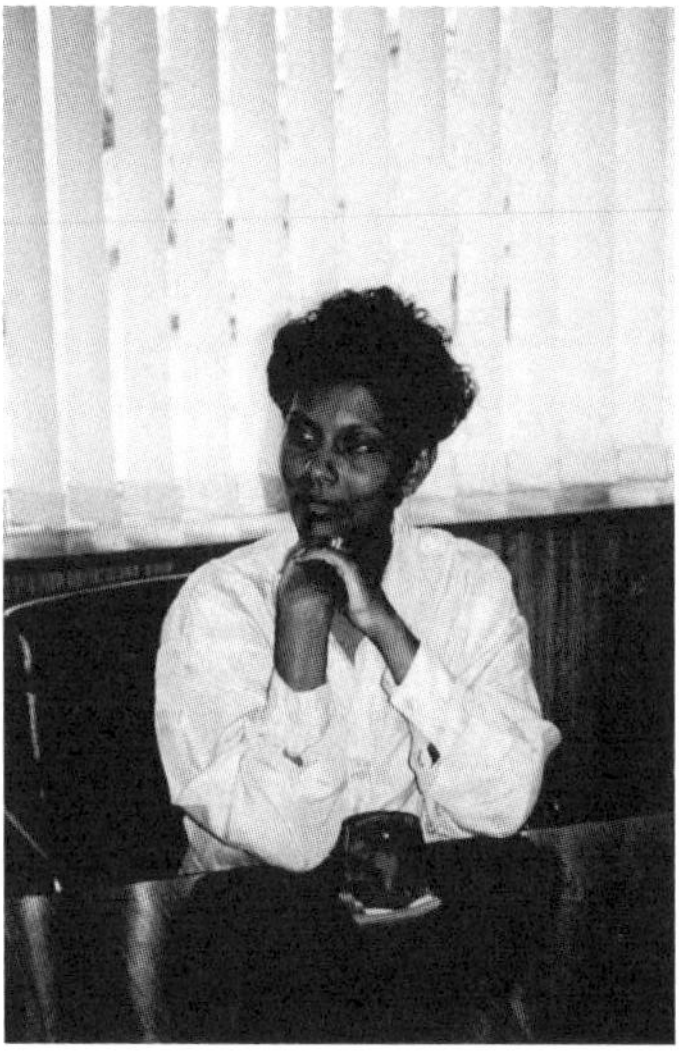

サンサ・ファイーアさん

単にはハンコックさんと本間さんのドッキングを許されなかった。

あろうことか、十一号、十二号、十三号と台風が何とまとめて三つも発生し、ちょうど与那国島を取り囲むような格好で集まって来ていたのだ。

当初から「良好なコンディションは期待すべくもない」とあきらめていたところであったが、いよいよ行動開始となったところで風が強くなってきた。

シーマンズクラブのクラブハウスから見下ろす島の南岸、比川浜ビーチには勢いよく波が押し寄せ、白く泡立って砕け散った。とてもダイブできる状態ではないように見えた。

残念だが、他日を期する他にない。皆、半ばあきらめかかった時だった。民宿よしまる荘の船長こと、和泉用八郎さんが訪ねて来た。そして、言った。

「島の北側は凪《な》いでますよ」

用八郎さんは必要な言葉以外は口にしない寡黙を以て知られる男である。その男が「島の南側は潮の流れが悪く、ダイブは難しいが、北側は問題ない」という意味の言葉を発したのである。

そうであれば、われわれとしては何も悩むことはない。こんな時は余計な言葉は要らない。さっさと北側に回り、そこで作業を進めたらいい。

決断と実行は早い方がいい。

久部良港に集結したメンバーは、潜水作業グループとROV（水中ロボット）作業グループの二手に分かれ、それぞれのボートに分乗して久部良港を出航した。

そして現場に到着早々、潜水作業グループの谷さん、大金さん、川村さんは北牧場の真下、ダンヌ浜から馬鼻崎を越えて与那国空港に至る北側の海底をすいすいと流しながら観察作業を開始した。

ハンコックさんと大地さん、そして、私は本間さん、鉄さんたちと一緒にROVのテレビカメラとソナーが捉えた映像を写し出すモニターに注目し続けた。

しかし、潜水作業グループもROV作業グループも共に大した収穫はなかった。収穫がなかったと言えばつまらないが、大した収穫がないというのが収穫だったと言ってもいいわけである。

ダンヌ浜から馬鼻崎《うまばなさき》を経て与那国空港沖に至る海岸線は断崖絶壁になっているのであるが、その直下に始まる海底部分をROVで観察すると意外にも遠浅の砂地になっており、ゆるやかな傾斜が続くだけの至って単調なものだった。

馬鼻崎直下には多少、崩落した岩の塊が集中しているのが見えるには見えたのであるが、何か、幾何学的な加工の跡が見えるとか、組石遺構の形跡が窺えるとか、少しでも人工の形跡を残しているものがないか、観察してみたものの、よく判らなかった。

しかし、丸い形状の岩ばかりが固まっている場所があったことは微かに記憶しており、いま思うと何か、特別な意味はなかったのだろうかと気になって仕方がない。

どうして、そういう疑問が湧いて来たのかというと、北牧場が広がる半島一帯、つまり、ダンヌ浜から馬鼻崎を経て与那国空港に至る土地は、特別な場所のように思われるからだ。

宇良部岳を起点にして、北西方向に位置するナウンニ御嶽とアラガ御嶽、そして、トゥグル御嶽、ディティグ御嶽を結ぶラインは、宇良部岳から見れば、夏至の日没ラインになるが、逆に見れば、冬至の日の出ラインになるはずなのだ。

さらに言えば、久部良岳のみみ岩から見れば真北に当たり、宇良部岳から延びて来る祭祀線とみみ岩から延びて行く祭祀線が、ちょうどディティグ御嶽の辺りで交差するわけである。

単純な牧場地帯となっているだけの何の変哲もない平地に見えるものの、何もなかったと言い切るには納得し難いものがある。

いまは忘れ去られてしまったが、昔は何かがあったとか、この辺一帯を纏める祭り場がなければ、収まらない場所である。

そういう意味では、その北側に連なる海中の砂地に丸い岩ばかりが集まっているというのは解せないし、あるいは、集まって露出している丸い岩は全体の一部であり、何かが砂に埋もれて隠されていることもあり得ないことではないという気になってくるのだ。

とは言いながらも、延々と続く単調な砂浜を見ていると飽きてしまうのが人情というものである。最初はモニターに写し出される映像に集中していたものの、際限もなく繰り返されるとどうしても飽きてしまうものだ。

まず、ハンコックさんが「戦線離脱」を図った。時間の無駄遣いだと判断したらしい。

「私は海底遺跡周辺で潜って来る。よろしく」

そう言って、もう一隻のボートを呼びつけて乗り移り、行ってしまった。随分、あっさりしたものだ。

調査というものは九割九分までが無駄の山であり、その繰り返しというのが相場である。辛抱強く待ち受けるようでないとほんのわずかなワンチャンスに巡り合うことができない。

そんなわけで、私自身は、その立場を一貫して頑固に貫いた。私の持ち味は、その頑固さにある。

もちろん、私のように自ら調査研究して執筆する立場ではなく、単なる取材者で良いのだというのであれば何の問題もないし、ハンコックさんは、そういうスタンスを守っているように見受けられた。

結局、その日の成果はなし。

ROVによる海底調査は、海底をなめ回すくらい調べ尽くすという戦術に徹したわけであるが、それは恐ろしく手間と暇を費やす結果に終わった。

せっかく投入した最新兵器ではあったが、使い方が適切ではなかった。やはり、ROVはピンポイント攻撃のための兵器であり、絨毯《じゅうたん》爆撃用の兵器としては適していないことが判った。成果と言えば、それが最大の成果だったのではないだろうか。やってみなければ判らないものである。


さて、夜になった。夕食の後、今回のプロジェクトに参加したメンバー全員がシーマンズクラブ与那国の二階大ホールに集合した。

ダンヌ浜から馬鼻崎、与那国空港に至る北側海岸の調査が、必ずしも順調なスタートを切ったとは言えなかったため、翌日の調査地点はどこにするのか、論議は白熱することになるかもしれない。それは最初から予想できることだった。

ハンコックさんもサンサさんも、大地さんも私も、本間さんも鉄さんも、皆、二階大ホールの南側のガラス窓に貼られた大きな二枚の地図が見えるように着席した。

窓に貼られた地図二枚の内、一枚は『与那国町地形図』(琉球サーベイ調製・1／10000)である。与那国島全体の地形が詳細に描き込まれている。

そして、もう一枚は与那国島周辺の堆（海底の山）などが描き込まれた海図である。双方とも、大ホールに集合したメンバーにとっては日頃から見慣れた地図であった。

この時、本間さんは潜水調査もROVによる海底調査も大した成果がなかったことを報告した後、引き続いて大胆な提案をしてしまったのである。

しまったのである、などというと良くない印象を与えてしまうし、言い方は適当ではないかもしれないが、おいおい読み進めていただければご理解いただけるものと思う。

本間さんは大胆にも言い放った。

「明日は是非、**東崎堆**にROVを投入し、**沈んだピラミッド**であることを証明する人工物が存在するか否か、試してみたい」

皆、唖然とした。当然、南海岸に沈む海底遺跡周辺

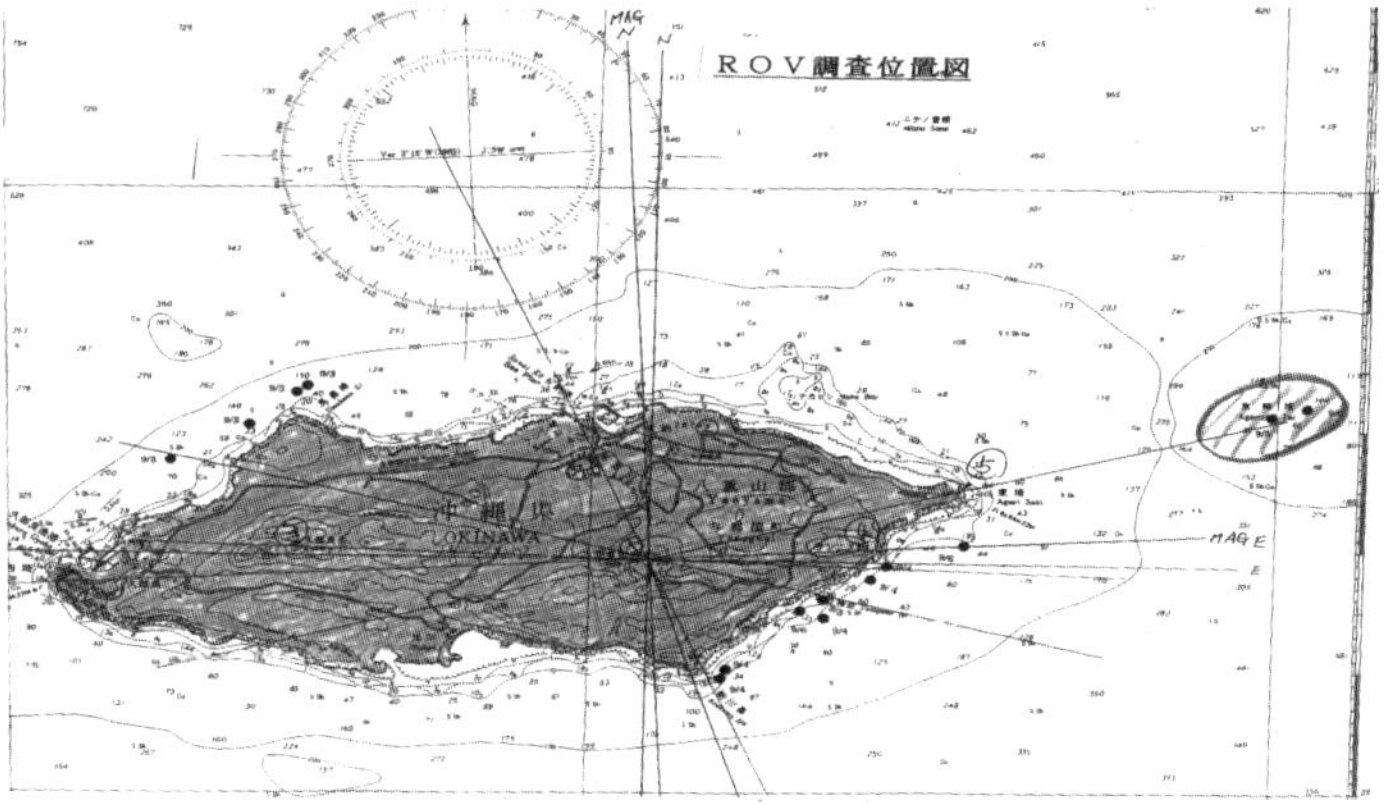

与那国のクロマンタ原理

に集中するものと思っていたからだ。

まだ海底遺跡周辺から立神岩《たちがみいわ》、そして、東崎に至る海岸線を簡単に概観調査しただけで、細かいポイントを調査するには至っていなかったし、当然のことながら、それをいまから固めるためのミーティングが始まるものと思っていたからだ。

二階ホールのミーティングの場には違和感が漂っているように感じたのは、そういう問題意識の不調和があったために他ならない。

案の定、ハンコックさんが質問した。

「なぜ、東崎堆が沈んだピラミッドであると仮定することができるのか」

すると本間さんは応えた。

「それは鈴木さんに聞いて下さい」

心の中では「おいおい、それはないぜ」と戸惑いの声を上げたものの、ちょうどいい機会かもしれないと思うところもあったので腹を括《くく》って引き受けた。

まさか、こんなことになるとは露知らず、大人しく脇に控えていたのであるが、まったく予知しないことでもなかった。このミーティングが始まる前、私は鉄さん、本間さんから重大なヒントを授けられていた。

鉄さんと本間さんは、インドネシアやポナペ島で経験したことを私に話してくれた。すなわち、**水中遺跡のあるところには必ず、陸地に巨大な磐座があり、ピラミッド型の山がある、**と。

聞いた私はビックリした。私の予想（仮説）とぴったり一致したからである。これは驚きだった。そして、感動だった。

「何ですって？　水中遺跡のあるところには必ず磐座とピラミッド型の山がある？　それはいいところに気が付きました。私と同意見です。水中遺跡は沈んだ遺跡ですから陸地の遺跡と対応しているのは当り前のことですし、その関係を想定できないようでは水中遺跡の調査をしても徒労に終わります」

そんなことを言い交わし、意気投合していたところだったので、本間さんは躊躇《ちゅうちょ》なく私に振ったのではないだろうか。振られた私にしても満更ではないというのが偽らざる心情だった。

私は興奮と恥ずかしさのために顔を真っ赤にしながら、確信を持って大きなガラス窓に貼られた地図の前に進み出た。その時、どういうことを喋《しゃべ》ったのか、いまとなっては記憶も定かではないが、およそのところ、次のようなものであったと思う。

「新川鼻の海底遺跡は確かに遺跡であることは間違いないと思います。しかし神殿と言えるようなものではないと思います。神殿ならば、神殿としての特別な設計思想がなければいけませんし、それらしき秩序がなければなりませんが、海底遺跡には、そういう基本思想が見当りません。では、どういうように見えるのかと言いますと、やはり、完成形態をそのまま残している遺跡ではなく、破壊されてしまった遺跡、元々の姿を失った残骸としての遺跡ではないかと思われます」

二階ホールはシーンと静まり返ってしまった。そんな見解は海底遺跡を一度でも見たことがある人の間ではどこでも発表されていないし、聞き方によっては、大胆すぎるほどの危険な発言だったと思われる。

しかし、「あれは石伐《き》り場だよ」と事もなげに言い放つ土地の人々の言葉を何度も耳にしていたし、私自身の与那国島における巨石文化と祭り場遺跡の調査結果から見ても、海底遺跡が主たる調査対象ではないことを確信していた。

もっと露骨な表現を許していただけるならば、海底遺跡などは成りは大きいが大した意味はない、巨大な石の塊にすぎない、と言いたかった。

「**海底遺跡は何か、目的があって作られた施設であったのかもしれませんが、後世になって〝石伐り場〟になり、あちらこちらが切り取られてしまったために原形を喪失し、判らなくなってしまった**ようです。従って、好き放題に伐り取られ、石を持ち去られてしまった遺跡を調べることも結構ですが、伐り取った石の行き先を追跡してみるのも面白い試みではないでしょうか。その石を運び、組み立てた施設を探してみるということです。しかも、そんなに遠くにあるわけでもありませんし、すぐ近くにあるようです」

本当の海底遺跡が他にある。そんなことは誰も考えたことがなかった。しかも、すぐ近くにあるなどということは信じられない話であった。

しかし、石垣島でも沖縄本島でも与那国島産出の石が珍重され、いまでも琉球列島各島において特別な石材として買い求められているのはなぜだろうか。

与那国島産出の石が特別な石ならば、その特別な石を使って組み立てた神殿が近くにあってもいいのではないだろうか。

私は与那国島の周辺に本当の海底遺跡があると確信していた。最初の内は直観的に思い浮かべるだけだったのであるが、与那国島の島内にある山々と巨石文化と御嶽の調査が進むにつれ、次第に直観が確信に変わって行くのを感じていた。

なぜなら、いろいろな角度からアプローチしてみたところ、ちょうどいい場所に、ちょうどいい形の山が沈んでいることを発見したからだ。それは東崎堆である。

私は南側のガラス窓に貼ってある大きな地図を指さして声を張り上げた。

「見て下さい、この海中に聳え立つ山を……遺跡ポイントから伐り出した石というか、岩を運び、何か、特別な建造物を作るとしたら、この東崎堆しかありません」

指さした地図には宇良部岳を中心にして四方八方に延びる直線が引いてあった。お馴染みの**クロマンタ原理に基づく遺跡と遺跡の関係を示す相関直線**である。

私は宇良部岳から東崎堆に向かって延びる一本の直線を指先でなぞった。それは水平に引かれた東西方位線に対して、およそ一五度の開き角度を持って右上がりに延びて行く直線である。前述の通り、その直線は**宇良部岳からンダン・ダバル（聖地）を経て東牧場、東崎灯台を経て東崎堆に向かっていた**。

「この一本の直線は、宇良部岳から見れば、東崎堆が夏至の日の出地点になっていることを示します。逆に東崎堆から宇良部岳を見れば、その方位方角は冬至の日没ラインを示していることが判ります。

それによって、宇良部岳と東崎堆は特別な関係にあることが想像されます。宇良部岳は、何度もお話ししている通り、与那国第一の聖地であり、霊峰とも言うべき山です。その山と特別な関係にある堆だとしたら、これは只者ではありません。

東崎堆はただ単に海中に屹立する一つの山であるというだけでなく、**宇良部岳と必然的な因果関係を保って存在する聖地であった可能性**があります」

この時、私が言ったかどうか、はっきりとは記憶していないが、この宇良部岳から東崎堆に向かう直線が一本だけならば偶然として片付けることもできようが、これと並行するもう一本の直線が見つかっているのである。

与那国第二の聖地である久部良御嶽から久部良岳北峰（みみ石）を経て祖納地区の入口にあ

る天蛇鼻に延びる直線だ。

天蛇鼻とは私が「蛇神たちの水の神殿」と名付けた巨石文化ゾーンのことで、そこに向かって延びて行く直線が、宇良部岳から東崎堆に向かう直線と並行しているのである。

こうなると偶然とは言い難くなってくる。

しかし、何かが見つかったとか、具体的な物証もなく、まったくのカンと言っていいようなもので調査ポイントを決定しても良いものだろうか。

正直なところ、若干の不安を感じていなかったわけではない。反論があるのは百も承知のことだった。その時、東崎堆に対して、私と同様か、それ以上に強いインスピレーションを感じていたのがハンコックさんであった。

彼は元々、霊感の強い人物であり、物事を直観的に把握しようとする時、優れた力を発揮する。

ハンコックさんは立ち上がって海図の前に進み出ると、東崎堆のみならず、与那国島の北東五、六キロの沖合に沈む祖納堆も指さして言ったのである。

「私も同感だ。東崎堆だけではない。いずれ、祖納堆も調査したいと思っていた。この海中に沈む山にロボットを投下して、どうなっているのか、見てみたい。是非、やってみましょう」

翌日の朝を迎えた。

台風が十一号、十二号、十三号と三つも纏まって琉球列島に急接近しつつあり、天候としては最悪のコンディションとなった。悪くなることはあっても、良くなることなどはほとんど考えられなかった。

ところが、不思議なことがあるものだ。三つの台風がほとんど同じ規模で、同じ勢いであったためか、三竦《すく》みのカエルと蛇となめくじのようになってしまった。与那国島の真上で、じっとにらみ合ったまま、動かないのである。

おかげで、与那国島の真上はポッカリと開いて、青空が見えるという異常な形になった。

皆、首をかしげながら言った。

「これは奇跡だよ。奇跡と言う他にないよ」

「きっと与那国の神様が見守ってくれているん

台風襲来時の荒れた海

だよ」

　さらに用八郎さんがぼそっと言った。

「こんなことは滅多にないですね」

　用八郎さんがそう言うのだから、滅多にない、珍しいことなのだ。そして、奇跡は尚も繰り返された。久部良港から出航したボートが島の南岸沿いに東へ進み、目的地の東崎堆に向かったところ、珍しくべた凪になっていたのだ。

　台風が三つも来ているのに潮目は穏やかで、何でもやれそうな気になってきた。しかし、ゆっくりとしてはいられない。いまはバランスを保っているが、いつ崩れるか、判らない。時間は限られていると見なければならない。早いところ、作業を終える必要があった。

　東崎堆は、与那国島の東端にある東崎の沖合、およそ二〜三キロの海中にある。海底部から見れば、山頂部までの高さは一四〇〜一五〇メートル。その山頂部が水面下五〇〜六〇メートルにあるわけだから、山を除いた海底までの深さは水面下二〇〇メートル前後になる計算だ。

　山の大きさは東西三キロ、南北一・五キロほどで、東西に細長く、南から押し寄せる黒潮に立ちはだかる壁のような格好で屹立していることになる。

　深さ二〇〜三〇メートル程度であれば、大抵のダイバーは潜ることもできるが、その倍近く

よしまる観光＝与那国ダイビングサービス

用八郎船長と調査団

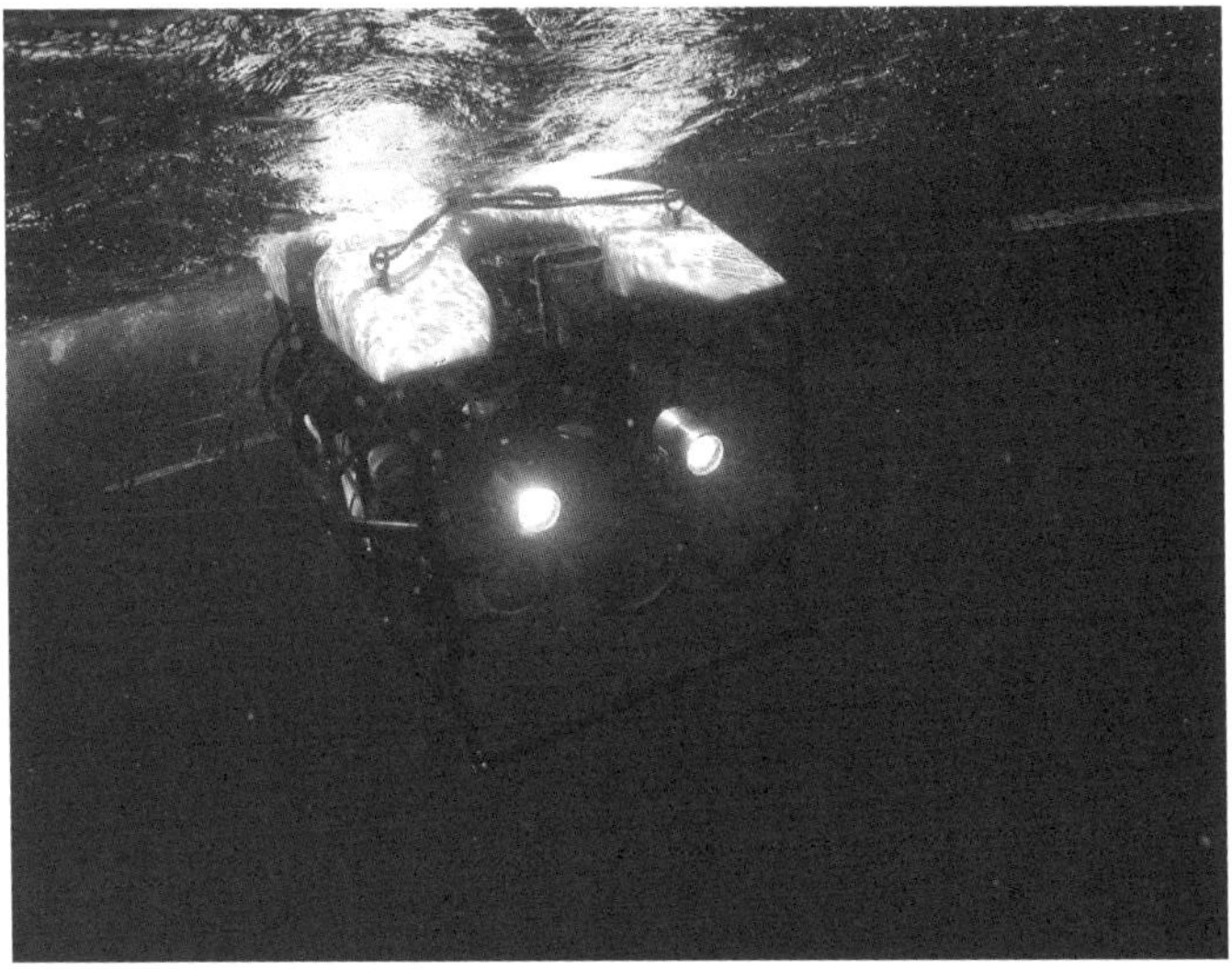

（上）（下）フル稼動する水中ロボット（ROV）

も下に降りて行くとなると第一級のダイバーでも難しい。

本間さんは「減圧タンクを使えばできないことはないが、今日は台風が来ているし、ここは黒潮の本流が流れる川筋になっている。作業責任者としては、今日の場合、潜れとは言えない」と言った。その顔には責任と緊張がみなぎっていた。

鉄親分も黙って頷いた。

やはり、こんな時こそ、ROVに活躍して貰わなければならない。と言うわけで、東崎堆山頂部のどこでもいいからROVを着地させた上で、概観だけでも覗き見をすることになった。

一旦、やると言ったら動きは早い。

甲板では、鉄親分と小長谷顧問の命令一下、谷敬志さん、大金昭彦さん、川村賢永さん、佐藤精眞さん、佐々木一雄さんがROVの動作確認をしたり、光通信ケーブルを出している時、彦坂明孝さんはオペレーションルームで黙々とシステムの立ち上げに集中していた。

彦坂さんから「オーケー」の合図が出た。いつでもROVを海中に下ろすことができる。ここまでの作業は順調であった。異常なし。

ところが、ところが、である。船長の様子がおかしい。イライラしている。いつもの船長と様子が違う。

われわれは用八郎さんもイライラすることがあるのを初めて知った。そして、周囲を真っ黒

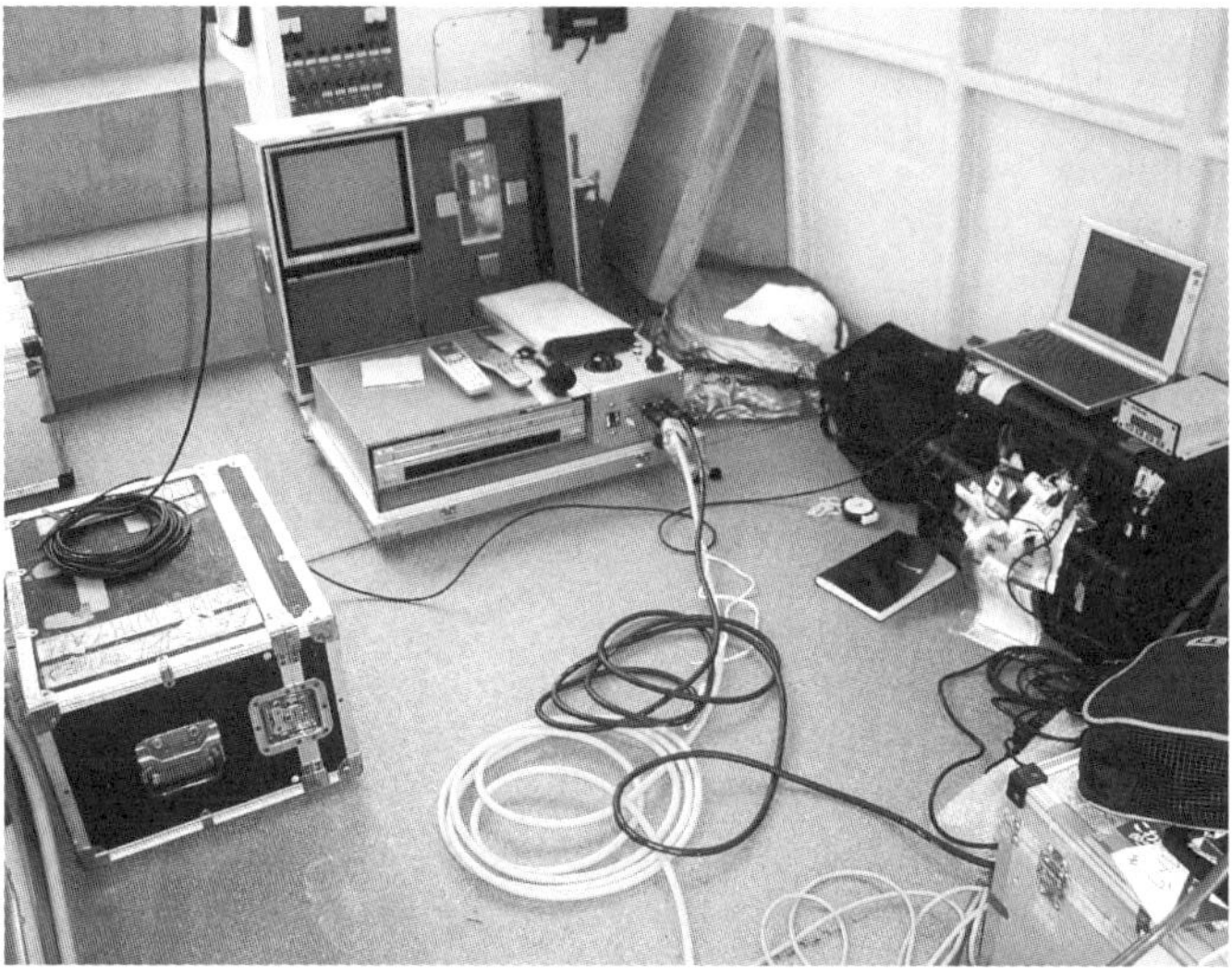

水中ロボット（ROV）制御セット

潮の流れを測る船長と乗組員

い雲に囲まれた真上の青空に金色の太陽がきらきらと照り輝いているのを見て、「用八郎さんも異常天気になることがあるのか」と噂し合ったのだった。

この時、船長はアンカーを山頂部に下ろし、どこかに引っかけようとしていた。しかし、どうしても引っ掛からない。アンカーを引っかける岩や段差がないところに下ろしてしまったのかもしれない。

ボートはどんどん西へ流された。風と潮の流れがボートを西へ押し流しているのである。このままアンカーを打つことができなければROVを下ろすわけにはいかないし、調査地点を変更しなければならない。

ぎりぎりのところまで来た時だった。アンカーが何か、がっちりした岩でも摑んだようで、ガツンという衝撃が船体に伝わった。本間さんが叫んだ。

「彦坂、深さは何メートルか」

彦坂さんが叫ぶように答えた。

「八〇メートルでーす」

「八〇メートルか。山頂部から二〇～三〇メートルも下がってるぞ」

そう言って、本間さんは私の方に顔を向けた。私はオーケーのサインを出したわけではないが、とにかく頷いた。それでもいい。とにかく、地肌のままの山をいますぐ見たい。自分の仮説が当たっているか、外れているか、それを確認したい。確認するだけのデータを得たい、それだけだった。

「よーし、船長。船を停めてくれ。ROV投下、用意」

甲板後部から「ROV、投下準備よーし」という声が返って来た。

本間さんが再び大きな声で号令を掛ける。

「ROV、投下」

真っ白な外観のROVがスカイブルーの海中に沈んで行く。それにつれて、黄色い光通信ケーブルがするすると伸びて行く。

あっと言う間にROVの姿が見えなくなった。そして、深さ三〇メートルを過ぎた辺りから薄暗くなってくるはずであるが、送られて来た映像を見ると五〇メートル、六〇メートルを過ぎても明るい。

「えっ？　何だ、これは……」

これはおかしい。異常現象だ。いよいよ深さ八〇メートルの斜面に着地した時、また驚きの声が上がった。

「あっ、ハタタテダイだ！」

誰かが声を上げた。深くとも三〇〜四〇メートルくらいのところに生息しているハタタテダ

（上）（下）なぜ、ここにハタタテダイがいるの？

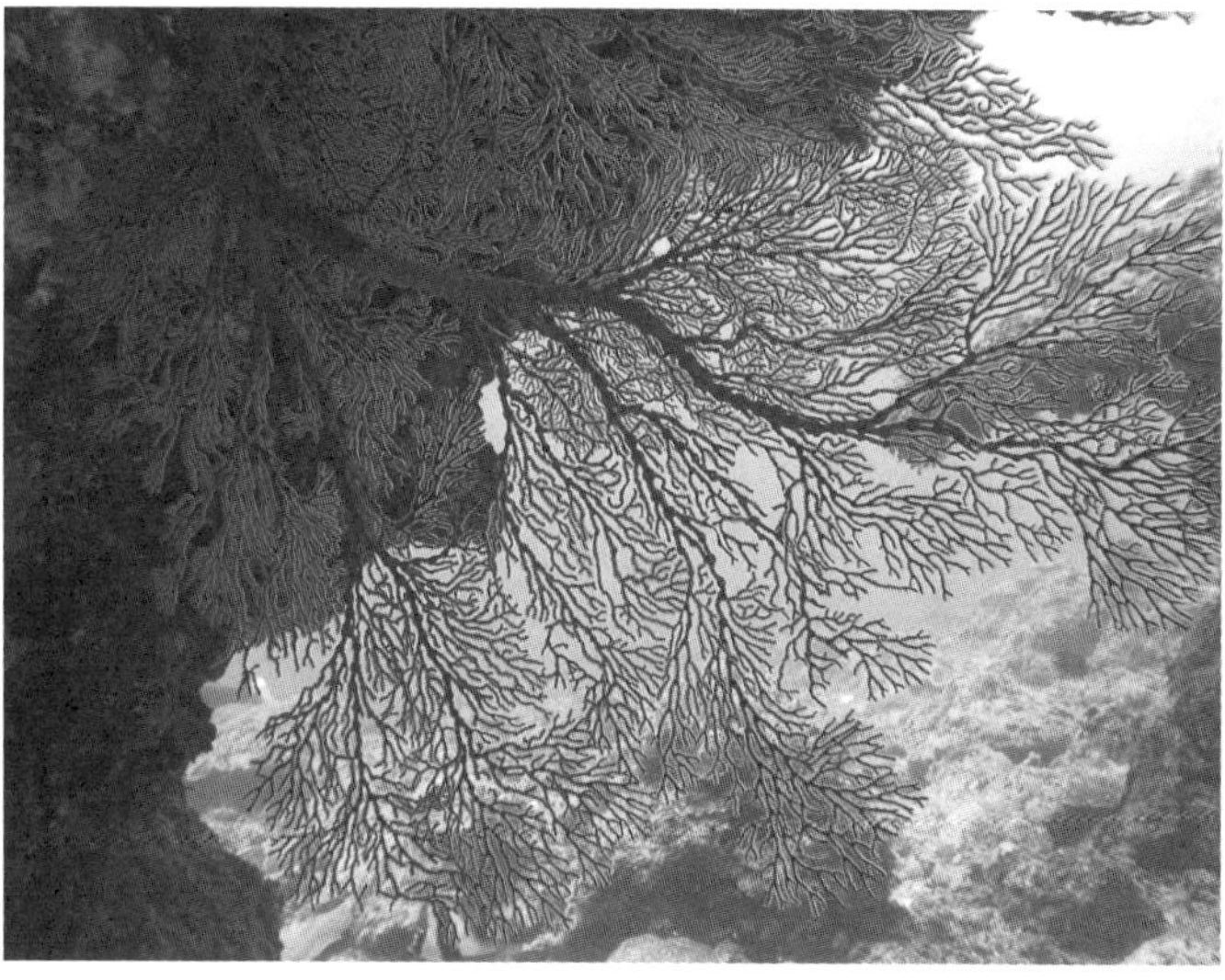

（上）（下）海底の密林

イが、なんと、深さ八〇メートルの海底を悠々と泳いでいたのだ。

私には、そういう知識はまったくないので判らなかったのであるが、本間組の面々は海底作業を専門職としているので実に詳しい。

小長谷顧問のコメントでは、おそらく、深さ三〇〜四〇メートルの海底と同じくらい明るく、水温が高く、餌も豊富にあるに違いないということだった。

（なるほど、なるほど……水温が高いか……ふんふん）

それは予想外の情報だった。温泉でも出ているのだろうか。それとも温かい黒潮が山にぶつかり、巻いているからだろうか。いずれにしても、意外なところからアプローチすることができるかもしれないと私は思った。

問題なのは東崎堆の斜面部がどうなっているのか、巨石遺構はないか、神殿に見えるところはないか、目を皿のようにして見入っていたのであるが、思わぬことで盛り上がってしまったわけである。

さて、ハタタテダイが画面から消えていなくなると、正面に写し出されたのは**完全な直角面を持つ直方体の巨石群**であった。ROVに付いているソナーによって把握した映像から大きさを割り出すと高さが約二・五メートル、横幅は約三・五メートル。かなりの大きさだ。

しかも、大きいだけでない。幾何学的に加工された石のように見えた。つまり、伐り出され

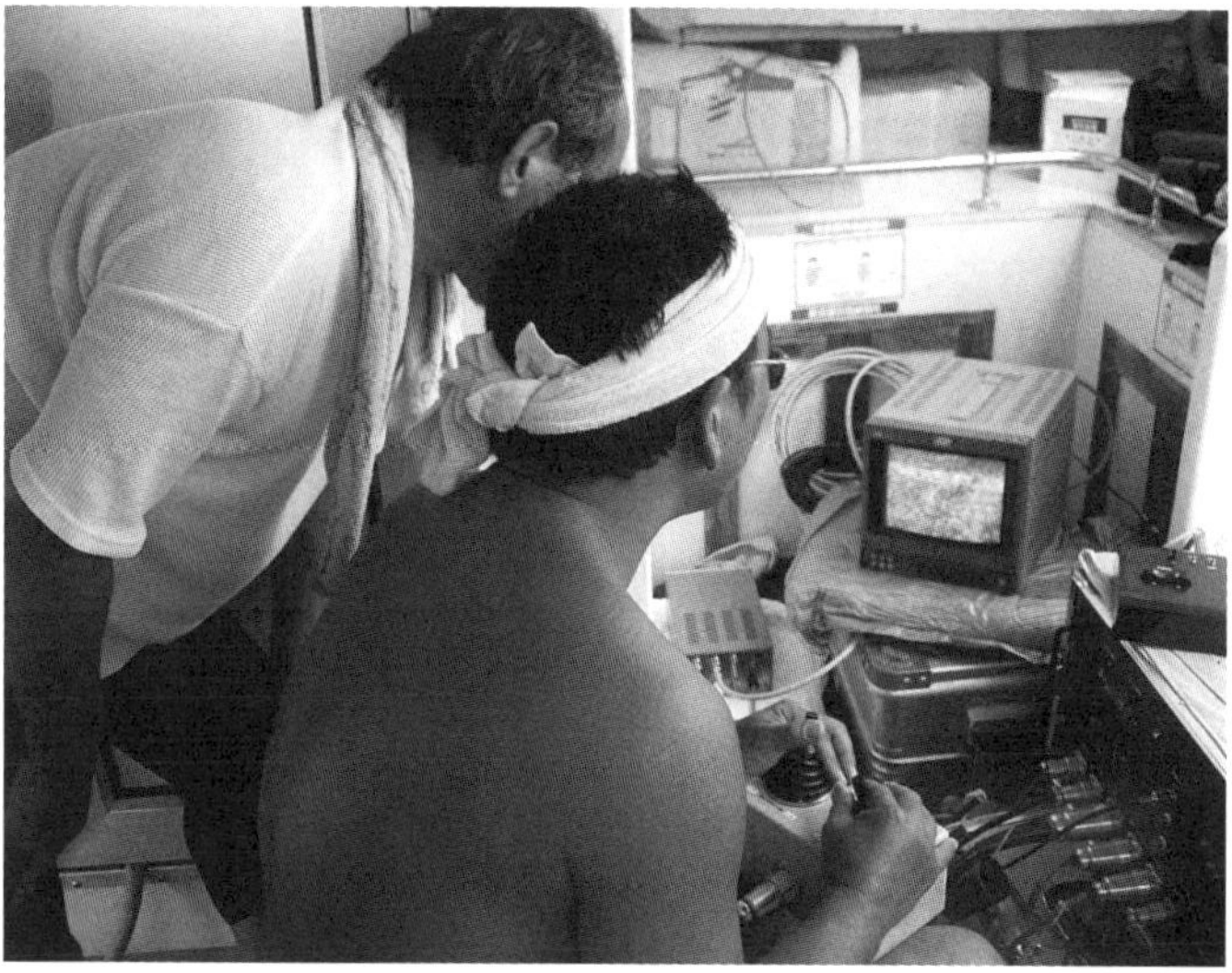

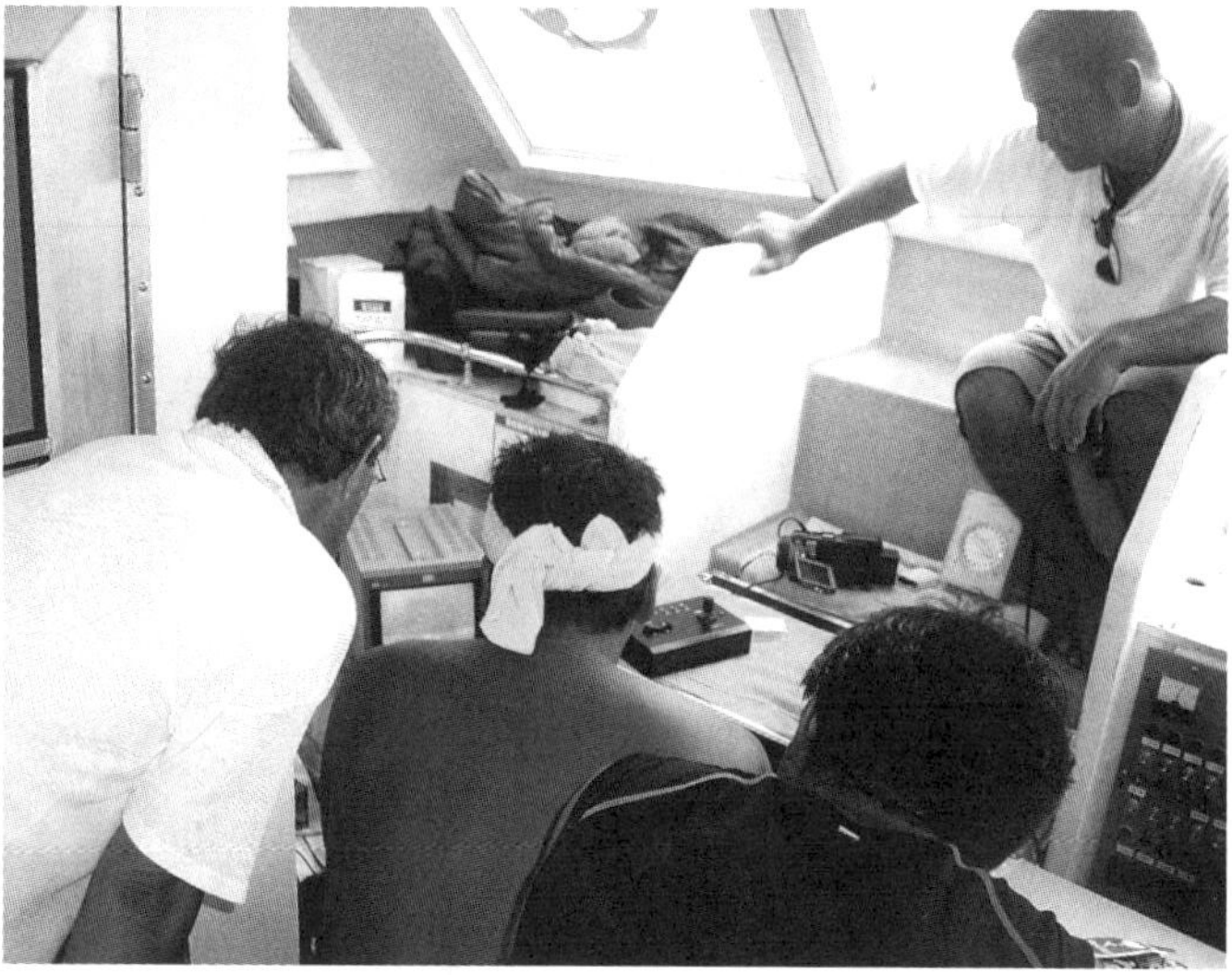

（上）（下）水中ロボットオペレーションルーム

深さ80mの海底でROVが写した断層？溝？

深さ80mの海底でROVが写した三角岩

た石材のように見えなくもなかったということである。

「おお……」

「出たか、やはり……」

船の上に歓声が上がった。

「もっと接近して下さい」

興奮した私は思わず命令口調になった。

しかし、誰も文句を言わない。皆、同じことを考えていたからだ。ＲＯＶは、その直方体の巨石に向かって接近して行った。がぐんぐん近づいて行く。

それにつれて、モニターの深さを示す数字数字が変化するかもしれないと思って見ていたところ、ほとんど変化がない。まっ平らな場所なのかもしれない。モニターの画面を見ると南東方向に移動していることが判った。

すぐ間近まで接近したところで一旦停止。

直角面を持つ直方体の岩の大きさを計算すると、高さ二・五メートル、幅三・五メートルは楽にある。上部はともかく、底部は完全な直角面によって構成されており、人工的な雰囲気を醸し出しているのを確認できた。

この映像については、シーマンズクラブに引き揚げた後、ハンコックさんも再生中のビデオ録画画面を指さしながら「人工的な加工の跡を示している」と言って感動と喜びの声を上げたのを記憶している。

それはともかく、今度は、ROV本体を左に振った。自《みずか》らビデオカメラのレンズは左方向に半回転して向きを変えた。つまり、東側に半回転した。

すると今度は、**一本の道路のように見える白い帯**が延びて行く様子が写し出された。

白い帯というのは海底の砂地であるが、なぜか、砂地には藻が生えず、礫状の岩石が転がっているだけであり、どう見ても私の目には道路以外のものには見えなかった。まっすぐ、南東に向かって一直線に延びて行く道路ではないかと思われた。

こうして山頂部を観察することはできなかったものの、二〇メートルほど、西側斜面を下ったところで東崎堆の表面を観察する機会に恵まれたのであるが、その内、ROVが思うように動かなくなった。

つまり、本間組のROVは前面の左右各一カ所、後方の左右各一カ所、合計四カ所にスクリューが付いており、それを電気式モーターで回して推進する仕掛けになっているのであるが、フル回転させても前進、後退がうまくできなくなってしまったということだ。

潮目が変わったらしい。しばらくすると、水面が泡立ち始めた。まるで、お湯が沸く時のようにぼこぼこと泡立ち始めたのである。

右の岩に目玉状の岩刻文様

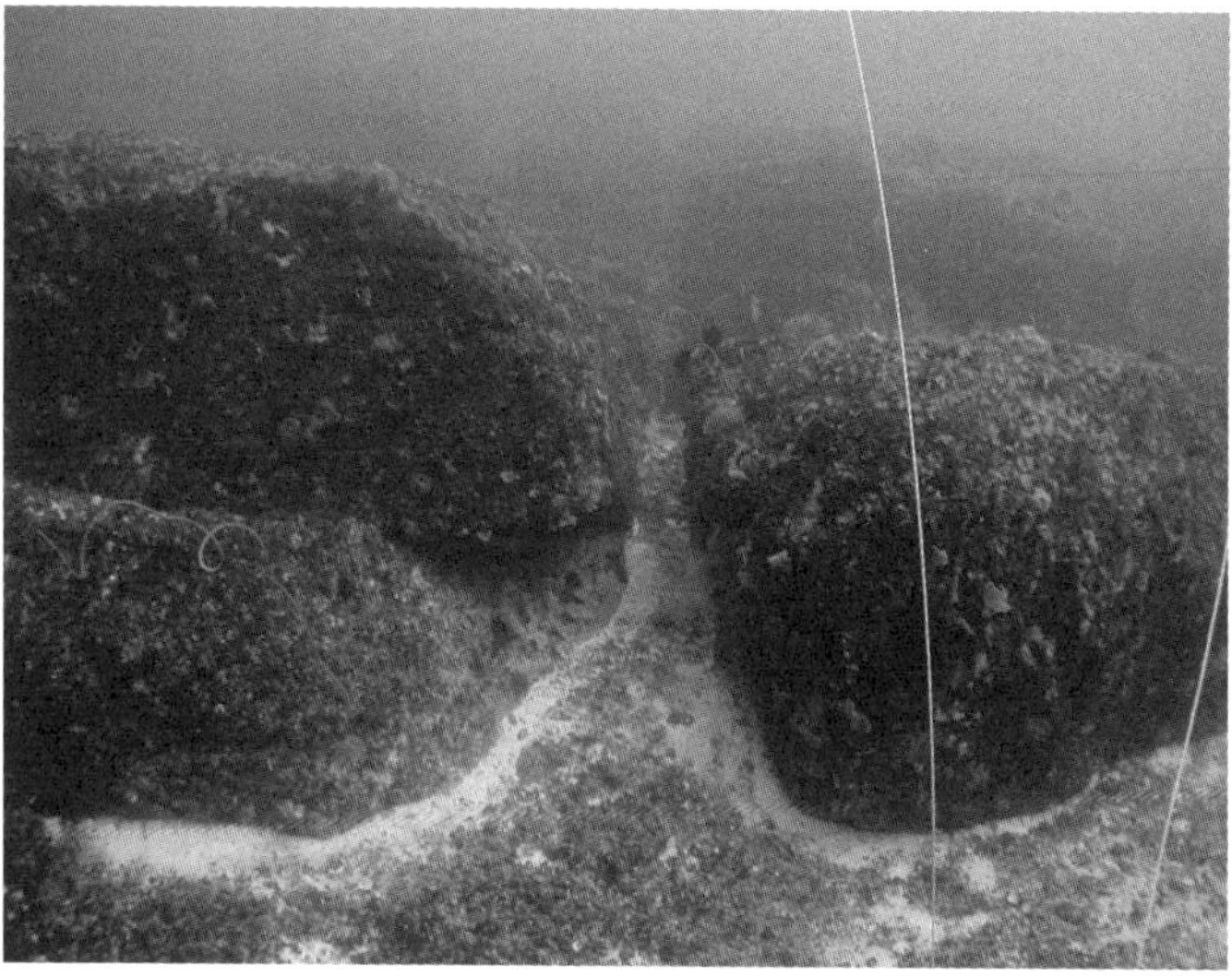

しっかりと重なった岩は磐座？

黒潮の本流が東崎堆の東か西か、どちらかを流れていたのが突然、潮目を変更して直接、東崎堆の南側斜面にぶつかったために行き場を失い、上へ上へ昇り始めたために生じたために、こうなるとどんなに大きな馬力のモーターで推進するスクリューを持つROVでも操作不能となる。

調査は中断。ROVは引き揚げられた。

われわれは再びROVを水中投下して東崎堆の表面観察をする機会が訪れるのを待ったのであるが、泡が消えることはなかった。二度目のROV探査は翌日のことになった。

翌日になった。前日と同様、山頂部の表面観察をする予定であったが、やはり、前日同様、アンカーが掛からない。どうしても掛からない。それでも深さは前日に比較して一〇メートルほど、浅いところで何とか落ち着いた。

深さ七〇メートルの西側斜面である。

さて、ROVは深さ七三・七メートルの西側斜面に北東方向を向いて着地した。従って、お尻を与那国島に向けている。その状態でビデオカメラが捉えた映像は何もない、まっ平らな海底の姿だった。

そこでROVを旋回させると西側方向、つまり、与那国島方向にレンズを向け変えた時、初めて**巨大なメンヒル状の岩**が何体も突っ立っているのが写し出された。

どちらから見るのが正しいのか。つまり、どちらが正面なのか、よく判らないので、接近して回り込んだところ、南東方向を向くのが正しいことが大体判った。

南東方向を向くのが正しいということは、正確な方位方角は不明であるが、巨大なメンヒル状の岩はほぼ北東方向を向いて立っているということになる。

実際のところ、前面に供物台のように見える、丸くて、背の低い岩があり、その後ろに三体の背の高い岩が立っている。この配置関係を見れば、北東が正面ということになるのであるが、どうだろうか。

いずれにせよ、真ん中の岩が一番大きく、

林立する磐座群？　自然石群？

台石に乗る岩は？　磐座？

自然石では見られない階段状遺構？

直方体の整った格好をしており、向かって右側の岩はやや小振りで、頭が尖っている。左側の岩も右側の岩と同じような格好をして、ほぼ同じ大きさのようだ。

一応、これはこれで、一つの纏まった形をしているものとして見ておいても良いように思う。

興味深いのは、その三体の岩の手前を左手に方向転換すれば、南南東と言うか、**南東方向に白い道**が走っているのであるが、その道をまっすぐに進んで行くと袋小路になっており、そこにお結び状の岩がでんと坐っていること。

よく見ると、その岩の腹部が膨らんでおり、膨らみの周辺が丸く縁取られているのが判る。そして、およそのところ、その膨らみは北西より西寄りの方向を向いているように思われる。これはいったい、どういう意味を持っているのだろうか。

また、どこからスタートした時の映像なのか、はっきりしないのであるが、**北西方向に延びる白い道**を辿って行った場合も同じような体験をした。

やはり、一本の白い道がまっすぐに延びて行くので追跡したのであるが、面白いのは、ここでも白い道が行き止まりの袋小路になっており、三角形の大きな岩が道を塞いでいるということだ。

反対方向ではお結び形の岩が道を塞いでいたが、今度は三角形の岩だ。多少の違いはあるが、どちらも三角形なのは興味深い。

こうしてROVで見た東崎堆の西側斜面の状況には格別な発見はなかったものの、二つの特徴を見出すことができた。多少の手掛かりを得ることができたものと思う。

第一の特徴は、四角形とか、三角形とか、角のある直線的な外形線を持つ岩が多いということだ。些細なことかもしれないが、これが実は大きな意味を持っている。

なぜなら、新川鼻の沖合に沈む海底遺跡から伐り出された石材を使って組み立てられた石造遺跡であったと仮定するならば、それらは悉く直角面や鋭角的な角を持つものでなければならないからだ。

いずれは外観的な特徴を観察するだけでなく、それらのサンプリング作業などによって得られた岩石と海底遺跡で採取した岩石の組成成分の比較検討などもしてみたいと思う。比較検討しなければ、東崎堆の石造物が新川鼻から運んできた石材によって作られたものなのかどうか、判定できないからである。

第二には、東崎堆の西側斜面において三本の大きな直方体の岩の前から南東方向に延びる通路のような状態が見えることを確認することができたこと。

別の場所では、北西方向に延びる通路のような状況を見ることができた。他にもいくつか聞いているが、確認できないので割愛する。

とにかく、通路のようなものが見られるということは「東崎堆イコール人工施設」論の有力な裏付けになるかもしれない。

ところで、一つだけ記録しておきたいことがある。

魚群探知機に異常現象が見られたということだ。それは東崎堆の山頂部か、斜面の一部に**強力な磁場**があったため、魚群探知機に異常反応を出現せしめたということに他ならない。

音波を利用する魚群探知機に、どうして磁場の影響が出るのか、あり得ない現象であるが、事実は事実である。『第1回　与那国島海底遺跡調査報告書』（本間公也作成）をそのまま引用して報告に代えたい。

「（東崎堆）調査にあたり魚群探知機を用いて海底の起伏をある程度把握して行なったが、魚群探知機の映像に縦縞のノイズが現われた。この原因として考えられることは、（海底の）岩（石）に強い磁力が帯びており、それらの岩が一ケ所に集中しているため強い磁場がノイズとして現れたと考えられる。

しかし、魚群探知機は音波を利用しているため、本来であれば磁力の影響は受けない。

ただ、以前、このような調査で、魚群探知機で海底に大きな深い穴を発見したが、潜水調査では穴のようなものは発見されず、何回繰り返しても映像には穴が現れたことがある。この時もやはり磁場が強い場所であった。

理論的には影響を受けないはずであるが、魚群探知機に異常があったのも事実である」

というわけで、本来の調査よりも魚群探知機の異常現象の方が、よほど東崎堆の異常な状況を鋭くキャッチし、反映しているように思えなくもない。

しかし、異常現象はそれだけではなかったのだ。私自身ははっきりとは気付かなかったのであるが、海底作業を専門職としている本間組の面々にとっては、東崎堆のROVによる観測結果だけでも十分過ぎるほど異常な事実が確認されたということであった。

本間さんは、その点についても『報告書』(前出)の最後に書き残して下さった。貴重な証言となるので追加して紹介しておきたい。

「今回、始めて与那国島の水中調査を行い、今までに見たことのない海底地形に触れることができた。特に東崎堆については、調査以前より海図にて確認をし興味を持っていた。

私が考えていた仮説は、遺跡ポイントは単なる石切り場であり、その石が何処に使われたのかを発見するため、潮の流れ等から分析するとどうしても東崎堆にあたり、おそらくそこには神殿のような構造物があるのではないかと考えていたからである。

今回一緒に参加した鈴木氏(私のこと)も宇良部岳を中心に考えた場合、東の方角に遺跡がなくてはならない。やはり東崎堆しか考えられないとのことで、私(本間さん)と考え方が一致していた。

鈴木氏は陸上の遺構が専門でかなりの遺構調査経験がある。私は水中調査が専門で、水中遺構の調査はポンペイ島が初めてであった。その鈴木氏から東崎堆には何かがなくてはならないと聞かされたとき共感を覚えたことを今でもはっきりと記憶している」

そう述べた後、本間さんは次のように締め括った。

「東崎堆の調査を2日間行なって、神殿のような構造物こそ発見できなかったが、ROVを通して初めて見た海底は不思議な世界であった。**異常に水の透明度がよく明るい海底、通常は水深四〇m位までにしか分布していないハタタテダイの群れ（水深八〇m）にも驚かせられた。さらには複雑な岩と一定方向に延びる幅の広い溝（通路のこと）と直角に延びる細い溝。これらが地殻変動や潮流等によって作られるのだろうか**」

ところで、もう一人の海の男、寡黙な男として知られる和泉用八郎船長にも聞いてみた。

与那国島に生まれ、与那国島で育った者として東崎堆をどう見るか。あるいは、与那国島の人たちは何か、東崎堆に対して特別な印象を持っているのでしょうか、と。

すると、船長は言葉少なに語った。

「**漁師は皆、注目しているところです、ここは。漁場になっている。それだけじゃない。何か、ありそうな気配がするんです**」

それから一年後、平成十三年（二〇〇一）十月のことである。再び本間組が与那国島に現れた。今度は本間組独自の調査行動になった。

台風の季節を避けるとか、そんな悠長な発想はない。一瞬の隙を突いて行動することに慣れているコンバット・チームであれば、時を選ばない。いつでもいい。手が空いたところで調査計画を立案し、実行に移しただけのことであった。余裕綽々《しやくしやく》である。

前年のメンバーが、ほとんど全員顔を揃えていた。

本間公也さんと鉄親分こと鉄芳松さんを頭にして、顧問格の小長谷輝夫さん、そして、谷敬志さん、大金昭彦さん、川村賢永さん、彦坂明孝さん、佐々木一雄さんの八名だ。そのままの編成だ。

その他、今回は東崎堆の全容を立体的に把握するためにサイドスキャンソナー（海底面探査システム）を持参した尾形照夫さんが新たに加わったことが前年と異なっている。

前年はROV（水中ロボット）を水中に投下し、ビデオカメラとソナーによって細かく観察しようとしたのであるが、「大海を爪楊枝でかき回す」ような真似をしていることに気付いて途中で作業を中止したのであった。

ピンポイント作戦の失敗をあっさりと反省し、まずは、サイドスキャンソナーによる絨毯爆

調査船としてチャーターした船の全体容姿

船の型式

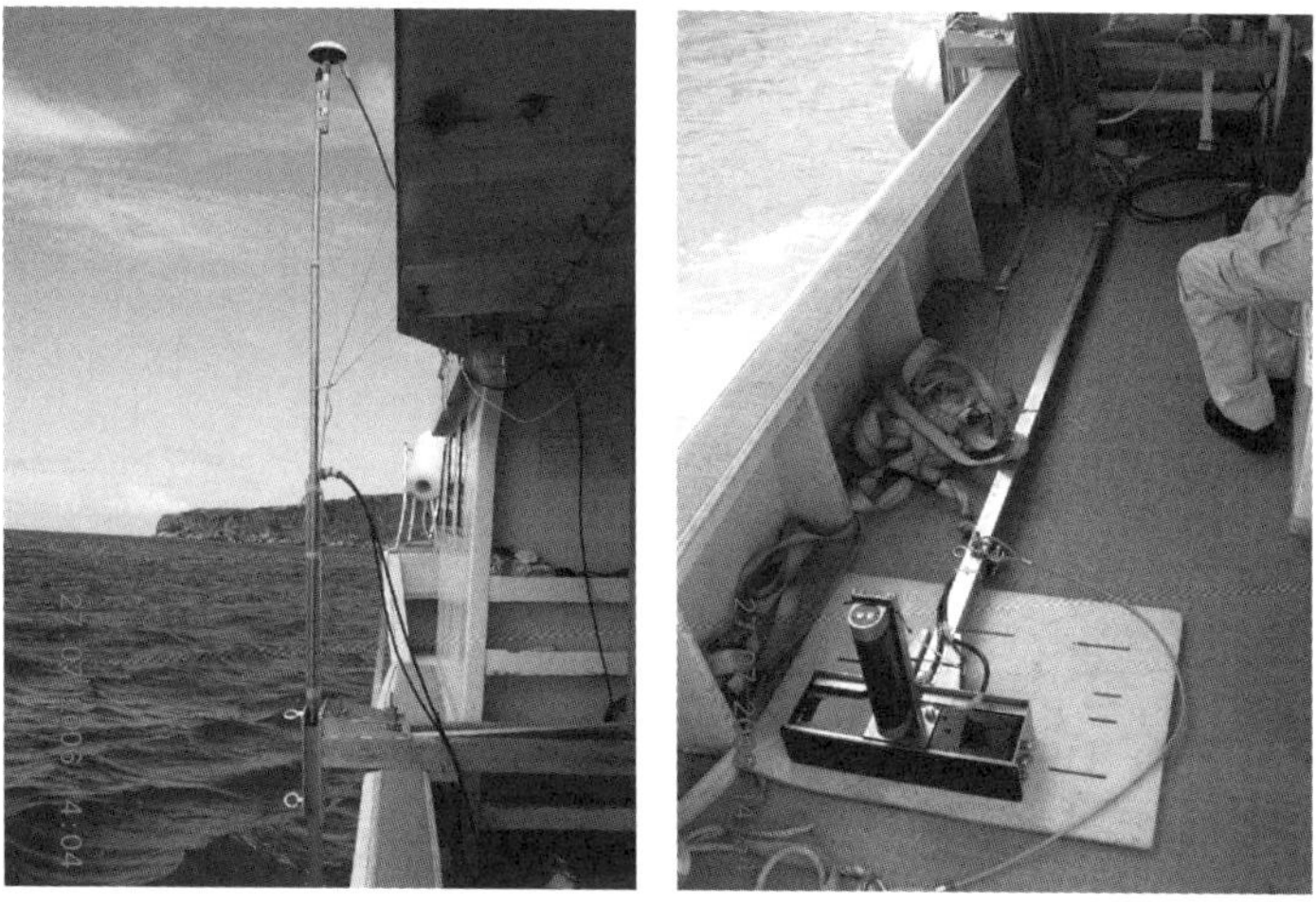

スキャンソナー

撃作戦を実行することにしたのである。

そうやって、大きく網を掛けた後、要所々々、ここぞと思ったターゲットに対して、細かくROVによるピンポイント作戦を実行することにしたのである。

いずれにしろ、今回の調査は、尾形照夫さんという新たなスペシャリストが調査隊に加わったことで、大きく、ざっくりと把握して、細かく観察することになった。

「昨年の与那国島海底調査において、東崎堆で発見された人工のような海底地形（と構造物）から、今回は東崎堆の全体像の解明と私達調査チームの仮説（鈴木＝本間説）を裏付けるような人工（的な構造）物の発見を目的とした」（『与那国島海底遺跡調査報告書　東崎堆』）

私は予め尾形さんからサイドスキャンソナーの原理について簡単な講習を受けた。原理も知らずに調査に加わりましたとは言えないからである。

実際にサイドスキャンソナー（FG&G社）のシステム構成を、現物を見せていただきながら教えていただいたのは有難いことであった。

サイドスキャンソナーは、自分で動くことはできないので、母船に固定したワイアーで曳航して貰いながら、水中で超音波（一〇〇キロヘルツ）を扇状に発射し、その反射波を捉えて水中の状況を把握するのである。

元々は水中パイプラインや沈没船の位置や状況を把握するために開発された。母船の運航速度は二〜三ノット程度だと「いい画《え》が取れる」と尾形さんは語った。

さて、前年と違って、平成十三年（二〇〇一）十月は抜けるような青空の下で、調査船となるよしまる荘「ＹＤＳ」号に乗り込んだ。本間組のスタッフ一同と尾形さん、そして、私は上機嫌の鼻唄気分で久部良港を出航した。

波は穏やかで、海風はやさしく、まさに言うことのない調査日和であった。エンジン音も快調。われわれは目標地点となる東崎堆に向かって驀進《ばくしん》した。

およそのところを見やると、カモメのように見える鳥の集団が円舞するようにぐるぐる回りながら飛んでいる。

私は何という鳥なのか、まったく見分けが付かないので、いい加減な表現をしてお茶を濁してしまうが、そのカモメのように見える鳥の集団の餌となる魚が群遊する東崎堆の真上に到達しつつあることは理解できた。

ぐんぐん接近し、目標地点に到着するとエンジン音が低くなった。船長の声が飛んだ。

「この辺でいいですか」

思わずＧＰＳディスプレイを覗き込むと、船の位置は北緯二四度二八分一三・三秒、東経一二三度〇五分一六・一秒であった。

すると、ディスプレイを見ながら、本間さんが「オーケーです」と応えた。ＧＰＳのデータは正確で、衛星電波に頼るだけでなく、宮古島のビーコン（海上保安庁）を受信して補正しており、その誤差は一メートル内外に留まっているという。

誤差が五メートル以上になると測量、調査は中止するとのことだった。驚くべき精度である。これによって母船となるＹＤＳ号を誘導する仕掛けだ。

パーソナル・コンピュータに予め入力されている測線に従って、操船者は船を動かせばいい。東崎堆全体の様相を隈なくカバーする海底地形データを得るために東から西へ、西から東へ何回、往復しただろうか。

詳しく覚えていないのであるが、何度か、往復する途中、尾形さんが独り言を言ったり、私の質問に応えて説明して下さった言葉だけは詳しく記録しておいた。

それはサイドスキャンソナーが、どの辺を測量中であったのか、はっきりしないのであるが、深さが六三〜六五メートルのところに差し掛かった時のことだった。

深さ六三〜六五メートルと言えば、比較的に浅いところなので、山頂部周辺を測量中のことではないかと推測される。尾形さんが独り言を言った。

「高さ二〜三メートル、モノによっては五〜六メートルの高さのブロックが直線状に並んでいるようですね。節理面とも違うようです。段状になっていないし、凹凸がない。ただただ柱状のブロックが立っているようです」

いったい、これが何を意味するのか。

おいおい判ってくると言うか、その映像が見えてくるはずであるが、われわれが新川鼻沖に沈んでいる海底遺跡から伐り出された石材を使って建造された石造神殿がどこかにあるはずだと大胆な予言を言い放った時、その第一候補に挙げたのが東崎堆であった。

ブロック状の建造物があってもいいはずだった。

いよいよ出てきたか、と力んだのは当然のことであった。作業が進み、ある程度、東崎堆全体を見渡せるようになった頃だと思う。尾形さんがオペレーション・ルームになっている船室から甲板に出て来た。

ちょっとばかり、休憩するつもりらしい。彼は近くに放り出してあったバッグからタバコを取り出して、愛用のライターで火を点《とも》すと、大きく一息吸い込んだ。そして、言ったのである。

「深さ七〇〜八〇メートルに達するまでは、北側の傾斜がきついですね。そして、北側にブロックが集中しているような気がします。

それから、深さ九〇メートルを超えると南側も北側も似ていて、そんなに違いはないようですね」

どうやら東崎堆は南側から激しく押し寄せる黒潮を遮るように東西にすそ野を下ろして屹立しているので、あたかも壁のように立ちはだかる格好になるわけで、黒潮の流れが通りやすく、なだらかになるのは当然のことであり、北側は元々の山の形を残しているのではないだろうか。

問題は、どういう形で南側の傾斜がゆるくなっており、どういう形で北側の傾斜がきつくなっているか、というところである。

それは『与那国島海底遺跡調査報告書　東崎堆　2001年10月』（本間公也作成）に詳しく報告されているところなので、それを参照しながら、尚且つ、私自身の見解も加えて改めて検討してみたいと思うのである。


第一の報告は、東崎堆は**東西二カ所に頂上部**があり、二カ所の頂上部は**東西一直線上に位置している**ということ。そして、東西二カ所の頂上部の間の距離は約一〇〇〇メートルであること。

本間さんによれば、「〇〇堆」と言われるような水中の山は「一つの山頂部を中心に構成されているのが普通であり二つの山頂部を持つのは珍しい」と言う。

そのコメントに接した時、私の第六感が作動し始めたと言うか、電気のスイッチが入ったような気がした。

なぜ、東崎堆だけが二つの山頂部を備えているのか。与那国島も宇良部岳と久部良岳という二つの山を中心にして構成されているが、それと関係があるのだろうか？

与那国島とは関係があるのか、ないのか。あるとしたら、どういう関係があるのか。おいおい解明されて行くものと思う。

第二の報告は、二カ所の頂上部の**深さ**は、**東側が約六二メートル、西側が約六三メートル**にあるということ。そして、二カ所の頂上部の中間に広がる空間は平

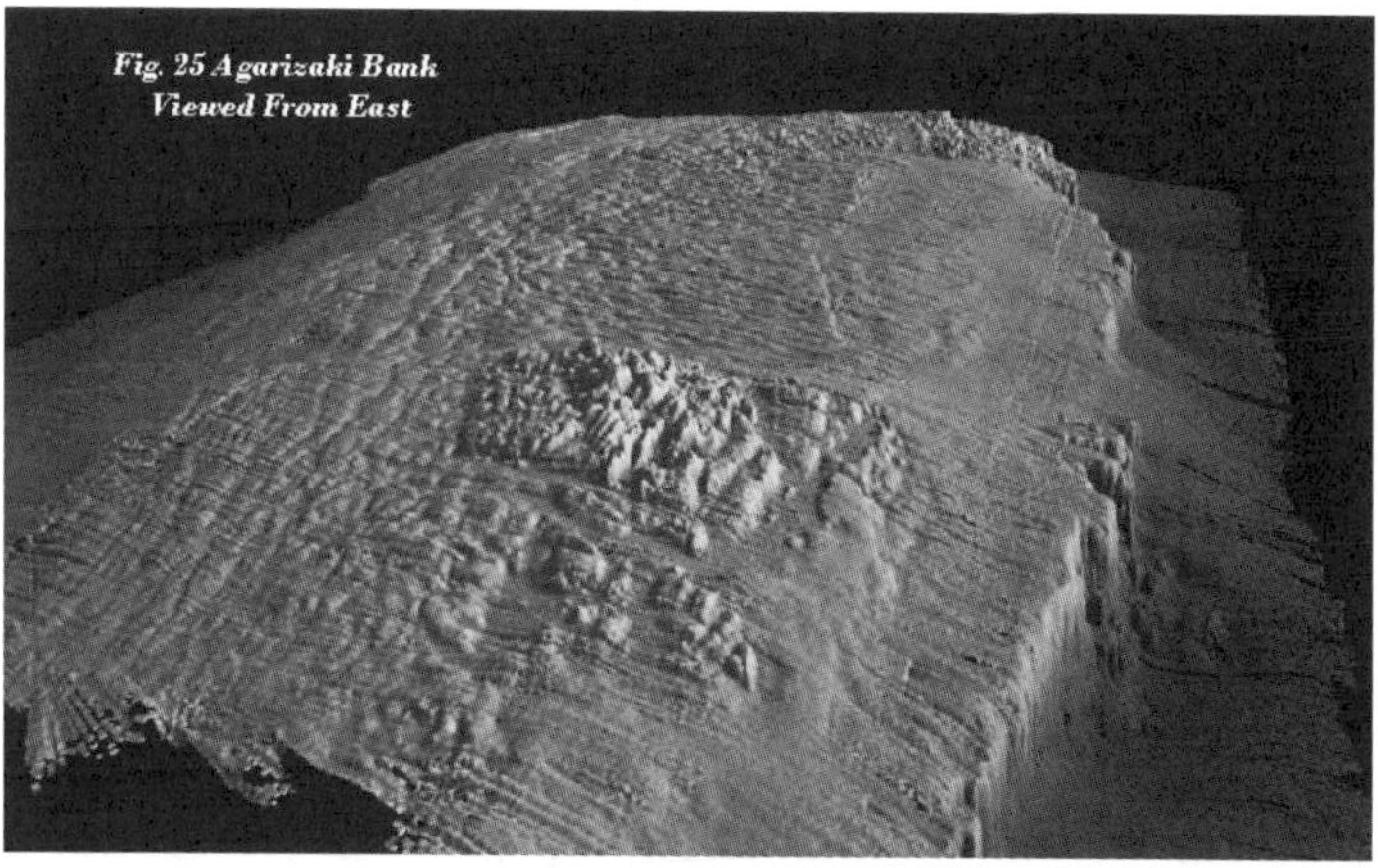

東から西を見る

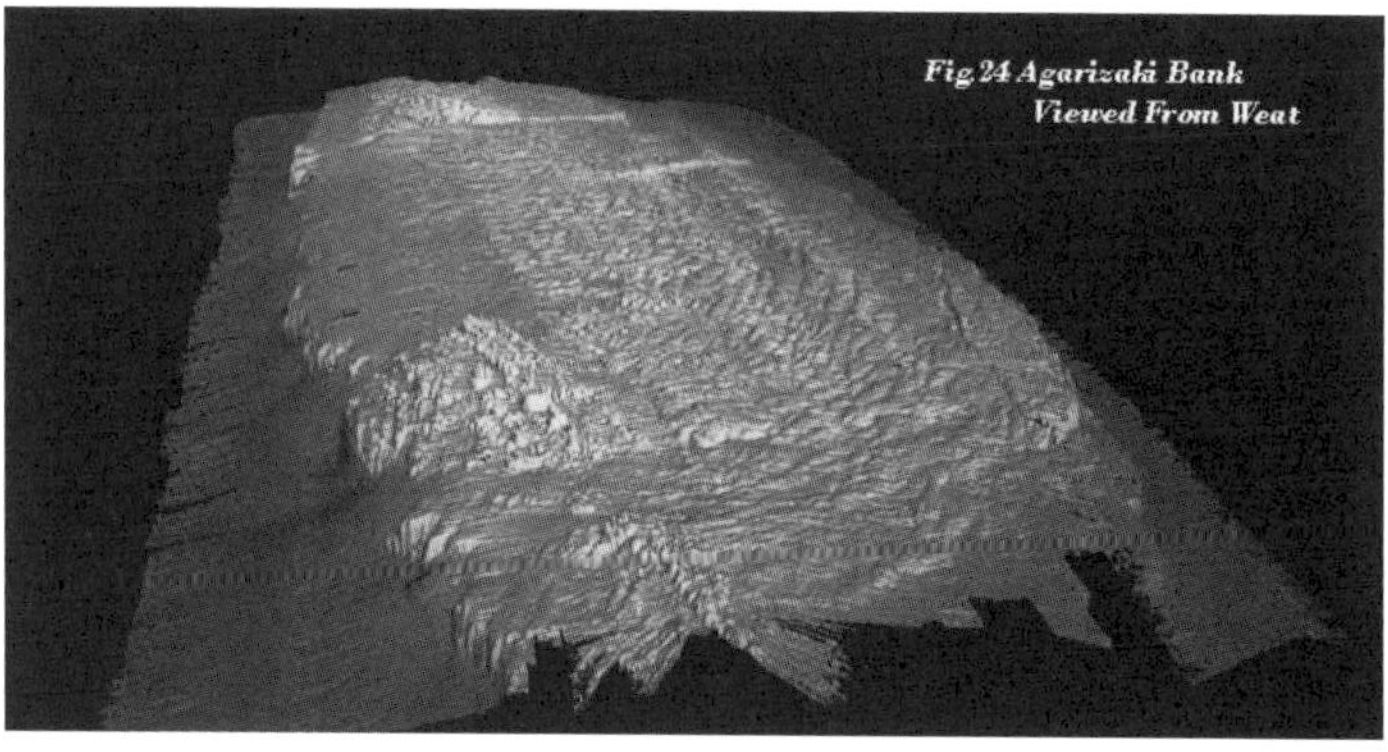

西から東を見る

らな地形の広場になっており、その**平均水深は約七二〜七〇メートル**であるということを伝えている。

　すると二カ所の山頂部は、広場に対して、高さ一〇メートル程度の小山を形作っていることが判る。二つの小山と広場によって山頂部が構成されているということだ。

　ところで、東西二カ所の頂上部の間に広がる細長い広場は、**およ**

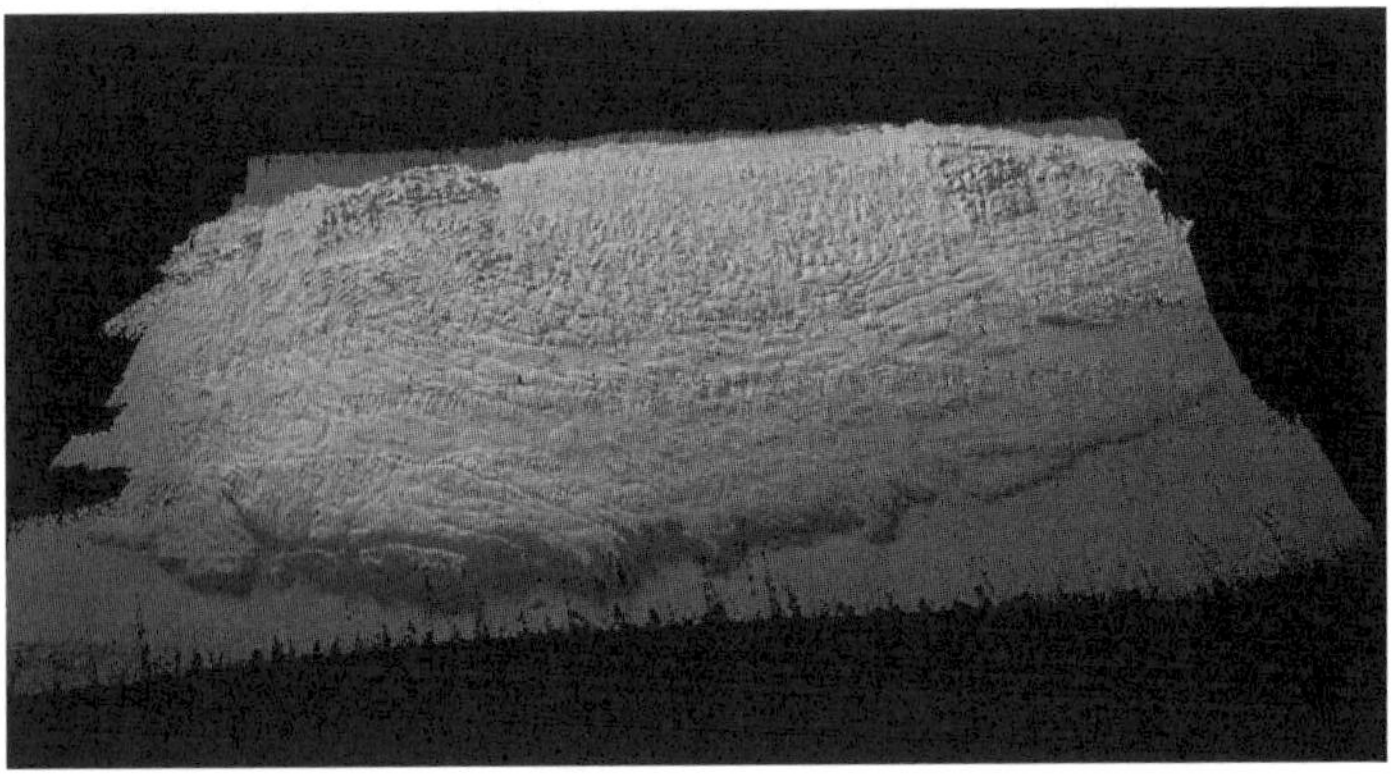

南から北を見る

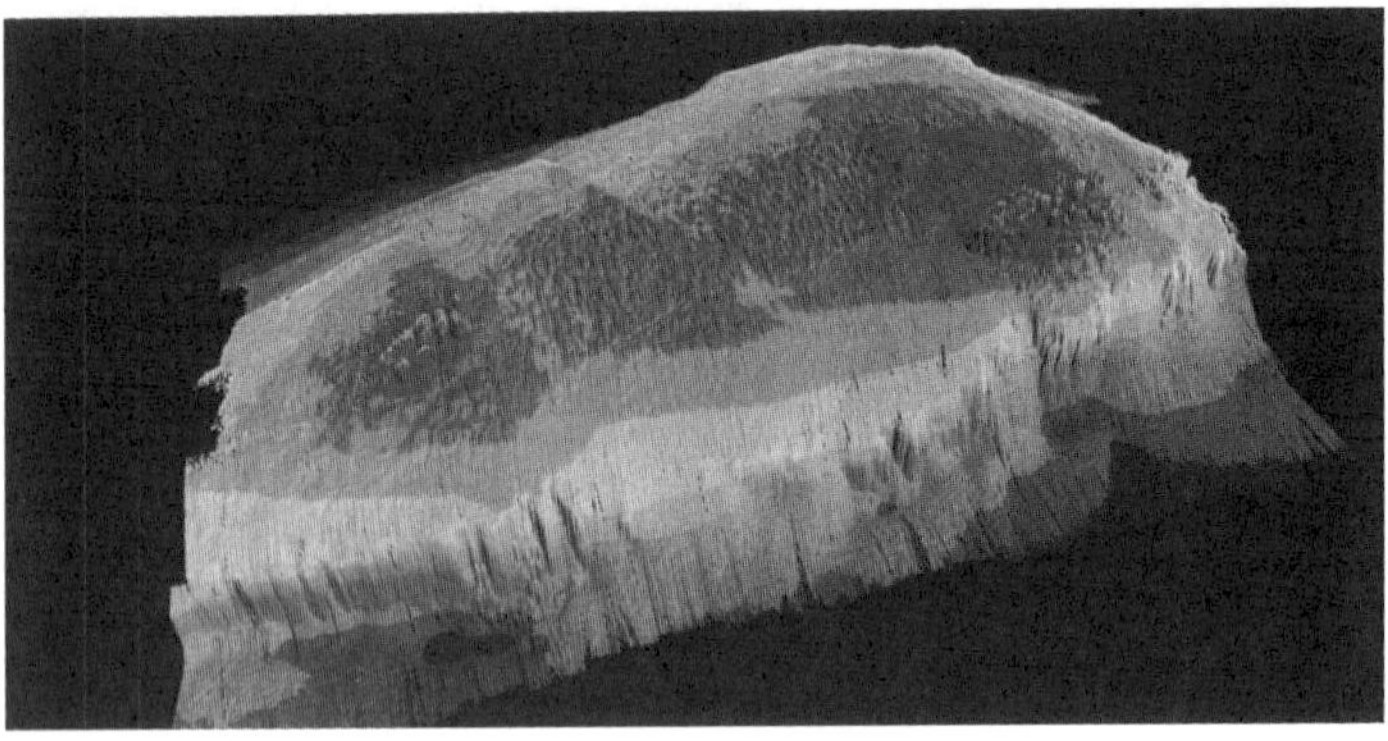

北から南を見る

そ一〇〇メートル。完全な平坦面を見れば、東西の最短部分で五〇〇メートル、南北の最短部分で一〇〇メートルはある。

面積にすれば、五万平方メートルは下らない。かなり広い。いったい、この広場は自然の産物にすぎないのだろうか。今後とも詳細な検討が必要とされるところであり、祭りの広場であった可能性は否定できない。

第三は、東崎堆全体の形態について報告されており、**東側と西側**、つまり、与那国島に近い側（西側）も遠いところ（東側）も**等深線は狭く、急斜面**になっており、**北側斜面も急激に落ち込んでいる**という。

しかも、どういうわけか、東西二つの頂上部の北側直下が最もきつい角度で落ち込んでいるのである。そうすると三方が塞がっており、南方向しか、空いていないということになる。

確かに、『報告書』に添付された「3Dコンター（SW）図」を見ても容易に理解できることであるが、東西二カ所の頂上部の間に広がる細長い広場は、南に向かってゆるやかに下りて行く形になっており、あたかもU字形に湾曲した段々畑のような格好になっている。

それだけでも**東崎堆の正面は南**であり、**南を意識した思想**があることを了解することができるのであるが、何のために、と問われた場合、いまのところ、具体的なことは何も答えられないのである。

次に、頂上部周辺の地形を詳しく見たいと思う。

まず、『報告書』に即して**東側の頂上部付近**を見てみると、水深六五メートルのところに**四段重ねの四角錐形の構造物らしきもの**があり、各段の頂上部等深線は水深六五メートルから水深六二メートルになるまでの間、きっちり一メートルごとに高くなり、高くなるごとに四角錐形は縮小されて重なって行くのが見て取れる。

つまり、四角錐形のブロックを積み重ねたような形になっているのである。一番下の段の最も大きい四角錐形の場合、一辺の長さは南西側が約八三メートル、南東側が約五八メートル、北東側が約五〇メートル、北西側が約七〇メートルだから、変形四角錐と言っていい。

西側の二辺が長く、東側の二辺が短いので、まるで槍の柄のような格好になり、**西側に向かって鋭く突き立てるような構図**が浮かび上がってくるのであるが、これは考えすぎだろうか。何か、理由があるものと思われる。

そして、かなり大きい。とてつもなく大きいことを強調しておきたい。四角錐を形作るブロック底辺部の対角線の長さが、南北が約六七メートル、東西が約九〇メートルほどなので、面積は三五〇〇平方メートルはあるものと思われるが、それほどまでに大きいステージというのはいったい、何に使われたのだろうか。

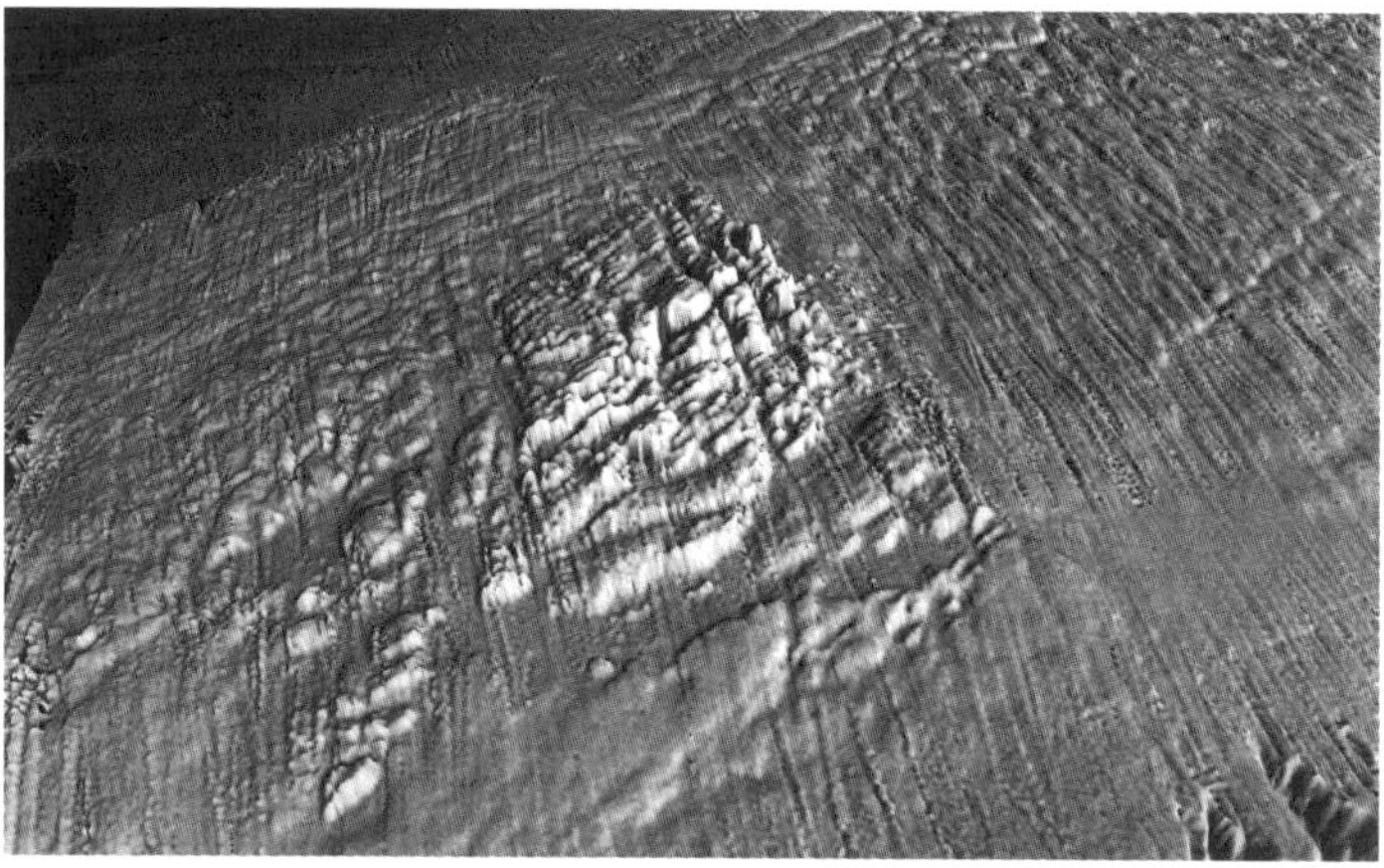

東の頂を北から見る

東側の頂上部付近（拡大図）

私は**ピラミッド**建設の土台になったのではないかと思っている。その上に同じ形のブロックが、しかも、段々に小さくなるブロックが重なるわけであり、極めて幾何学的な階段状建造物の状態がイメージされるわけであるが、その場合、脳裏に浮かぶ映像としてピラミッド以外のものはあり得ない。

もちろん、それが私の独りよがりであることは百も承知しているが、いずれROVによる直接的な確証が得られるはずである。

また、それぞれ四つの角は正確に東西南北を向いており、それぞれの水深を結ぶ角がはっきりと読み取れるのも注目しておきたい。

四つの角が正確な方位方角を示しているということは、**それが人工的な施設であるか否か**を判断する際、重要なメルクマールになるからだ。

しかも、四つの角が正確に方位方角を示すということは、それぞれの角を結ぶ辺の角度が特別な意味を持ってくることを暗示している。東側の二辺が大きな仰角を形作り、西側の二辺による仰角が狭いのも特別な意味があるのではないだろうか。

次に**西側の頂上部付近**を見てみると次の通りである。

水深六四メートルの部分に**菱形の地形**があり、その一メートル上に最頂部を示す物体があるのが分かっているのであるが、その形状や大きさがはっきりしないので、とりあえず、点として表示しておくことにする。

　いずれにせよ、西側を向く東側の山頂部の四角錐と違って、この菱形の地形は南側に鋭く尖った角（開き角度六〇度）を向けており、こちらは映像化されたデータで見れば、明らかに**南を意識している**ことが窺える。

　また、この菱形の地形の南東、水深約六五メートルのところに同じような菱形の平らな場所があるのが確認できる。

　形、大きさ共に北側で見つかった菱形の地形と瓜二つであるが、その頂点部分が南側を向いているのではなく、西側を向いていることに違いがある。こちらの菱形の地形は**西を意識している。**

　さらに気になるのは、これらの地形が見られる部分を頂上部とするならば、**西側**に向かって深くなっ

西の頂を北西から見る

て行くことを示す等深線の中間部分が上下各一カ所、合計二カ所で突出して**広場**を形作っているのに気付くはずであるが、この広場はいったい、何だろうか。自然にできたものだろうか。人工的なものだろうか。

いつの日か、再びROV（水中ロボット）を使ったピンポイント調査を実施する機会があれば、是非、調べてみたい。しかも、この広場には、上下各一カ所共、何か、**丸いもの**が一個体ずつ見受けられるのであるが、これも気になる物体である。

実物を見るまでは何とも言えないが、こうした状況からみれば、この広場は祭り場ではないかと思う。もし、祭り場であるとするならば、ご神体岩がなければいけないわけで、今回、それが映像としてキャッチされたのかもしれない。これも将来、ROVで直接、アタックしてみたい。

ところで、上下各一カ所の広場の中心点を結ぶ直線をそのまま山頂部に向かって延長して行けば、山頂部の北側に位置する菱形の地形部分に突き当たり、三カ所が一直線上に整列してしまうのは妙である。

しかも、その直線は右斜め上がりに延びて行くわけで、東西線をゼロ基準とすれば、左回り二〇度の開き角度で昇って行くことになる。夏至の日の出を礼拝するとか、何か、合理的な理由があるのだろうか。

正確なデータを得ることができるならば、近い将来、改めて測量し、天文シミュレーション・ソフトを用いて実験してみたいと思う。

翻って、東側斜面を見た場合、西側斜面と同じような状況があるとは認められない。しかし、東側の頂上部付近、北寄りにある四段重ねの四角錐形の構造物か、自然にできたものか、いずれにせよ、四角錐の形をしたものから見て東側に下る斜面を俯瞰すると面白い現象が見られる。

四角錐形の東側の角は正確に真東を向いているのだが、真東に向かって直線を延長して行くと、直線が通過する**東側斜面でもそれぞれ真東方向にやや膨らんでいるのが確認される**ということだ。

ただし、西側の突出部分ではご神体岩のようなものがほぼ中央に位置しているのが確認されたが、こちらは何も見当たらない。何も見当たらないにもかかわらず、真東に向かって膨らみ、ミニ広場が形作られているのを確認できる。

しかし、残念ながら、それがどういう状況を示しているのか、視覚的には確認されていない。確認されていない以上、何も語ることはできないわけであるが、最低限度、なかなか暗示に富んでいるということだけは強調しておきたいのである。

さて、サイドスキャンソナーによる測量と並行して、ダイバーによる直接的な目視調査も実施された。深さ六〇メートルの東崎堆山頂部に降り立とうというわけである。

危険な作業であった。しかし、本間さんと鉄さんは協議の上、決断した。

「よし、できる。やってみよう」

鉄さんが笑いかけると本間さんが頷いた。

「たにぃ、おおがねぇ、かわむらぁ、やるぞお」

「おお」

「オーケー」

「はいよ」

それぞれ言葉は違うものの、多少は力が入った返事だった。谷敬志さん、大金昭彦さん、川村賢永さんの三人が抜擢《ばってき》され、錨を下ろすロープ伝いに海中深く、深さ六五メートルの西側の頂上部まで下りることになった。

何度か、ダイビングの経験がある人は知っていることであるが、そんな深さまで潜るとなれば、通常の圧力のタンクでは肺がパンクする。

減圧タンクと交換して潜らなければならない。錨を下ろすロープ伝いに減圧タンクを予め下ろしておいて、ダイバーが潜る途中でタンク交換ができるようにした。三人のダイバーはする

（上）（下）プロ中のプロダイバー「さあ、行くぞ」

（上）（中）（下）降下中

すると降りて行った。

繰り返すが、潜ったポイントは西側の頂上部、深さ六五メートルの地点である。すでに明らかにしている通り、それは北端に菱形の地形が見られるところだ。

従って、幸か不幸か、偶然か否か、目標地点とすべきところに潜ったものと言って良い。そこで、三人のダイバーが見たものは、やはり、「人工の施設」と思われるような岩場だった。いきなり急所に直行することができたわけである。

ラッキーな体験だった。貴重な証言となる撮影写真の中から数枚を選んでみた。じっくりと見て欲しい。そして、何が言えるか。私自身の感想も含む、事実の紹介をしておきたい。

親分＝鉄組社長（右）と私（左）

第一の事実は、階段状の岩が見えるということだ。同じ幅、同じ高さに、加工された磐座ではないか、と推定されるような形状の岩が規則的に配列されているように見えるのである。もう一度、二二四頁から二三〇頁にわたって掲載された海底写真を見直して見よう。実に面白い光景が見えて来る。

もう一度二二四頁上の写真を見直してみよう。ダイバーが着地した場所の近くに見える岩を撮影した画面であるが、垂直状に切り立った岩壁の様子を忠実に映し出している。注目されるのは、その下に見える一筋の白いベルト状の溝である。余りにも規則的で、幾何学的であり、人の手が加わっているとしか、言いようがないのである。

また、同頁の下の写真を見てもきれいな三角形に整えられた岩が複数体、並んでいるのが確認できるし、結論を先取りしてしまうが、これは新川鼻沖に沈むイセキポイントから伐り出した岩を用いて建設された本当の神殿がどこかにあるはずだという本間さんと私の「仮説」を裏付ける事実になっているのかもしれない。

簡単な写真ではない。それだけ大きな意味がある。

最後に二二七頁上の写真に注目して欲しい。まったく平らな場所に垂直に切り立った岩を計画的に配置したように見受けられる光景であり、人工的な雰囲気を漂わしているのが注目される。

また平らな場所は、どちら方向なのか。どちらを向いてシャッターを押したのか、不明であるが、いずれにしても広場の状況を写している。このような状況は前年、ROVを投入した時もカメラレンズを通して見ているわけで、今度は簡単なスケッチなども併用してみたい。

こうしてダイバーによる撮影写真が何カットか、得られたわけであるが、これは貴重な記録であり、よくよく吟味の材料にさせていただきたいと思う。

ROVの撮影ビデオとも合わせて効果的に活用したいと思っている。ROVによる海底探査がピンポイント作戦ならば、ダイバーによる直接的な目視検査は、それこそ超接近の肉弾戦である。

そう遠くない将来、再び深さ六〇メートルの海底にダイブして本物のプロフェッショナル・パワーを発揮する時が必ず来ることを私は信じている。

さて、ROVによる海底探査とサイドスキャンソナーによる海底測量、そして、ダイバーによる目視調査という形で実施された東崎堆の海底調査作業はまだ始まったばかりである。

いまだ結論めいたことを言える段階ではないが、次の四点だけは概ね指摘しておいても間違いではないように思われる。

第一は、**東崎堆は与那国島の宇良部岳から見て夏至の日の出方向に位置しており、ビッグ・**

アイランドとしての与那国島とスモール・アイランドとしての東崎堆が一対の祭祀の島になっていた可能性があるということについて考えなければいけないということ。これは最初に確認しておかなければいけない。

私は「第二章　イワクラ・ネットワークの全貌」の最後の締め括りの言葉として「与那国島は神々の島であった」と言い切った。その時、何を以て、そう言い切るのか、三つの理由を挙げたのだった。その三番目の理由として挙げたのが次の事実である。再録する。

「第三には、宇良部岳とンダン・ダバル（帆安田原）地区、東牧場、東崎を結ぶ直線を延長して行くと東崎の沖合に沈む東崎堆にぶつかるということだ。

そして直線が形作る開き角度は、九〇度方向に延びる東西線に対して、時計と反対回りに一五度ほど、戻った角度で延びて行く。

○　宇良部岳と東牧場、東崎を結ぶ直線が形作る角度一五度は、夏至の日の出方向を示している可能性もあるが、正確な天文シミュレーションが必要とされる。

○　開き角度は、久部良御嶽から久部良岳北峰（みみ石）を結び、天蛇鼻に延びて行く直線が形作る開き角度と一致する。何かの偶然か？

○　東崎堆は与那国島を大与那国島とすれば、小与那国島という位置付けで関連付けられる祭り場か。沈んでしまった海底遺跡とは、こちらを指すのではないのか？」

つまり、宇良部岳と東崎堆、久部良岳北峰と天蛇鼻が、それぞれ同じ角度で延びて行く直線によって結ばれており、宇良部岳と久部良御嶽を結ぶ線、天蛇鼻と東崎堆を結ぶ線がほぼ平行しているとしたら、巨大な平行四辺形が出来上がる。

これらの事実は単なる偶然として割り切っていいものだろうか、と思うのである。与那国島が大与那国島で、東崎堆が小与那国島であるという考え方、これは突然、思い付いたわけではない。

随分前のことであるが、私が調査団の一員として参加させていただいた「黒又山総合調査」の時、先例となる形を見出している。

調査対象となった黒又山ピラミッドは「大クロマンタ」と呼ばれ、隣接するサブ施設が「小クロマンタ」と呼ばれ、筋違いに連結されているという不思議な形式の祭り場であった。

与那国島と東崎堆もそれと同じように筋違いに連結されて大小一対をなしているのに気付いたのである。そうであれば、与那国島を大与那国島、東崎堆を小与那国島と呼んでも差し支えなく、あながち間違いとは言えないのではないだろうか。

与那国島と東崎堆は筋違いに連結された特別な関係にある島ではないかという見方であるが、細かく見て行けば、ますますその疑いは強くなる。

東崎堆は与那国島と瓜二つの島であるというストレートな言い方はしないつもりだが、実際のところ、見れば見るほど、まるで与那国島をそのまま縮小したような形式と構造になっており、ミニ与那国島になっているように見受けられるのである。この異常な状況が第二の事実となる。

大体にして、一つの島に二つの山が東西に分かれて相対立しているかの如く屹立しているというのが妙である。東に宇良部岳、西に久部良岳と並び立つ与那国島とまったく同じ構図の地形的状況を示しており、頂上部の東と西にまったく同じ位置関係を保ってミニ宇良部岳とミニ久部良岳が立っているのである。

しかも、ごていねいにもそれぞれの山が南北二つの頂を持っているところまでも共通しているのだ。あたかも計画的、系統的に再現したように見えなくもないのである。

さらに小憎らしいことであるが、私は宇良部岳の真西、宇良部岳と久部良岳との間にも二つの祭り場があることを宇良部岳の奥にある小さな祭り場で知ることができた。

そして、機会があれば、なるべく早く捜索しなければならないと考えていたところであった。ところが、与那国島で捜索行動を起こす前、東崎堆において見つかってしまったのだ。その二つの祭り場までも東崎堆の頂上部では用意されていたのである。

与那国島ではまだ発見されていないが、東崎堆ではちゃんと作られており、その形式と構造が具体的に示されているのである。今後、これを手掛かりにして、逆に宇良部岳と久部良岳の間、久部良岳の麓で調査の手を広げることができるのではないかと思う。

それほどまでに与那国島と東崎堆の形が似ているのである。これはいったい、どう解釈すればいいのだろうか。

第三には、**東西二つの頂上部共、人工的な構造物（ピラミッド）である可能性が大であり、それぞれ西と南を意識して設計されている**のが窺えるのであるが、それは与那国島が本来、抱えている祭祀の思想に準じて実現されている可能性があるということだ。

東崎堆は南から押し寄せる黒潮を意識している他、東と西の祭祀線を極めて重視していることが理解できる。従って、その祭祀の思想を理解する必要がある。

与那国島と東崎堆は、島の大小はともかく、その形においては、そっくりそのままの相似形を示していると言っても言い過ぎではないことを指摘したが、そのコア（核）になっているのが東の変型ピラミッド（四角錐形の四段重ねの構造物？）と西の菱形の地形。

東の変型ピラミッドは西方向に槍の矛先を向け、南側にサブステーションとなる小山を置いて一つの祭壇となるステージを形作っている。この点、宇良部岳が二つの頂上部を持っていることを承知している場合、すぐに納得できることだ。

また、西の菱形の地形も同じ。久部良岳は本家本元よりも北峰に立つみみ石の方が有名であるのと同じく、東崎堆でも北側に立つ菱形の地形が目立っており、サイドスキャンソナーで測量した限りにおいては主たる施設は北側の方らしい。

しかも、北側の菱形の地形が南側に尖った槍の矛先を向けているということは南側を意識しているということで、南側にある菱形の地形が西側を向いているのとは役目を異にしているようだ。

意味は不明であるが、おそらく、変型ピラミッドの場合も菱形の地形の場合も一辺の角度、それが何を見ているか、何を示しているか、その点に重要な意味があったのではないだろうか。

海底六五メートル前後に沈む地形なので、若葉マークのダイバーである私としては到底、ダイブできるものではない。想像の上で語る他にない。

今度、その機会があれば、綿密な打ち合わせの上、プロダイバーに目視調査を依頼したいと思う。

ところで、もう一つ、付け加えるべきことがある。

大きく俯瞰するならば、東崎堆の中心、南側の麓がくびれて細く、低くなっていることに注目したいと思う。

東崎堆が海中に沈んだ後、堆の横腹に絶え間なく押し寄せる黒潮が東西に分かれる時、巻いた潮の流れが横腹を削り、土砂を運び去った跡だろうか。

それとも、元々、東崎堆が水平線上に顔を出していた時、ぐんと内部に食い込んだ形で港湾施設が作られていたなどと想像することはできないだろうか。

いずれにしろ、測量図で示された食い込み部分の形と広がりについては何らかの説明を必要としているように思う。

そこで思い切って言わせていただくならば、東崎堆に上陸するための港湾施設の跡であったと見ておけばどうだろうか。もちろん、絵空事を語ったところで何の意味もないことは承知しているが、満更、うそではない。

与那国島の場合、新川鼻沖に沈む海底遺跡（イセキポイント）が昔、水平線の上に顔を出していた時、海底遺跡と新川鼻の間は船舶となり、新川鼻が上陸地点になっていたことも考えられるというレベルまで調査が進んでいる。それと同じように考えて行けば、東崎堆の南岸に港湾施設があったと想定しても差し支えないのかもしれない。

第四に伝えるべきことは、頂上部周辺に限らず、前年のＲＯＶによる海底探査を実施した時にも映像的に確認されたことであるが、**直角面を持つ巨大な岩や四角錐形の岩、菱形の岩を重**

ねたピラミッド形式の構造物などが多数見つかっており、人間の手によって加工された岩が配置されたと言わない限り、説明できない事実が多いということ。これは繰り返しになるので止めておくが、映像上で確認した通りである。

新川鼻沖に沈む海底遺跡は、元々は神殿か何かの海底遺跡であったことは間違いないのであるが、後に新しい神殿を築くための石材を伐り出す〝石伐り場〟になってしまったのではないか、と思われる。

そこから伐り出した石材を使って組み立てた神殿がいま、われわれが話題にしている東崎堆だったのではないだろうか、ということだ。

すでにROVが捉えた映像やダイバーが、直接捉えた写真やデータによって数多く示されている通りであり、それが事実であるか否かは今後、何かの機会があれば、検証されることになろう。とりあえず、私は問題提起することに留めておきたい。

以上の事実から言えることは、東崎堆が「沈んだ山」であり、かつては海人族の根拠地となる〝海の神殿〟として燦然と輝いていた陸上の祭祀遺跡であると断言できるほどの証明にはなっていないものの、極めて示唆に富んだ問題提起になっているということである。

しかし、まったく証明が不可能であるかと言うとそうではない。海底探査を目的とする探査システムの開発と利用技術の開発が遅れたために調査主体の側にノウハウの蓄積が遅れ、有効な手立てを立案し、実行するに至る力量が育っていなかったというだけのことである。つまり、われわれは調査手順を間違えたことを含めて、事前準備が不十分であったことを認めなければならない。われわれは先にROVによる海底探査を実施し、後でサイドスキャンソナーを投入したのであるが、この手順は逆でなければならなかった。

サイドスキャンソナーは、B52による絨毯爆撃のように広範囲にわたって海底地形を把握するもので、超音波（一〇〇キロヘルツ）を海中に発射し、その反射波を捉えて水中の状況を把握する。

そして、ROVは一点に集中して攻略する。であれば、まずはサイドスキャンソナーで東崎堆全体の形態と形式を大きく把握し、何が、どうなっているのかを把握した後、疑問に思う個所にROVを差し向け、確認をすべきであった。

大まかに俯瞰して遺跡全体の設計思想を摑み、しかる後に部分、部分を細かく確認・調査すれば、大まかに摑んで直観したことが正しかったか、間違っていたか、直ちに結論を出すことができたはずである。

それでも不足する部分については、選りすぐったプロ・ダイバーを集中的に投入し、超接近して調査するという方法で挑めば、かなり確度の高い情報が得られたはずであった。返す返すも惜しいことであった。

しかし、返す返すも惜しいとは、実際に取り組んだ者でなければ言える言葉ではない。本間組の皆さんは試行錯誤を繰り返しながら着実に成果を積み重ねて来た。他に誰も得ることのできないデータを得た。

いずれ、そう遠くない将来において、大きな成果を挙げる時が来るだろう。それは言うまでもないことである。

第四章

人面岩の発見

平成十四年春、大地舜さんの翻訳作業が終わった。

グラハム・ハンコックさんの書いた『神々の世界　UNDERWORLD』である。上下二巻に分冊されて、小学館から発売された。

重量級の本だった。大地さんも「翻訳作業は苦しかった」と本音を洩らした。

さて、ハンコック応援団として活動したグループ黄トンボなので、ハンコックさんの調査活動、とりわけ、与那国島や慶良間《けらま》諸島の海底遺跡調査が終了すれば、もはやお役御免である。

そこで、出直すことになったのであるが、やはり、しんみりと我に返るものである。自分は何をして来たのか、今後、自分は何をすればいいのか、と。

当然と言えば当然のことであった。応援すべきスターがステージから忽然《こつぜん》と消えてしまったし、自分自身の確たる問題意識ははっきりしていなかったのだから……。

結局、どうするのか、右往左往、前進後退、ジグザグ運転が続いた後、ようやく方針らしきものが決まったのは、平成十四年（二〇〇二）七月初めのことであった。

方針らしきものと言っても、自分自身の問題意識に応じて計画を立案し、実行に移すというものではなく、天下御免の茂在寅男先生（日本水中考古学会副会長・東京商船大学名誉教授）と太田洋一さん（水中地中探査技術研究会会長）のご出馬をお願いしながら、とりあえず、与那国島を視察して貰った上で、どのような調査が成り立つのか、を伺うというものだった。

（上）（中）（下）茂在グループと筆者

私は驚いた。そんなやり方もあるのだ、と。

とりあえず、茂在先生を石垣島、与那国島へ案内するという大役は無事に務めさせていただいたのであるが、続いて太田さんを与那国島へ案内する直前になって、先述の通り、私は関東周辺の山でハイキングの途中、転落事故を起こして緊急入院。太田さんを案内することは不可能となった。

しかし、グループ黄トンボのメンバー三名、大地舜さん（翻訳作家）、末芳樹さん（コラムニスト）、そして、事務局長である綿貫信一さんによって、与那国行きは予定通り、実行されたのであった。

この時になって、与那国行きの目的は、次の三点（大地舜作成「与那国島海底遺跡予備調査のご報告」より）に絞ると発表された。

「1．太田先生に海底遺跡の現場を見ていただき、今後の調査方針を立てる。
2．地上にある奇妙な岩や、山頂を訪ねて、海底遺跡との関係を考察する。
3．土地の古老に聞き取り調査し、伝承を聞く。」

その結果、どういう結末になったのか。紙数に限りがあるので割愛させていただくが、関心のある方はグループ黄トンボのホームページをご覧になっていただきたい。

いずれにしろ、普段には考えられない、ちょっとした事故とか、悪天候、そして、波高などが続いたもので、予定したスケジュールをこなせなかったという。

しかも、連続して先行きの不安を予測させる三つの事件が起きていたのである。

一つは、事務局長の綿貫信一さんが久部良岳の北峰に登り、みみ石周辺の観察に取り掛かった時、赤い蛇に出会ったことだ。

驚いた綿貫さんは瞬間的に持っていたカメラのシャッターを押してワンカットは確実にものにしたが、二枚目以後、なぜか、シャッターが切れなかった。

理由はいまだに不明である。おまけにそのカメラを岩の上から落としてしまうというおまけ付きの物語構成になっており、ご本人はいまだに不思議がっている。

しかし、不思議でも何でもないのである。赤い蛇は危険信号であり、危険の前触れである。

私も度々蛇に出会うが、私の場合、白い蛇に出会い、白い蛇に出会った時は必ずいいようになる。悪いことは起きない。

なぜか、私が出会う蛇は必ず白い蛇であり、神様のご使者として出現する蛇である。その後ろに付いて行けば、必ず何か、凄い遺跡や遺物を発見したり、幸せに出会うことになる。

綿貫さんの場合、赤い蛇、すなわち、危険信号だったのである。神様は綿貫さんの侵入を喜んでいなかったということになる。

二つ目は、太田さんが久部良港で成分分析試料となる海水を汲み上げるために網付きのバケツを水中に吊るしておいたところ、どこから、どうやって侵入したものか、亀が侵入できるほどの入口がどこにもないにもかかわらず、バケツの中に大きな亀が入っていたという。

網が破れているのか、点検したところ破れているい個所は見つからない。入口がないにもかかわらず、どこからか、亀がバケツの中に入り込んだという事件。山では蛇に出会い、海では亀に出会ったわけである。

亀は竜宮城の乙姫様のお使いであり、しっかり、海底遺跡調査をしなさいよ、という合図ではなかったのか。海に潜ることもせず、その関連も考察しないようでは、古代の遺跡調査はできないよ、という合図だったのだろう。

そして三つ目の事件が起きた。

与那国到着の夜、滅多に遭遇することのない

ニライカナイはどこか？

世界最大の蛾、ヨナグニサンがレンタカーのヘッドライトに激突し、派手に〝グループ黄トンボ歓迎〟の挨拶をしてくれたらしい。これにはびっくり仰天した。

たかが蛾ではないかなどと言うなかれ。ヨナグニサンの大きさは飛び抜けており、羽を広げると端から端まで一八～二四センチもある。ちょっとした鳥のような大きさだ。これが全力で激突して来たのである。

ヨナグニサンは与那国町指定の「町蝶」になっており、蛾なのに蝶扱いされているという珍しい蛾である。色彩眩《まばゆ》く、蝶と言っても通ってしまうのかもしれない。それくらい、きれいな蛾である。

「町蝶」に指定されているくらいだから、与那国の心を代表する蛾なのである。それが衝突して来たのである。しかも、激突だ。何が衝突の原因なのか。与那国島の心に適っていないということではなかったのか。

こういうことは間々あるものだが、大抵の場合、「調査とは関係がない」とか、「非科学的な迷信だ」ということで見逃してしまう。

しかし、「胸騒ぎがする」とか、「虫の知らせ」とか、「第六感」とか、いろいろな言い方で表現される現象によって、多くの人々は体験しているはずで、論証する、しないの範囲を超えて納得して貰えることだ。一概には否定できない現象なのである。

では、ヨナグニサンの激突という現象、事実はいったい、何だったのか。

私は神様のお知らせだと思っている。言葉を持たない神様が、さまざまな形と手段を用いてわれわれに合図を送って下さっているわけで、うっかり見逃してしまうのは大変な損失になる。

何事か、何の前触れかと読み解いて行けば、必ず良いことがあるし、悪いことは避けられることを何度も体験している私としては、この点、強調しておきたいと思う。

こういう神様の贈り物、合図、シグナルを確実に読み取って行くことが大切なのだ。

いずれにしろ、太田さんと大地さん、末さん、そして、綿貫さんの四名によって行なわれた第一次予備調査が終了した後、九月三十日から十月四日までの間、太田さんと斎藤技師（地質調査）、そして、末さん、世一さんと私の五名によって第二次予備調査が実施された。

第二次予備調査の前半は、第一次予備調査時、私が太田さんに見ていただきたかったポイントに直接案内し、説明して歩くのに時間と労力を費やし、後半は私自身の調査に集中した。


九月三十日から十月四日までの間に行なわれた第二次予備調査――

まず、私は太田さんと斎藤技師を宇良部岳の山頂部に案内した。と言っても、NTTの電波塔が立っている東の山頂部ではなく、西の山頂部である。

宇良部岳は双子山であり、NTTの電波塔は東の山に立っている。われわれは西の山に用事があるわけで、太田さんと斎藤技師のお二人には、その南側斜面上に見える階段状の岩を最初に見ていただいた。

雑誌や書籍では繰り返し紹介されている場面であり、よく知られている岩である。

「面白い形をしていますね。こんなものが自然にできるんですね」

斎藤技師が言った。疑問の声は上がらなかった。

最初から「自然にできる」と言われた以上、長居は無用である。その声を背中で聞きながら、私は階段状の岩の脇に取りついた階段を登ると左手にある雑木林に入った。西の山頂部である。

後ろから太田さんと斎藤技師が付いて来る。それぞれ手に、鉈や鎌、ナイフを持っている。行く手を阻む小枝や何かの蔓《つる》や雑木類が密集しているので、それを払いながら歩かないと雑木林の中に入れない。

「ここは見ていただきましたか」

そう聞くと、太田さんは「そんなところには入らなかったよ」と答えた。まったく眼中になかったというか、関心を持たなかったわけである。

しかし「第二章　イワクラ・ネットワークの全貌」において紹介している通り、雑木林は平らに整地されており、楕円形の大きな広場になっている。そして南側には、磐座の成れの果てと思われる巨大な岩がごろごろ転がっていたのであった。この場所を見ていただかなければ、宇良部岳に登っていただいた意味がない。

南側に集まっている巨大な岩の中には、ユンボの爪痕と思われる痕跡が残る岩も見られたが、きれいに面取りがしてあり、組石遺構の残骸ではないかと思われる岩も少なからずあった。

また雑木林の形も南北に細長く、祭り場の基本形を保っている。はるか南側に行けば、新川鼻沖には海底遺跡が沈んでいる。ということは、南側の拝殿から礼拝する祭り場の本殿だったのではないだろうか。私は、そう思っていたのである。

いくらでもヒントは転がっていた。しかし、太田さんと斎藤技師のお二人共、私が気にする巨石群を前にして「われわれの場合、自然石じゃないの、と答える他にない」というコメントを発してお終《しま》いとなった。取り付く島もないとは、こういうことを言う。

それ以上のどんなことについても、ほとんど関心を示さなかった。当然の結果であるが、どこをどう見るか、特別な意見とか、アドバイスも出されなかった。まったく予想外のところに連れて来られたというのが率直な印象のようであった。これでは何も始まらない。お終い。

そうなると用はない。次の目的地に向かうことになった。久部良岳北峰のみみ岩は省略して天蛇鼻に登った。この場所についても説明が必要だった。

元々、私が最初に訪れた時、天蛇鼻は山の上にありながら湿地帯になっていた。

天蛇鼻の北部平原一帯が巨大な平皿のような構造になっており、皿の中は雨水や湧き水でぐちゃぐちゃになっていた。北西部にある沼の水が溢れ返っていたためであるが、それほど湧き水が豊富だったのである。

その沼の南側を見ると、あたかも沼を取り囲む堤防のように巨大な弓の形に整列した巨石群の姿が見え隠れしたのであった。それも、すでに「第二章　イワクラ・ネットワークの全貌」で紹介した通りである。

整列した巨石群の中には組石遺構らしき岩組みがあり、ペトログリフを残す岩もある。よく見れば、なかなか面白い岩が散らばっていた。単なる自然石ではない。それを案内することになった。

西端から順次、案内して行った。

完全に角の取れた巨石群が何体も積み木のように重なっているのがあれば、あたかも柔らかいゴムにスタンプを捺したような跡のある巨石、巨大な応接セットのソファのような巨石、一つひとつ、案内したのであるが、あまり関心がない様子だった。

終いには「どれが問題の石なのか」と大きな声で聞いてくるのだった。こういう時に限って、いくら探しても肝心の組石遺構が見えない。

見えないはずだった。その組石遺構らしき岩は、岩と岩の間に育ったガジュマロの幹に押し退けられ、ついに転落してしまったために形が崩れ、単なる巨石群の瓦礫の山に変わっていたのだった。

私は呆然として見入っているだけだった。しかし、背中のリュックに写真集を入れて来ていたので、急いで取り出した。

「これですよ、この写真。数年前は、こういう組石になっていたんです」

「ふーむ。なるほどね、それっぽく見えるな」

「それから向かい側のこの岩を見て下さい。これはストーンシートです、判りますか」

「ストーンシート？　磐座ですか」

「そうです。この形、判りますね。これが、この瓦礫の山ですよ。わずかな年月で、これだけ変わってしまうのですから、数百年、数千年というタイム・スケールになれば、やはり、全然違ったものになってしまうのかもしれませんね」

「……」

しばらくの間、東方向、つまり、元来た方向へ戻りながら堤防のように連なる巨石群を見ていただいた。それについて、太田さんも斎藤技師も特別のコメントは発せられなかったのであるが、無理もないことであった。

いきなり見ても理解できるものではないからだ。しかし、見た瞬間の印象についても出していただけなかったし、ヒントさえも残して貰えなかったのは誠に残念なことであった。

　こうはならじ、と意を決した私は、黄トンボ・プロジェクトの研究テーマとは直接関係はないのであるが、こういう地質学寄りの専門家にはお誂えの場所に案内すれば良い、多少は刺激的な提案が出てくるかもしれないなどと考えて、サービス精神を発揮した。

　そして、案内したのが久部良小学校、久部良中学校の裏手にある久部良バリのある高台である。

　かつて島津家薩摩藩が支配統治していた時代のことだが、人減らしのために妊婦を集めてジャンプさせたという岩場の割れ目のある高台である。そこから見た海岸部の荒々しく、生々しい光景を見るならば、きっと血が騒ぐだろう。そう思った。

　予想通りだった。他の何を見ても、はっきりした反応を示さなかったお二人が突然、活発に動き始めた。そして、「サンニヌ台と比較してみたい。いますぐサンニヌ台に連れて行って貰えないか」と言うのだった。

　こちらの岩肌を見ても何も生まれて来ないが、サンニヌ台ならば何か、面白いことがありそうだ、そう思ったのだろう。まっすぐ空港前の通りを祖納方面に向かい、そこを通り抜けてサンニヌ台に向かった。

　そして、サンニヌ台に到着するや否や、太田さんと斎藤技師はほぼ同時に呟いた。

「うーむ。古いなあ」

「傷んでるね。こんな状態では、たとえ文化財でも文化財にならないよ」

否定的な響きを伴う、微妙なトーンの言葉だった。

もちろん、サンニヌ台については「人工的なテラス」なのか否かについて、必ずしも肯定しなければならないという法はない。どちらでも良い。

しかし、「海底遺跡イコール古代遺跡」論者の最右翼、木村政昭先生（元琉球大学理学部教授）が「水没を免れた遺跡」の実証的事例として真っ先に挙げているところである。到着早々、結論的見解を披瀝《ひれき》するには少々、早すぎるような気がしないでもなかった。

しばらくの間、測量や測定、目視観察を続けていたお二人は、サンニヌ台の西側において東西に走る深い亀裂のような断崖を指し示して言った。

「鈴木さん、やはり、海底遺跡も自然に岩盤から分断され、海底に沈んでしまったものじゃないのですか。これ（亀裂のような断崖）をご覧なさい。ずっと向こうまで延びているじゃないですか」

だからと言って、沈んでいる海底遺跡と呼ばれている岩の塊について自然石だと断言するのは軽々しい発言であった。人工的な痕跡を残す岩の塊については、どう釈明するのか。あまりにも軽々しい。

疑問の声くらいは上げるべきではないのか。

太田さんも斎藤技師も木村先生が指摘する人工的な個所、たとえば「節理に逆らって円形に加工された地形」とか、「クォーリーマーク（クサビ跡）」「打撃痕跡」、さらに一六〇〇年前と判定された「炉跡」、そして、大鷲のレリーフなどをしっかりと観察されたかどうか、私は伺っていない。

やはり、相手の主張点について、しっかり観察し、然るべく判断を下す必要があるのではないだろうか。


さて私も太田さん、斎藤技師と別れ、自分の予定行動を開始しなければならない。

二日目は、現地スタッフの杉本さんと二人で教育委員会を訪ね、与那国島に特有の御嶽信仰について二、三点ほど、質問させていただいた。何カ所かの御嶽を見て歩いて疑問に思ったことがいくつかあったもので、気になっていたのだ。

その際、質問させていただいたことについて、要点を簡単に整理してみると次の通りである。

一　久部良御嶽の鳥居を潜って境内に入ったところ、すぐ右手に三角石があった。あの石は何のご神体か。祠に背を向けて、東から西を向いて、西崎の巨石群を拝むような格好になるが、これは何のお祭りになるのか。

二　久部良御嶽の祠を覗いたら、祠の奥には壁がなく、祠の背後に三枚の石の平板が立てられているのが見えた。すると、三枚の石の平板がご神体なのか。念のために他の御嶽の後ろも見てみたが、いずれも三枚の石の平板が立てられているのが判った。

三　久部良御嶽の祠の後ろには壁がなく、素通しになっているのは、空っぽになっているということではなく、そこに入るべきご神体があるから空けているということではないのか。遠くを望んだら久部良岳北峰のみみ石が見えた。みみ石がすっぽり祠の中に納まったので、唖然とした。久部良御嶽のご神体は久部良岳北峰のみみ石か？

四　祠の中に納まる久部良岳のみみ石はほぼ東北東方向にあり、夏至の日の出方向に相当しているようなので、祠の中に納まるみみ石を礼拝すれば、夏至の日の朝、東北東の方向に昇る日の出を拝む形になるのであるが、それは意識されているのであろうか。

五　祠の位置関係や祠の向き（正面）を拝見したところ、境内の形や広さと関わりなく、それぞれの御嶽が祭る神様次第で決められているようであるが、そういう解釈で間違いはないか。ほとんどの場合、山と石をご神体としているようだが、御嶽が祭る本当のご神体というのは何なのか。判らなければ、誰に聞けば判るのか。

以上の点について教育委員会にお尋ねしたところ、異口同音に言われたことは「それは仲吉《なかよし》のおばあさんしかおらんじゃろう」ということであった。

仲吉のおばあさんとは与那国島のカブ（ユタと呼ばれる霊能者の元締め）として現在も活躍中のシャーマンである。かつては十二カ所にある御嶽にそれぞれ一人ずつ配置されていたユタが、いまはただ一人しかいなくなってしまったため、十二カ所で行なわれるあらゆる祭事を一手に引き受けている。

私は仲吉のおばあさんを訪ねることにしたが、「おそらく言葉が通じないよ」ということだったので、そのまま杉本さんに仲立ちしていただくことを頼み、仲吉のおばあさんを訪ねることにした。

いわば、通訳をお願いしたのである。

杉本さんは地元の人である。言葉だけでなく、しきたりや慣習にも通じているので、高齢者であり、尚且つ祭祀者でもある仲吉のおばあさんに失礼のないよう、程よく間を取り持っていただいた。

ところが、インタビュー（聞き取り調査）は失敗に終わった。迂闊《うかつ》にも私は「御嶽に出ていただいて境内の施設について説明をしたり、お祭りをする時の形式と作法などについて説明する場面をビデオカメラで撮影させていただけないでしょうか」とお願いをしてしまった。

仲吉のおばあさんは「そんなことは御嶽に行って自分で写してくれればいい」「それから、ここに来て話をすればいい」の一点張りであった。その時、私はハッと気付くところがあった。「そうか、この方は霊能者（シャーマン）なのだ。然るべき時、然るべき手順と形式を調えたところで神霊が下り、神様の使いとなるが、平日は普通のお年寄りであり、本当の姿は見せないのではないか……」

迂闊だった！　私は自分の非を悟った時、半分腰を上げながら「今度は何かのお祭りの時、改めて出直して来ますよ」と叫んでいた。

とても恥ずかしい気持ちだった。同行して下さった杉本さんは「彼は旅の人で土地の決まりを知らない。よく言い聞かせておくから心配ない」と座を保って下さった。

図々しいことを頼んで申し訳ないと謝って下さったわけである。このことがあったおかげで、仲吉のおばあさんの気持ちも随分、和んだのではないかと思う。

仲吉のおばあさん宅を出ると、杉本さんが「大事なところを忘れていた」と久部良御嶽に隣接している町史編纂室に駆け込んだ。

そして、町史編纂委員の米城《よなしろ》恵《めぐむ》さんを紹介して下さったのであるが、これはその時になって思い付いたことで、最初から予定していたことではなかったらしい。何となく思い付いたのだという。

しかし、それにしても絶妙のタイミングであった。これも神様の働きで、神霊が動いた結果であった。

教育委員会を訪ねた時、私は五つの質問をさせていただいたのであるが、その質問事項は、杉本さん自身も与那国島に生まれ育っておりながら知らないことだったので、是非とも聞いておきたかったようなのだ。

それで、仲吉のおばあさんの聞き取り作業にも同行して下さったわけであるが、そこで聞かせて貰えないとなるとどこで聞かせて貰えるか、彼なりに考えたのだ。

杉本さんは自分の意志で動き始めたのである。

米城さんは、ちょうど町史編纂用の原稿をまとめ終わったところであった。気分的に落ち着いていたせいか、私の期待する答えが、ずばり返って来たのであった。

（おお、これは有難い）

早速、インタビューを開始した。そして、思うところをまとめた、いくつかの質問点を矢継ぎ早に切り出すと、誰に聞いても答えていただけなかったことについて、米城さんは「待ってました」とばかり、次々に答えて下さったのである。たくさんの疑問が一挙に氷解した。

その時、答えていただいたことは次の通りである。これはグループ黄トンボのホームページ上でも発表していることであるが、やや修正を加えた上で繰り返し引用し、発表しておきたいと思う。

非常に大事なコメントなので、読者の皆さんにも注目しておいていただきたいのである。大変、示唆に富んでおり、有難いコメントだった。

Q　久部良御嶽のご神体は久部良岳のみみ石ですか？

A　そう答えたい。なぜなら、**与那国島の御嶽イコール本土の御嶽信仰の一種**と考えられるからだ。これは完全な山岳信仰だと思う、誰も正面切って言った者はいないが。とすれば、**久部良御嶽が久部良岳のみみ石をご神体にしても不思議ではない**。それが夏至の日の出の太陽を拝む方向と一致するとなれば、尚更のことだ。

Q　久部良御嶽の**ご神体は三枚の板石**で、久部良邑根石を見たところ、これも同じだった。他の御嶽のご神体も三枚の板石であり、ンダン・マチリ・トネなどは完全な三つ石構成になっている。与那国島に

集落の一角に祭られる御嶽

は「**三つ石信仰（オリオン信仰）**」があるのですか。また久部良岳のみみ石とはどういう関係があるのですか。

A　西郷信綱が『日本文学大系』（岩波書店刊）「解説」ページにおいて「自然石三つを神体とするので御三物（う・みつ・むん）と呼ぶ」と沖縄の火の神信仰につながる三つ石のことに触れている。それを参照にしたら良いと思う。

ex①　『日本文学大系』（岩波書店刊）「解説」より引用する。

「沖縄の火の神信仰は、とくに中国福建省からの閩人三十六姓の帰化以来（一三九二年）、道教との習合がいちじるしい。自然石三つを神体とするので御三物と呼ぶが、この三という数なども道教くさい。しかし火の神信仰は決して輸

高いところに祭られる磐座＝みみ岩遠望

入品ではなく、広い民衆的基礎をもつ**沖縄固有のもの**であり……」

ex② 私の見解

三枚の板石も三つ石も**キーワードは「三」**。与那国島には「三つ石信仰」と言えるものがある。久部良岳にみみ石があるのは、久部良地区が与那国島発祥の地であるためだが、ここをスタートの地にして島内十二カ所の御嶽を巡り、最後に三つ石のンダン・マチリ・トネで宇良部岳を見つめ、別の御嶽で北向きに直って終わるという祭りが毎年行なわれているのは興味深い。だが、その**祭りの流れの意味を知る者はいない**。しかし、ただ何となく「三」と御嶽の祭りが繋がりを持っていることは想像できる。

Q ンダン・マチリ・トネの三つ石を見てきました。そこで宇良部岳を見た後、次の御嶽に移り、北（北極星）を向いて終わるということになるそうですが、これは三つ石信仰に加えて**「北極星信仰」もあった**ということですか。

A そう答えたい。久部良が与那国島発祥の地だから、海の神様（オリオン信仰）を迎える。そして、海の神様だから三つ石を祭り、十二御嶽を回り、与那国島の中心である宇良部岳の麓に到着したら、最後は北極星だ。ごく自然な物語になっている。

米城さんのコメントは全面的に私の仮説と一致しており、いちいち腑に落ちるものであった。

そもそも与那国島の島内に張り巡らされた御嶽ネットワークは、ちりちりばらばらに分散しているように見えるのであるが、実は明確な秩序によって支配されている。

つまり、宇良部岳と久部良岳という二つの山を中心に配置されており、それを支える補助的役目を果たすものとして天蛇鼻と新川鼻があるようなのだ。

そこで問題なのは、それらの祭り場で祭られている神様の実体は何かということだ。

すでに、繰り返し紹介されている通り、山に祭られた三つ石によって象徴される神様が御嶽信仰の中心に据えられている。その神様の実体は何かということだ。

私はオリオン座ではないかと思っている。それは、どこそこの文献に記されているとか、誰それが口伝として伝えているとか、そういう類のものではないが、あくまで残された事実から推理して行けば、そう考える他にないのである。

オリオン信仰とは、あえて強調するまでもなく海洋民族の守り神である。それが山の神として祭られているところに妙味がある。

どう解釈すればいいのか。それは何も難しいことではない。与那国島は**黒潮本流の真っ只中に浮かぶ島**であることが物事の初めであり、終わりであると思う。

太平洋を一回りしてきた黒潮は、インドネシア諸島の北岸を通過するとフィリピン諸島にぶつかり、思い切り圧縮され、加速されて方向転換し、台湾東岸を北上する。

この時、黒潮は一本の川の如く束になり、流れを加速して与那国島にぶつかり、琉球列島、日本列島の両脇をすり抜けて行く。与那国島は黒潮本流の真っ只中に浮かんでいるのである。

だからこそ、与那国島には南から来た男の伝説「島建て物語」が伝わっている。それは与那国町勢要覧『よなぐに』のトップページに記されている。


大昔、南の国から陸地を求めてきた男がいました。彼は大海原の中にぽつんと盛り上がった「どぅに」を発見し、そこに人間が住むことができるかどうかを試みるために、ヤドカリを矢にくくって放ちました。

幾年かがすぎ、再び来てみると、ヤドカリは見事に繁殖していました。そこで彼は、そこに住みつくことに決め、家族をひきつれて定住するようになりました。

そのうち、人間がふえてきました。そのためもっと「どぅに」を大きくしてください、と神様にお祈りしました。神様はその願いをお聞き入れになり「どぅに」を大きくしてくださいました。

つぎに、草木をくださるようにお願いしました。神様は願いにこたえて、草木を給《たまわ》りました。「どぅに」は緑でおおわれるようになりました。

ところが、そのうち、大雨に見舞われました。寒さと飢えが迫り、体をあたためる薪を得るにも困りました。そこへ、一人の老人が表れ、生の竹がよく燃える、と教えてくれたのです。四ケ月間も雨が降りつづいたあと、谷や川ができ、美しい島の姿になりました。その島が与那国といわれています。

大雨がやんで、太陽の光が差し込んできました。この太陽の光が最初に射したところが「ティダン・ドゥグル（太陽・場所）」と呼ばれています。


南の国からやって来た男が与那国島に住むようになったのが島の始まりだというのである。実に、判りやすい話であり、はっきりと南の国から来た人々によって与那国島が作られたことが語り伝えられている。

その場合、南の国からやって来た人々というのは、単なる漂流民ではない。誰が、どうやろうとしても逆らうことのできない流れ、黒潮に乗って計画的に移住して来たのである。

その意味では、この黒潮に乗って訪れた人々によって与那国島が作られたことは間違いないと思われるのであるが、海上世界を移動して生きている人々がなぜ、ティダン・ドゥグルに到達したのか。その理由を突き止めなければならない。

そこがヤドカリが繁殖してできた最初の陸地だったからだと島建ての神話では説明されているが、最初の陸地であったか否か、それは別として最初に人間が住みついた場所であったのかもしれないし、神々の聖地であったのかもしれない。

手元にある『与那国町の文化財と民話集』（与那国町教育委員会）を見れば、「祖納部落の東、西地区の境、与那国三三八番地蔵元氏宅が、ティダン・ドゥグルで……部落の集会場とされ、神高いところとされている」と記されている。それだけの説明で終わっている。

少なくとも町役場の東側、いくらか高台になっているところにあるという程度の記述は欲しいところである。いまは住宅地になっているものの、かつては**高台の森**になっていたはずであり、いまも与那国島開闢《かいびゃく》の地に相応しい神さびた環境が見られるからだ。

また、**島内に散在する十二御嶽の総本山となる「トゥヤマ（十山）御嶽」が、その島建ての地、ティダン・ドゥグルに隣接している**事実に注目しておきたい。

両者は里の聖地と山の聖地、新しいお山信仰の聖地と古いお山信仰の聖地の関係にあることがすぐに理解できるであろう。

元々、祖納地区の高台にある森の中にあった拝み所ティダン・ドゥグルが里に下り、トゥヤマ御嶽に変身したということである。

どこにも記録が残されているわけではないが、里の聖地十二御嶽を統括するのがトゥヤマ御嶽ならば、山の聖地である拝み所を統括する聖地が設定されていけないという法はない。

そんな乱暴な見解は到底、受け入れられないという人がほとんどかもしれないが、与那国町民は納得するものと思う。その場所に行ってみれば判ることだが、ティダン・ドゥグル近辺には「そうであったかもしれない」という雰囲気があるからだ。

しかも、その場所は宇良部岳から見た場合、やや左偏した真北という位置関係にある。

私は長い間、宇良部岳の北側に**「北の聖地」と言える高原とか、森を形作る場所がないことを疑問に思って来た**のであるが、これで氷解する。

宇良部岳を高天ヶ原とする部族集団にとって、どうしても北の聖地となる祭り場が欲しいところであるが、それは祖納地区の東側に広がる高台を形作る地域が聖地であったと想定すれば解決する。

おそらく、島の人々はなぜか、知らずに遺跡破壊をしていた可能性がないではない。追跡調査をしてみる必要性があると思っている。

こうして見ると南の国からやって来た男がティダン・ドゥグルを聖地とし、宇良部岳を頂点とする拝み所のネットワークを作り出したのではないかという想像が生まれて来る。

そして長い時間を経過するうちに、拝み所中心のネットワークであったのが、拝み所が里に下って御嶽に変身してしまったという結果を受けて、御嶽のネットワークに変化してしまったということなのではないだろうか。

従って、海の神様がそのまま山の神様として祭られていても不思議ではないのであり、山の神様になってしまったと言っても疑問視されることは何もない。

おそらく、島全体が海洋民族の神殿であったと考えておけば間違いは少なくて済むだろう。一カ所や二カ所が遺跡であったなどという問題ではない。島全体が単一の神殿を構成していたと考えなければならないのである。

さて、時間がない。三日目となる最終日の朝。ふらりと池間苗さんの民俗資料館に立ち寄った。この時はアポイントなしにぶっつけ本番でお訪ねしたように思う。この時のこともグループ黄トンボのホームページの記事と重複するので、そこから引用したいと思う（一部、手直しが施されている）。

いろいろとお話を伺った後、「御嶽巡りをし

民俗資料館

ているところですが、海底遺跡を見下ろす新川鼻には御嶽はなかったんでしょうか」と言うと、池間さんの目がキラリと輝いた。そして、話し振りが全然違って来た。話し言葉に勢いが加わって来たのである。嬉しく思った。ようやく池間さんの心の中に入ることができたように思った。

池間さんが若やいだ声で言った。

「私ね、皆が水中遺構、水中遺構と言うものだから行って見たんですよ。昔、新川鼻には確か、大きなガジュマロが立っていました。そして、その前に拝み所（おがみしょ）という御嶽があったような気がするって、昔の記憶を頼りに出掛けて見たのよ」

「それは最近のことですか？」

「そうねえ、何年前のことかな……とにかく、行って見たのよ。ところが、行けども、行けども、ないのよ、ガジュマロが……」

「どの辺なんですか、大体でも分かれば、探しますが」

「新川鼻よ、新川鼻……」

「ですから新川鼻のどの辺なんでしょうか」

「あの時はクルマで行きましたから……そして、登り切ったところで左の方向へ入って行きましたね、確か……細い……坂道でした……」

拝み所？　初めて聞く用語である。お嶽とは区別される山の祭り場のようである。

その時、私は自分で自分の発する言葉に驚いた。山の祭り場？　何、何、山の祭り場？　御嶽が里の祭り場ならば、拝み所は山の祭り場か？　こ、こ、これは与那国的ピラミッドのことではないのか？

た、た、大変だぞ、これは……。

びっくり仰天している、ちょうどその時のことだった。太田さんと斎藤技師、そして、道案内役を買って出た和泉用八郎さん（与那国ダイビングサービス社長）の三名は、その新川鼻方面を探検中だったのである。

まるでシンクロしているとしか、思えない出来事だった。彼らは、地質調査のためとは言え、約八〇メートルに及ぶ大絶壁を数時間も費やして水際まで下り、ボートで帰るという小冒険をやってのけたのであるが、その途中、池間苗さんが言う拝み所らしきものを発見したということだった。

太田さんも斎藤技師も口々に「一抱えもあるガジュマロの切り株があった」とか、「大きな池とか、三体の石が見つかった。ただ、石は鈴木さんに見て貰わないと分からない」と証言し、確認を求めて来たのであった。

残念ながら、その写真はデジ・カメに記録されていなかったし、私自身、現場に赴いて具体的状況を確認したわけではないにもかかわらず、何となく胸がワクワクして妙な自信が湧いてきた。やはり、池間苗さんの証言は本当だったのだ。

そして、池間苗さんの証言が本当だったことが証明されたことによって、与那国島も山の拝み所を中心にして組み立てられていることが証明されるであろうし、山と海が統一した観点から把握されることになるだろうと予感したのだった。

山の拝み所こそ、私が求めて止まなかったところの古代の系譜を引く磐座神殿そのものであるはずだった。古代の系譜を引く磐座神殿を復権させる時が来たのかもしれない。

結局のところ、それぞれの証言は、池間証言に従って「拝み所」を探すことができるか否か、その一点に絞られてきた。しかし、もう時間がない。帰京の時が迫っている。フライト・チケットでは翌日の午前十一時発となっている。そろそろ島を離れる準備を始めなければならない。

あれこれと挨拶回りしたり、経費精算をしたり、それやこれやで動いていたら、あっと言う間に時間はなくなる。すべては次回に託すことにした。

こうして第二回予備調査の全日程はつつがなく終了したのであるが、次回の調査というのは、予備調査なのか、それとも本調査なのか、いずれにしても調査行動は海と陸の接点となる新川鼻における調査に全力を尽くすことに異存はないはずだ。

多分、池間さんが言うところの拝み所を探すことが次回における調査の焦点になるだろう。

それから二カ月後のこと。第三回予備調査が行なわれることになった。私の提案で、調査隊は「海軍」と「陸軍」に分かれて行動することになった。

スケジュールも別立てになった。

海軍は海底遺跡周辺を細かく観察する作業を行なった。いわゆる「傾斜路」から「アーチ門地区」「ループ道路」、そして、「人面岩」と呼ばれる辺りを詳しく観察し、記録する作業に着手したのであった。

従来にない海底遺跡の写真撮影ができたようなので、詳しくはグループ黄トンボのホームページを参照していただきたい。

われわれ陸軍は十二月十三日から十八日まで滞在し、シーマンズクラブ与那国をベースキャンプにして調査をさせていただいたのだが、コンディションに恵まれ、予想以上の成果を挙げることができた。

新川鼻の山中に分け入り、拝み所探しを開始したところ、それらしき場所を発見したのは無論、その付随施設と見られる仮称「人面岩」までも発見してしまったのである。地元の人々も知らなかった施設であったため、大変な話題になった。

その陸軍のメンバーは、私を隊長として総員三名。例によって、田中正勝さん（ミュージシャン＝別名吉祥姫）と世一秀雄さん（技術者）でコンバット・チームを組む予定であったが、世一さんは仕事の都合でキャンセル。代わって、権藤正勝さん（日本エム・ディ・エム開発部）が加わった。

権藤さんとチームを組むのは初めてであったが、何の心配もなく順調に推移したのは言うまでもない。

陸軍が活動を開始したのは二日目。二日目が事実上の初日となった。

権藤さんが希望する「ドルメン岩」の調査を行なった。木村元教授（琉球大学理学部）が、海底遺跡の柱穴の底で見つけたドルメン状の組石遺構とそっくりのものがあると指摘したが、本当かどうか、確認したいということだった。

われわれはクルマにノコギリと鉈、熊手、竹箒などの小道具に加えて如雨露《じょうろ》やタワシ、デッキブラシ、水タンク、そして、はしご（脚立）までも積み込み、久部良岳の麓に向かった。

ドルメンの岩は、すぐに見つかった。しかし、雑木と雑草に覆われて、よく見えない。早速、周辺の大掃除に取り掛かった。調査には不可欠の清掃作業である。

他人の財産である立ち木や野菜などに損傷を加えてはならないが、清掃作業だけは不可欠である。周辺を大掃除した後、如雨露を使って水をかけながらデッキブラシでドルメンの岩の表面を洗い流し、目立った傷や文様がないか、確かめながら洗浄作業をした。

さて、全体形状を観察するとドルメンに見えるが、ドルメンとは言えない組石である。南向きの鏡石が断ち割られ、上部が倒されてテーブルにされ、適当な石をテーブルの下に脚石にして押し込めた組石であった。

随分、後世のものらしい。骨も他の出土物も見つけることはできなかったので、墓に転用された形跡は見当たらないが、発掘すれば何か、見つかるかもしれない。

また周辺に散らばった石の塊を見れば、かつては一つの大きな平石の塊であったことは明白であり、南向きに屹立していた形跡が濃厚であることから見て、おそらくは南を向いて屹立していた「鏡石」ではなかったかと思われた。

従って、テーブル石は鏡石であり、いまは倒れているが、元々は立っていたものと思われることからドルメンとは言えないのは明白であり、いずれ木村教授の判断は訂正されるものと思われる。

権藤さんは木村説とは異なる別の見解を持っていたが、それについても「亀石かと思ったが、全然関係ないね」と言い、ばっさりと自分で自分の推定を切り捨てた。それで納得したらオーケー。次の作業に取り掛からなければならない。

そうして撤収作業に取り掛かったところ、隣の藪の中にも何やら大きな岩の塊が立っているとのこと。田中正勝さんが発見した。藪の中に入って見たところ、点々と東方向に向かって大きな石が並んでいるという。

いずれ、機会があれば、詳しく見てみたいと思う。

次は新川鼻だ。いよいよ拝み所探しをする時が来た。私は「池間さんのところに挨拶に行ってから新川鼻に行くことにしよう」と提案した。

二人の正勝さん（権藤正勝＆田中正勝）と私は早速クルマに乗り込み、祖納方面に向かった。いつもの表通りではなく、久部良岳北峰の麓を走る山間の道である。窓を開け放ったまま、思いきり与那国の緑の風が入り込むようにして走った。

時折、緑の風に混じって虫が紛れ込んできたが、気にすることはなかった。すれ違うクルマは一台もなく、まるで「俺たちの島」という感覚を満喫することができたのはうれしかった。

大体、どの辺を走っているという土地勘はあったが、正確な位置感覚はないまま、走り続ける。

当てずっぽうに走っているだけであり、どこに出たところで小さな島の中だ。判らないはずはない。そう思っていたら、いきなり、シーマンズクラブ与那国に入る曲がり角の石切り場の前に出た。

「おお。ここだ、ここだ」

ここまで来れば、後は貰ったようなものだ。

表通りに出て祖納地区に一直線。池間さんの民俗資料館は目と鼻の先だ。池間さんに会うことができたら、私は是非、失礼を顧みず、新川鼻に同行して欲しいとお願いするつもりでいた。到着するや、クルマを資料館の敷地内に乗り入れて停車すると、ちょうど池間さんはお客さん相手に何か、説明しているところであった。

われわれは池間さんの説明が済むまで待つことにして腰を下ろすと、先客が恐縮したようで、そそくさと出て行ってしまった。まるで追い出したような格好になった。仕方なく、改めて挨拶することになった。

「こんにちは……いつぞや、新川鼻の拝み所のお話を聞かせていただいて有難うございました。その節は時間がなくて、お話を伺うことで終わってしまったのですが、きょうは新川鼻に拝み所を探しに行こうと思っております。そこで、お願いがありまして……」

「何でしょうか。何なりとどうぞ」

「有難うございます。できましたら、われわれと一緒に新川鼻へお出でいただけないかな、と思いましてお迎えに上がった次第なのですが、いかがなものでしょうか」

「……」

「クルマの中から見ていただくだけで結構なんですが……」

「あの時は、どういうように行ったのか、途中の道筋が判らなくて……昔と全然違うんですね、新しくできたもので……」

「サンニヌ台、立神岩方面から比川方面に向かう道路ですね」

「いや、よく分からないんです。とにかく、山の上までクルマで上りましたよ。そして、左側に入る道を登って行きました。すると大きなガジュマロの木が立っているところに出たんですよ。海の音が聞こえるくらい海に近いところでした」

「そうですか。およそのところ、わかりましたので、探してみます」

そう言って、三人で新川鼻に向かったのであるが、なかなか入口が判らない。ようやく狭い道を発見し、押し入るように入って行ったところ、クランク状の曲がり角で見つかったのがそれらしき場所であった。

まるでセメントを固めて作ったような滝があり、その傍らに石を積んで作った小屋の跡のような場所があった。当初、われわれは、てっきりこの場所が池間さんが言うところの「拝み所」ではないか、と思い込んでしまった。

しかし、道を入ったばかりの場所にあるというのが池間証言と合わないような気がするし、せっかく立派な道があるのだから、もっと奥へ登ってみようよ、と言ったのが権藤正勝さんだったと思う。

はっきりとは覚えていないが、雑草や灌木類を伐採し、清掃作業に手間取ったので、かなりの時間を要しているし、念入りに観察したので夕方近くになっていたのではないだろうか。皆、疲れ切っていたが、弱音を吐かず、意気軒昂として上に登った。

狭い道だ。対向車が来たら逃げ場がない。ビクビクしながら登って行くと、道を登り切ったところには鉄条網が張ってあり、通行禁止。通せんぼになっている。

鉄条網の先は鬱蒼たる密林が生い茂る山であり、行き止まりになっているが、右側（南側＝海側）を見ると広い草原があり、たくさんの赤牛がノンビリと草を食《は》んでいる。そして、左側（北側）を見ると赤土が剝き出しになった細い道があり、さらに上に登ることができる。

（さあ、どうしよう）

皆、腕を組んで考え込んでしまった。

しかし、考え込んだところで仕方がない。とりあえず、私はたくさんの赤牛が戯れる南側の海のざわめきが聞こえる草原に一歩、踏み込んだ。

海に向かって歩いて行くと次第に風が強くなり、風になぶられた潮騒の音が聞こえてくる。そして、黒潮が押し寄せる海岸にそそり立つ絶壁の上に立つガジュマロの森の中に押し入ったところ、あったのである。

拝み所なのか、知らないが、祭り場が！

ガジュマロの幹の間にびっしりと生えているマサキを押し分けて中へ入ってみると、ある、ある。丸い石が中心にある大きな石を囲んで六角形を形作るように並んでいる。これはいったい、何を表しているのか。

意味は判らないが、祭り場であることは間違いない。丸い石、六角形に並べられた石、野生化したマサキも祭り場に特有の植物であり、間違いない。

残念ながらGPSを持参していなかったし、カメラもフィルム切れ。この時はまだデジ・カメは持たず、光学カメラオンリーであった。誠に残念ながら記録はない。

いずれ、再調査する機会はあろうと思うが、いずれにしろ、私は、これで拝み所は発見したと思っていた。もはや、夕暮れは迫り、これ以上、この場所に留まり、調査活動を継続することは危険であった。

調査は翌日に持ち越されることになった。残念であるが仕方がない。翌日朝、ダブル正勝さんと私の三人は改めて新川鼻に向かって出直すことになった。

以下、権藤正勝さんの『新川鼻人面石詳細報告』を引用する。

翌日、二〇〇二年の一二月一五日午前中は雑用に追われ、新川鼻に到着した時は、ちょうどお昼になっていた。持参したおにぎりで昼食をする事になったのだが、ちょうどその場所から、新川鼻近くの山頂へ向かって小道のようなものがあるのが、私には気にかかっていた。

一つ腹ごなしに、探検してみようと思い立ち小道を登っていったのだ。結果、すこしのはずが、大探検になり、新川鼻付近の山頂部で人為的に並べられたと思われる一連の巨石群を発見するに至った。

さらに、その巨石群の一つを清掃中に、別の巨石群を調査した結果、目が見つかり問題の人面石を発見する事になった。


以上が、権藤さんのレポートである。

つまり、翌日昼のことであるが、鉄条網の前で田中正勝さんと私がのんびりとおにぎりにぱくついているうちに、権藤正勝さんはそそくさと食事を済ませ、「ちょっと行って来るよ」と言いながら山の中に入り、今度は本当の拝み所を発見してしまったのである。

間もなく、山の上から「す・ず・き・さーん、変な岩があるよ」という声が飛んで来た。

「なんだって?」と立ち上がり、身支度を始めたのと権藤さんが走りながら戻って来たのがほとんど一緒だった。権藤さんが走るなんて滅多にないことだ。よほどの大事でなければならないと私は直観した。

この時、後ろから私の名前を呼ぶ田中正勝さんの声が聞こえた。

「旭さん」

田中の正勝さんは私を「旭さん」と呼ぶ。私も別段、違和感を覚えないからそのままでやってきた。この時も、私は何事もなく立ち止まって後ろを振り返った。

「何？」

振り返ると田中の正勝さんが言った。

「多分、権藤さんが発見したのは池間さんが言う拝み所に間違いないよ。だって、ほら、見てご覧なさい。われわれが歩いている道は、右に左に曲がりくねりながらも急速な勾配で登っているよ」

「うん、うん。ハイ・トップに向かっている感じだね。尊いものは山の上にある。これは俺の持論だよ。どうして、それに早く気が付かなかったかな」

「いや、地図上でシミュレーション中、旭さんは何回も『この辺（新川鼻）に祭り場がなければいけない、計算上はここに何かあるはずだ』って、繰り返し、繰り返し言っていたじゃないですか」

「うん、でも、こういう山岳地帯になっているとは思わないし、想像がつかなかったよ」

そう言いながら登って行くと、道の途中に牛の白い頭蓋骨が転がっていた。すぐ横に深く抉《えぐ》られた溝があるところを見ると、激しい雨の中、滑りやすくなった赤土の坂を下って帰ろうとした赤牛が足を取られて転倒し、骨折したのであろうか。

生きたまま、死を迎えたものらしい。

二人の正勝さんと私は頭蓋骨を道の傍らに寄せ、少なくとも足蹴《あしげ》にされるようなことのないよう、そっと供養した。そして、間もなくのことだった。

「これですよ、これ。どう思いますか？」

権藤さんの明るい声が響く。いつも権藤さんの声は明るく、輝いている。この時も辺りに響くように輝いていた。声に釣られて、ひょいと上を見ると道路より一段高いところに大きな岩があるのが見えた。

てかてかと光るリュウキュウコクタンの木の他に大小のガジュマロが覆い被さり、何が、どうなっているのか、よく見えない。しかし、この場所だけに巨石群が集中しているのはよく判ったのである。

ちなみに道路で分断されてしまったものの、道路の脇の崖下はどうなっているのか、覗いてみると、やはり、大きな岩が散乱していた。

「権ちゃん、これは間違いないよ。拝み所だよ、だってほら、下まで続いているよ」

私は権藤さんを「権ちゃん」と呼ぶ。この時も「権ちゃん」と呼びながら、できることであれば、池間さんに直接確認していただきたいところであったが、彼の発見の栄誉を讃えるために「間違いないよ」と太鼓判を捺した。

それが、どれだけの権威（？）ある試みなのか、私は知らないが、いまだにどこからも否定する声が聞かれないところを見ると世間に通用する行為であったのかもしれない。

拝み所は、われわれが立っている道路から見れば、南側に小高い丘があり、その上に、あたかもドルメンのように見える巨石が乗っていたのであるが、正体不明。

その奥、一段上にも丸い岩が祭られているのが見えたが、それが最高点に位置する岩である以上、特別な意味を持つもの（ご神体か？）と考えておきたい。

その場所に立って周辺を見渡すと徐々に低くなって行くのが判るし、その場所を中心点にして周辺の巨石群が位置しているのが判るからである。

やはり、そこは拝み所でなければならなかった。

ところが、それは物事の始まりであり、終わりではなかったのである。一休みしているとき、権ちゃんは休む間もなく探検に出て行った。

私のような年寄りは日陰に入って烏龍茶でも飲む他に休憩のやりようがないのであるが、権ちゃんは何かに憑かれたように動き回る。

隣の藪の中に入って間もなくのことだった。何か、思い詰めたような顔をして帰って来た。

そして、低い不気味な声で言うのだった。

「鈴木さん、ちょっと来て下さい。見て下さい」

「な、何、どうしました？」

　言いながら、権ちゃんの後ろに付いて行くと、道を下り切って平地になる境目のところであった。そこから藪の中に入ったところで、いきなり巨大なモンスターに出くわしたのであった。

　モンスターなどというのは恐れ多い表現であるが、普通、一般的な表現に改めるならば、巨大な顔の岩偶、すなわち、人面岩であった。

　出会った時の衝撃たるや、なかった。いきなり、ガーンと頭を殴られたような気がした。そして、しばらくの間は開いた口が塞がらなかった。何とも形容し難い、曰く、言い難いインパクトがあった。

（何、これ……どうして、ここに、こんなものが……）

　あれほど、新川鼻に何かある。なければなら

ジャングルの中で発見された人面岩

ないと吠えていたのに、いざ、実際にあるべきものがあるという形で目の前に出現した時、驚きのあまりに口が強張って動かなくなってしまうし、体中に鳥肌が立って呆然としているだけだった。

しばらくして我に返った時、この人面岩に巡り逢ったことで迷うことは何もなくなった。予測通り、予言通り、計算通り、シミュレーションの結果の通り、あったのだから。

これは遺跡（拝み所）に残された巨大な遺物である、すなわち、巨大岩偶である、と。

拝み所に残された巨大な遺物として認めた理由は次の通りである。私は人面岩に対面して間もなく「これは**巨大岩偶**である」と自信を持って断言した。

第一の判断理由は**目玉**である。

目玉のペトログリフ（古代岩刻文様）は、うんざりするほど、たくさん見てきた。**目玉が刻まれた岩（磐座）は、必ず水源地にあって水神の化身である**ことを体現し、その**目玉が向いている方向に、その土地にとって最高の聖地となる山などの聖地がある**ことを示す。そして、その目玉は常に単眼であり、両目が揃うことはない。なぜ、そうなのか。私には判らない。

ところで、われわれが遭遇した人面岩は両目が揃っている。いま、私が書いたばかりの「その目玉は常に単眼であり、両目が揃うことはない」という事実に反する。

人面岩の解明に取り組み、説明する筆者

人面岩の正面写真

人面岩の寸法取りをする筆者

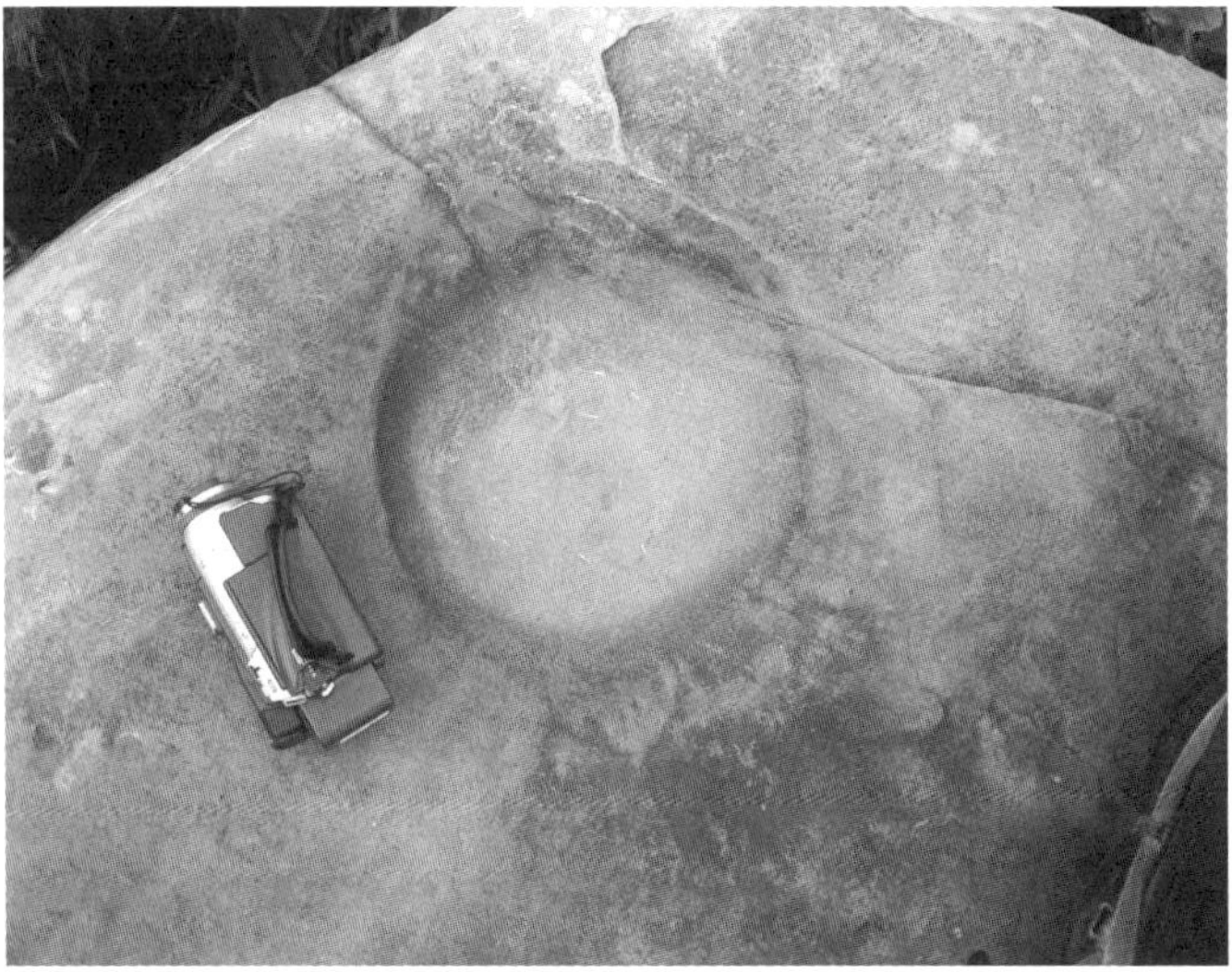

人面岩の頭に穿たれた盃状穴

人面岩の裏側

人面岩の下部

いや、事実に反してはいない。

舌のように見える岩は、実は舌ではないようなのだ。私は舌の下に手を入れて弄《いじ》ってみたところ、角張って曲がっている舌のような岩の下部に四角い溝が彫られているのを確認した。

従って、この舌は上から脱落したものらしい。舌と思われる岩の上部は向かって右手の目の上に被さるのである。上部の左の直角状の刻みは、両目のように見える目の間の四角い岩の上に乗っかる。

そして、舌の下は右目を覆い、角張って曲がった部分は隣の顔の目玉になる。目玉と言っても多分、それは開いた目玉ではなく、閉じた目玉だ。開いた目玉はあくまで一つなのだから。

いずれにしろ、そうすると理論通り、他の目玉（単眼の論理）と違いはない。

ということは、舌先と思っていた岩は上の目を覆っていたのであるが、何かの拍子にずり落ちてしまったということなのである。それを誰かが拾い上げ、あたかも舌先でもあるかの如く立て、別の岩を運んで来て支え石に使い、立ててしまったのではないだろうか。

元々、舌先として加工され、立てられたものではないようである。よくよく観察した上で冷静に判断しなくてはならない。

従って、第二の顔も同様である。権藤さんが「オルメカヘッド」と呼んだ顔の目玉についても同様であり、向かって左目は事実上、ないも同然であり、小さな溝が確認されるだけのことであり、右目だけが開いている状態となる。

すると、第二の顔も単眼（左目）であり、こちらは新川鼻沖に沈む海底遺跡か、はるか遠く台湾を睨んでいることになる。私は台湾を凝視しているのではないかと思いたい。

人面岩が人の手が加えられた巨大な岩偶であると私が判断した第二の理由は「**杯状穴**」の存在である。

心の中で「失礼します」と言って人面岩の頭の上に乗っかった時、肝を潰したのは、その杯状穴の大きさだった。こんなに大きな杯状穴は見たことがない。

どんなに小さめに表現したとしても「**洗面器大の杯状穴**」と言うのが妥当な線である。なんと、穴の形も洗面器に似ており、底の部分はあくまでも平らで、つるつるに研磨されていた。

通常、名称の通り、杯状穴の形は杯のようで、大きさもそれほどではない。杯のように小さめで、中心が深く抉られ、その周辺はコマのように傾斜が付いて上がって行く。

それなのに人面岩の杯状穴は、「洗面器大の杯状穴」だったわけである。どういうわけで、これほどまでも大きな穴になったのか。私にはまったく見当が付かない。

大きな窪みにある液体を満たし、明かりを灯すとか、そういう祭祀のために利用されたものだろうか。

聞くところによれば、こういう大型杯状穴は**九州・長崎半島の海岸部やハワイ方面でよく見**

られるという。

そうすると、海に生きる人々に関わりがあるということは想像できるのであるが、ハワイと与那国島、そして、本土の九州を結ぶのは黒潮であり、黒潮に乗って移動する人々（海人族）の存在が浮かび上がってくる。

そして、この人面岩がある場所、与那国島の新川鼻は、なんと黒潮本流の通り道になっているのである。南の海から北上する黒潮本流が、与那国島にぶつかると左右に分流するわけであるが、なんと分流の中心は新川鼻なのである。

黒潮の通り道に「洗面器大の杯状穴」があるということだ。いずれ、その意味が解明される時がくるだろうが、いまは黒潮の流れに沿って展開しているという事実を伝えるだけに留めておこう。

人面岩が巨大な岩偶であると判断した第三の理由は、人面岩は人工的に用意された土台石の上に乗っかっており、自然の露頭や地質を構成する部分から切り離された状態で存在していると判断したからだ。

ぐるりと周辺を回って観察した結果、どこを見ても人面岩を乗せている石が大地から独立している上、その土台石から人面岩が独立しているように見えたからである。

あれこれと理屈を言う前に人面岩の下に潜り込み、その底部を自分の目で確認してみると良

（上）（下）プロの学者を超える働きをした調査団の晩餐

い。人面岩の底部はまっ平らになっている。

自然にできると言い張る人がいたら、大きく目を見開いて見れば良い。そして土台石が、ばらばらの形だけど高さが統一され、底面が平らになった人面岩の支え石になっているのを見れば良い。偶然と言うにはあまりに偶然の多い岩であることがわかるであろう。

以上に述べる三つの理由、すなわち、①目玉（単眼）がくり抜かれていること、②洗面器大の杯状穴が頭上に開けられていること、そして、③土台石が大地から切り離され、人面岩が土台石から離れて立っていること――それら三つの理由によって、人面岩は「人の手が加わった巨大な岩偶である」と主張するものである。

私の考えでは一旦、この人面岩が「人の手が加わった巨大な岩偶、遺物である」ということになれば、与那国島をにぎわす海底遺跡に対する見方も大きく変わって来るはずだった。そう考えている矢先のことだった。

チャンスが訪れた。

琉球大学・沖縄地学会が主催し、日本未来科学館と沖縄タイムス社が後援する『シンポジウム「琉球弧と海底遺跡をめぐる問題」』が、平成十五年（二〇〇三）一月二十五日（土曜日）と二十六日（日曜日）に琉球大学で開催されることが判ったのである。

地質学会に参加する筆者

懇親会で談笑する木村先生（　）

パネルを前に熱心に説明する筆者

私は「チャンス到来！」と判断。グループ黄トンボの皆さんに説明し、了承していただくと共に事務局に対しても即座に参加申し込み手続きをとっていただけるよう、申し入れた。

ポスターセッションの会場で人面岩の写真（十二枚）を発表させていただいただけでなく、グループ黄トンボの顧問、茂在寅男先生にも人面岩のスライドを発表していただくという栄誉に浴することができた。

会場の参加者は、ただの一人も海底遺跡に関心を持たない人はいなかっただけに、それに関係する新事実の発表という意味では衝撃度は大きく、人面岩はワンチャンスでデビューすることができたのであった。

会場は異様な興奮に包まれた。なぜか、詳しいことは判らない。判らないけれども、人面岩はなぜか、人の心というか、魂を揺さぶる力を持っているのに気付かざるを得なかった。

海底遺跡ばかりか、ある程度、陸上の巨石文化についても関心を抱く木村先生や新嵩喜八郎さん（サーウェス・ヨナグニ経営）でさえも「まったく知らなかった」「このようなものがあったとは……」と驚きの色を隠さず、率直に喜んで下さったのだった。

またマスコミ対策を講じる必要を感じた私は、グループ黄トンボの事務局綿貫信一さんと共に、琉球大学のシンポジウムと前後して沖縄でも文化欄のニュースとして発表する機会を積極的に作り上げるように努めた。

その結果、『サンケイ新聞』のトップ記事として発表していただいたのを皮切りにして、『琉球新報』『週刊プレイボーイ』『フラッシュ』などで連続して記事にしていただいた他、テレビやラジオでも取材される機会があった。

こうして人面岩は社会的に認知されるようになったのであるが、その調査研究は一向に進まず、平成十五年（二〇〇三）五月末に実施された3D画像生成装置（通称イメージャー）による立体計測作業において、ようやく本格的な第一歩を踏み出したのであった。

これはまったくの偶然によるもので、茂在寅男先生を通じて知り合うことができた八木政幸さん（丸の内茂在会代表）の肝入りによって極東貿易株式会社と繋がったのが始まりだった。

極東貿易では新製品『イメージャー』を輸入したばかりで、張り切っていた。

「ドイツ国Z＋F社製の新製品IMAGER5003は、レーザー光を使用し水平360度、垂直270度のシーンを高速にスキャンし3次元モデルを生成します」とか、「VR（バーチャルリアリティ）の世界において仮想空間の構築を始め、プラント設備を始めとした大型かつ複雑な設備の3次元CAD、GIS（地理情報システム）、造船、自動車や航空機製造といった分野における3次元モデル化に新たなソリューションを提供致します」

何しろその測定仕様は度肝を抜くものであった。

計測距離　　　最長五四メートル〜最低一メートル
計測時間　　　最短　約一四〇秒（八，〇〇〇×八，〇〇〇ピクセル　イメージ）
計測範囲　　　水平方向三六〇度、垂直方向二七〇度
精度　　　　　五〇メートル距離で±三〜五㎜
スキャンレート　最大六二五，〇〇〇点／秒

そう言われても理解できない。そこで、実際にデモをしていただいたことがあった。その計測データ、すなわち、処理加工したデータではなく、生データの状態を見せていただいて驚いた。度肝を抜かれた。写真と変わりがない。

室内でのデモだったのだが、細かい畳の目や同席していた人々の顔の皺や着衣の皺までも細かく、正確に捉えていた。超精密立体写真という具合であった。

「イメージャーを人面岩の測定に使って見ませんか？」

そう言って、提案してきたのが前出の八木さんであった。八木さんは黄トンボと極東貿易の間に立って人面岩の測定作業計画を纏めあげてしまった。

五月二十一日（水曜日）から二十四日（土曜日）に掛けて人面岩の３Ｄ計測作業が実施され

ることになった。

グループ黄トンボから事務局の綿貫信一さん、そして、メンバーの権藤正勝さん、私が参加し、極東貿易から数名の技術者の方々が参加して実行された。

作業は順調に進行し、その結果、得られたデータの加工処理がまだ終わっていないのであるが、おそらくは期待以上の結果を見せていただけるに違いない。

人面岩のモデルが計測データに基づいて作られたら、それをコンピュータ上で動かしてさまざまな実験ができるはずで、拝み所全体の広がりや巨石群の位置関係と照合しながら思うがままにシミュレーションできるだろう。


さて、3D計測作業をしながら周辺状況の見直し作業を進めて行ったところ、さまざまな面で再発見するところがあった。

まず、人面岩の目であるが、われわれは人面岩を子細に観察したところ、「自然にできる」ことを確認した。

つまり、木村政昭先生(前出)が「目玉は層間異常という堆積現象によって簡単にできる」と言われ、「目玉=人工説」を否定なさったのであった。安里嗣淳先生も「砂岩の中にニイブが混ざってできた地層からニイブがレンズのように剝がれると目玉の形になる」と説明して下さった。

　われわれ黄トンボは、あくまでも人工説の立場であったが、人面岩の後ろに回り、細かく観察してみるとニイブとは言えないが、層間異常現象によって生じた目玉の卵のような地層が数カ所にできていることを確認した。そして、脱落して窪みができているところもあった。

しかし、だからと言って、人工説を撤回する必要もないことを確信した。なぜなら、脱落して目玉らしき形状の窪みができたからと言って、そのまま窪みが完成状態の目玉になっているとはとても見えないからである。

　自然にできた窪みに人間の手が入り、きれいにシェープアップしなければ、人間の目の形にはならないからである。従って、層間異常によって自然にできた窪みを人間が加工し、目玉に仕上げたのが人面岩の目玉であると仮定しておきたい。

　次に、人面岩が土台石の上に乗っているのかいないのか、頭上の杯状穴が自然にできたのか人工的なものなのか、問題は残されているのであるが、まだ、口頭による「自然形成説」以外に提示されたとは聞いていない。

　いずれにしろ、この人面岩一つだけに議論が集中し、他の事実に言及しないのは問題である。

　なぜなら、われわれは人面岩が珍しいから、あるいは面白いから調査しているわけではないからだ。われわれという言い方が適当ではないならば、私ひとりの考えに絞って言わせていただいた方がいいのかもしれない。

私が新川鼻の巨石文化遺跡、いわゆる、拝み所に関心を持つのは、その場所が与那国島にとって極めて重要な意味を持つ場所であることが次第に判ってきたためである。

人面岩の周辺は、権藤正勝さんが黄トンボホームページ上で次のように伝えている通り、注目すべき事実がいくつも指摘されるのである。


陸上の奇妙な構造物は、人面石が単独で存在しているのではない。周辺からは、更に奇妙な巨石構造物が発見されている。

まず人面石のすぐ脇（西側）には、巨石がサークル状に並んでいる。更に、人面石よりすこし山頂部に上がったところには、巨石が剝き出しになり、ジャングルが開けたテラスがある。

このテラスにある岩盤には、木村氏も人工物と認める奇妙な帯状の筋が無数に刻まれているのだ。これらの筋は一見、ユンボのような重機で傷つけた痕跡のようにも見える。

しかし、周辺はとても重機が侵入できるような場所ではない上、溝が岩石の曲線に沿ってつけられていることなどから、重機でつけられた痕跡とは考えにくい。

まるで、調理用具の皮むき器で、石の表面を削ぎ落とした後のようなのだ。

人面耳だけを見ているとと人面岩は判らない。その周辺を広く見渡しておかなければいけない。私は当初、権藤さんが「まず人面石のすぐ脇には、巨石がサークル状に並んでいる」と指摘した場所の、さらに西側にある小山が拝み所の中心施設ではないかと睨んでいた。ドルメン状の岩があり、奥というか、南に進むにつれて高くなる段々の小山の頂には丸い岩が据えられており、拝み所と言ってもいい形式が整っているように見えたからだ。

あれこれと周辺観察をしているうちに権藤さんの言う「ジャングルが開けたテラス」に出た。私もユンボのような重機で傷つけた跡にしか見えない奇妙な痕跡を残す岩を見ながら周辺を観察していると、近くにあったテーブルのような巨石の一辺がきれいな直線をなしており、宇良部岳に対応しているように見えてきた。

そして、その南端が窪んでいるのであるが、これが気になってきた。平たくて、広く、丸い形に見える。窪みに降りて驚いた。礫状の石がびっしりと敷きつめられており、あたかも池の底のように仕上げられていたのである。

私は瞬間、「これは禊ぎの場ではなかったのか」と想像してしまった。あるいは、お祭りに必要な一種のプールだったのか。いずれにしろ、北西方向を向く石のテーブルと関わりがあるのではないか。

さらに、その池のような窪みの周辺にある岩が焼け焦げたように黒くなっているのはなぜなのだろうか。太陽の光を浴びただけでは、こういう色にはならない。何か、あったのではないだろうか。

こうして人面岩周辺を観察して行けば、拝み所という形の祭り場の全体配置が見えてくるはずであるが、私にはいまだに見えて来ない。

というのは、当初は人面岩の西側にある小山が拝み所だと思っていたのであるが、権藤さんが言う「ジャングルが開けたテラス」の側が宇良部岳を凝視しながら祭祀を執り行なう形式を調えているように思えるので、もしかすると拝み所の正面施設になっているのではないか、と思えて来たからだ。

ここで与那国島上陸のお祭りを行ない、与那国島の神様に祈りを捧げた後、宇良部岳に連なる尾根を伝って移動し、宇良部岳本殿に参詣する。それが与那国島を初めて訪れた者の作法だったのかもしれない。

われわれは、その拝み所に裏側から入ったために裏と表を読み間違えたのかもしれない。海側、すなわち、南側が表側であり、海底遺跡に上陸した人々は、新川鼻の絶壁に作られた階段を登って上陸したのかもしれない。

こうして見ると、久部良港を唯一の表玄関として考えがちであるが、はるか昔のこと、新川鼻が与那国島の表玄関だった時代があったことも考えていいのではないだろうか。それは有史以前のことであり、黒潮に乗って北上して来た人々の上陸地点として新川鼻が利用されていた時代があったことを想起させる証拠かもしれない。

あり得るはずがないなどと排除せず、一応は考えてみる必要がありはしないだろうか。

終章

謎だらけの島

ようやく終章に辿り着いた。

結論として言えることは何か、ということであるが、重要なことは、与那国島を語る場合、島を局部的に「点」的把握をしないことだと思う。いろいろな諸関係の中で与那国島を解析する必要がある。

中でも重要なことは、太平洋を時計回りに還流する黒潮で結ばれた諸国諸地域の繋がりの中で与那国島を見ておかなければいけないということだ。

いい資料がある。筆者が四十有余年前、昔々に書き著した一冊、『日本超古代文明の謎』（日本文芸社刊）の中で書いた一節である。改めて引用してみたいと思うのである。

ニライカナイはどこに？

◆アメリカへ渡った縄文人

一九六五年、スミソニアン研究所（アメリカ）のクリフォード・エヴァンス夫妻は「縄文人の太平洋横断」説を発表している。

それは、一九六一年、エクアドルの考古学者エミリオ・エストラーが、エクアドルのグアヤキル湾近くにあるバルディビア遺跡から発見された土器が、日本の縄文土器と似ている、という見解を発表したものである。日本の考古学者たちは、それを「偶然の一致だろう」といって取り合おうとしなかった。

中国大陸や朝鮮半島、あるいは、南方からの伝搬という一方通行なら簡単に認めるが、日本から世界への影響、しかも、太平洋を横断してアメリカ大陸にまで縄文文化が伝搬していたことなど、断じて認められないという態度である。こういう人たちは、なんでもかんでも「大陸から伝わった」としない限り、納得しないのだろう。

加えて、日本列島を取り囲む海は人の移動を阻む壁であったとしても、重要な交通ルートであったということなど思いも及ばないのである。江戸時代から明治維新の前後まで続いた鎖国の影響だろうか。

すっかり島国根性に毒され、後進国コンプレックスに陥ってしまっているとしか考えられない。実に困ったものである。

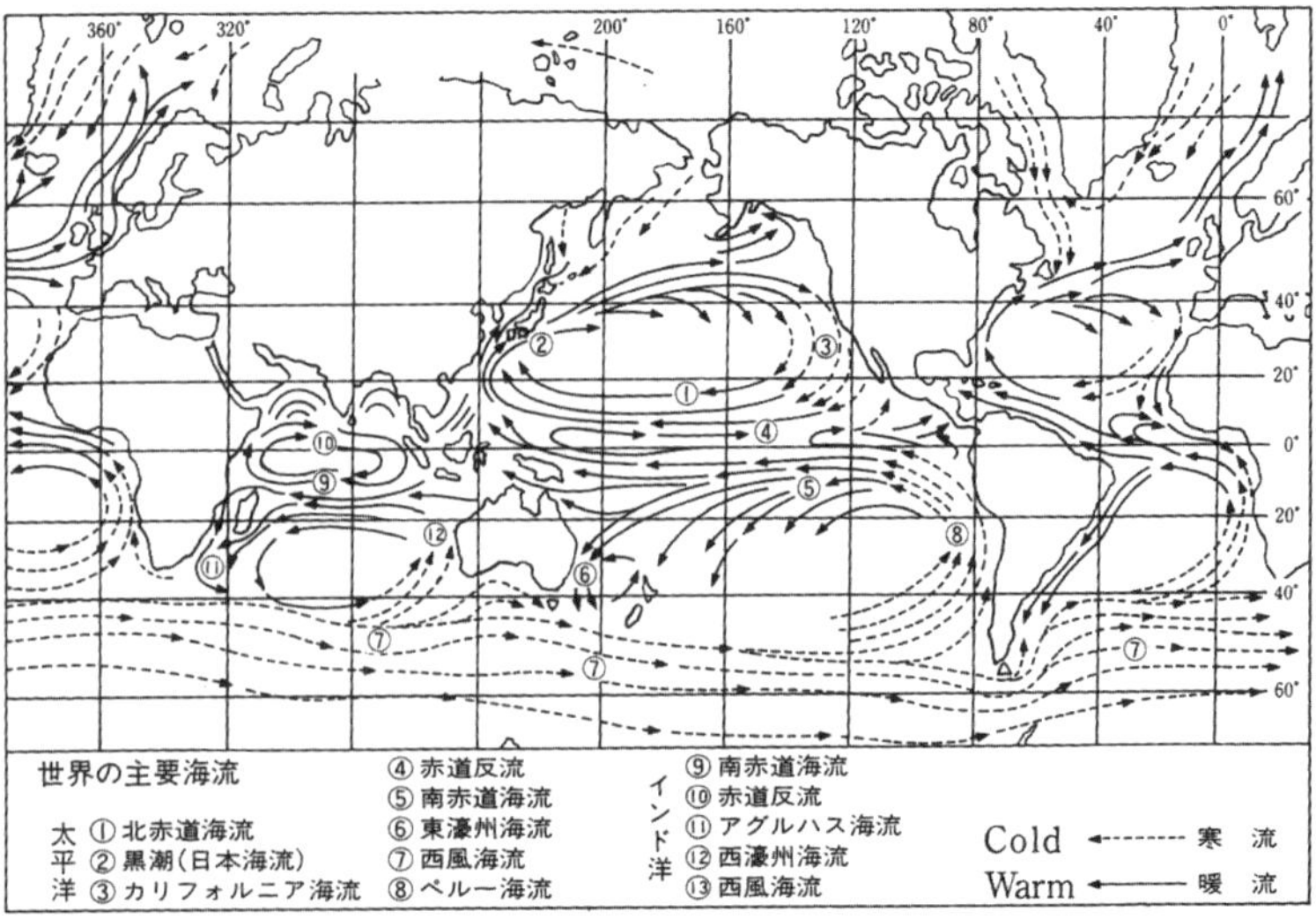
360°
320°
200°
160°
120°
80°
40°
0°
60°
40°
20°
0°
20°
40°
60°
①
②
③
④
⑤
⑥
⑦
⑧
⑨
⑩
⑪
⑫
世界の主要海流
太平洋
① 北赤道海流
② 黒潮(日本海流)
③ カリフォルニア海流
④ 赤道反流
⑤ 南赤道海流
⑥ 東濠州海流
⑦ 西風海流
⑧ ペルー海流
インド洋
⑨ 南赤道海流
⑩ 赤道反流
⑪ アグルハス海流
⑫ 西濠州海流
⑬ 西風海流
Cold 寒流
Warm 暖流

世界海流図

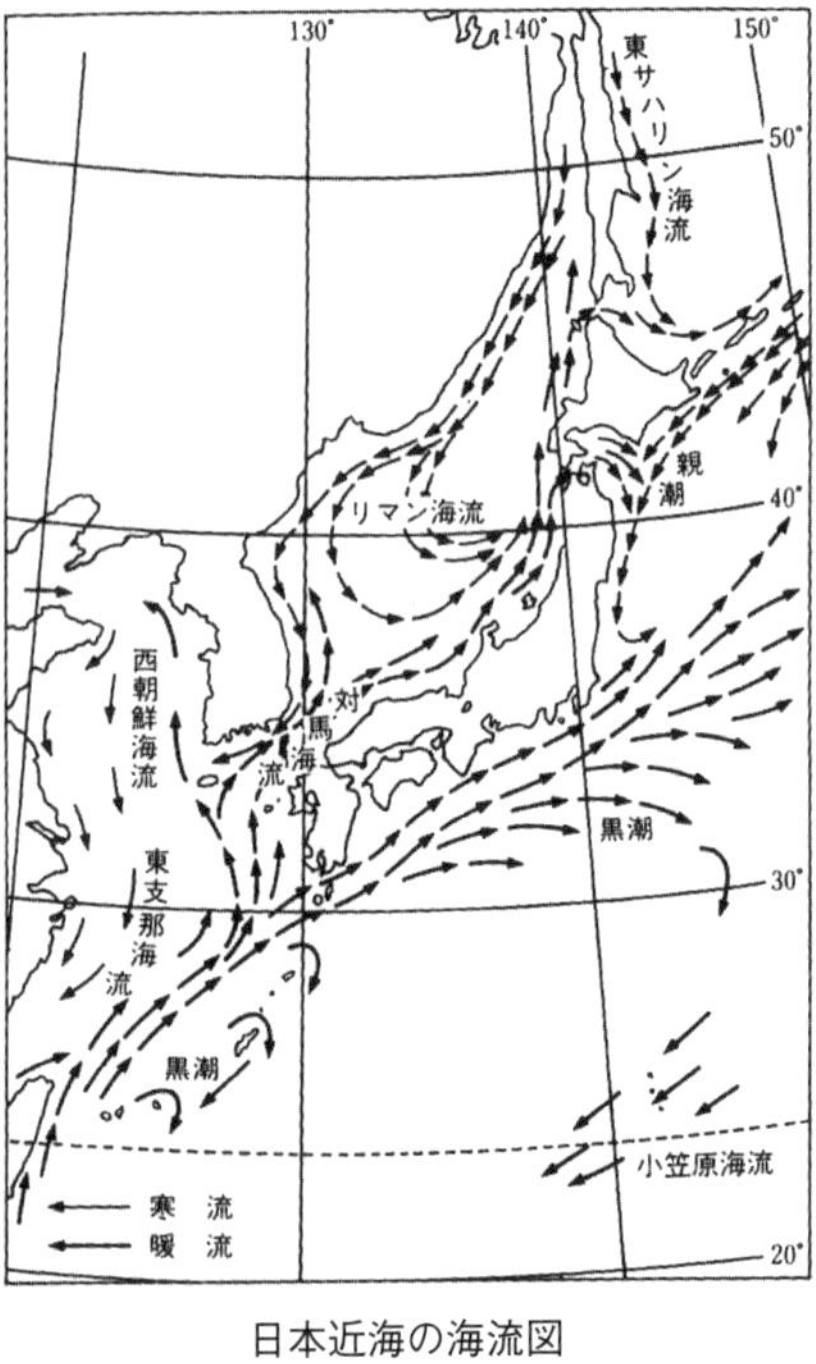
130°
140°
150°
50°
40°
30°
20°
東サハリン海流
親潮
リマン海流
西朝鮮海流
対馬海流
黒潮
東支那海流
黒潮
小笠原海流
寒流
暖流

日本近海の海流図

そういう人たちに、ちょっと質問してみたい。

カリフォルニアの人たちが、昔から日本列島からアメリカ大陸に渡る北太平洋海流のことを〝ジャパン・カレント〟と呼んでいることを知っているだろうか。また、それをどう思うのか。その辺を訊いてみたいと思うのだ。それだけカリフォルニアでは生活に密着し、経験に裏付けられた知識として定着しているということではないだろうか。

……

ということは、日本の縄文人たちが、はるばる太平洋を横断して彼の国に渡り、日本の文化を伝えた可能性があるということではないだろうか。

それは日本の考古学者が認めないだけであり、外国では広く知られていることだ。ハーバード大学のゴードン・R・ウィリー教授（当時）とジェレミー・A・サブロフ教授（当時）も、その著『アメリカ考古学史』の中ではっきり断言している。

『紀元前三〇〇〇年頃、縄文フィッシャーメンが南米大陸に達している』

また、考古学者としては世界的権威であるテキサスA&M大学のエドウィン・ドーラン・ジュニア教授（当時）も、日本の古代人がアメリカ大陸へ渡った事実を確認している。

『太平洋の中へ、不注意におし流された日本人の小舟は、確認できている回数だけでも六〇回はあり、そのうち少なくとも六回は、アラスカ南部のシトカと、コロンビア川の間のアメリカ海岸に到着し、他の六回は、あるいはメキシコ海岸に打ち上げられ、あるいはその沖合で発見されている』

ここで引用を終わるが、当時、その可能性を裏付けるデータが出されていたことも付け加えておく必要があるだろう。次の通りである。

実際のところはどうだったのか。

土器はともかく、縄文時代のむかし、そんな航海術があったのだろうか……

……鳥浜遺跡から世界最古の舟である丸木舟が発見されており、日本の縄文人たちは縄文早期、つまり、一万年〜七千年前から航海技術を身につけていたことがわかっている。

まだ発見されていないものの、そういう簡単な単体舟（丸木舟）だけでなく、現在も南方の島々で利用されているアウトリガー・カヌー、すなわち、腕木浮木付きの刳舟《くりぶね》や双胴船が広く使われていた可能性もある。

アウトリガー・カヌーを利用すれば、航海上はなんの支障もなかったはずである。安全性は無論のこと、たくさんの人と荷物を積むことができたからである。

その航海能力については、昭和五十二年（一九七七）五月、角川春樹氏の依頼によって茂在寅男氏（東海大学名誉教授＝故人）が設計制作した〝野性号II（アウトリガー式帆走カヌー）〟の航海によって証明されている。全長一二メートルのこの舟は、フィリピン島アパリから鹿児島県開聞岬《かいもんみさき》までを四十四日で走破している。

　昨今の相次ぐベトナムからのボートピープルを見ても、動力船とはいいながら、わずか二〇トンとか、四〇トンクラスの小さな漁船で日本まで漂着しているのである。それは海流に乗るという最も原始的な航法で辿り着いた例であるが、小さな舟でも、かなりの長距離にわたる航海が可能なことを立証しているといえるだろう。

　では反対に、日本から南洋に向かって航海する場合についてはどうだろうか。

　結論は同じである。条件はまったく変わらない。

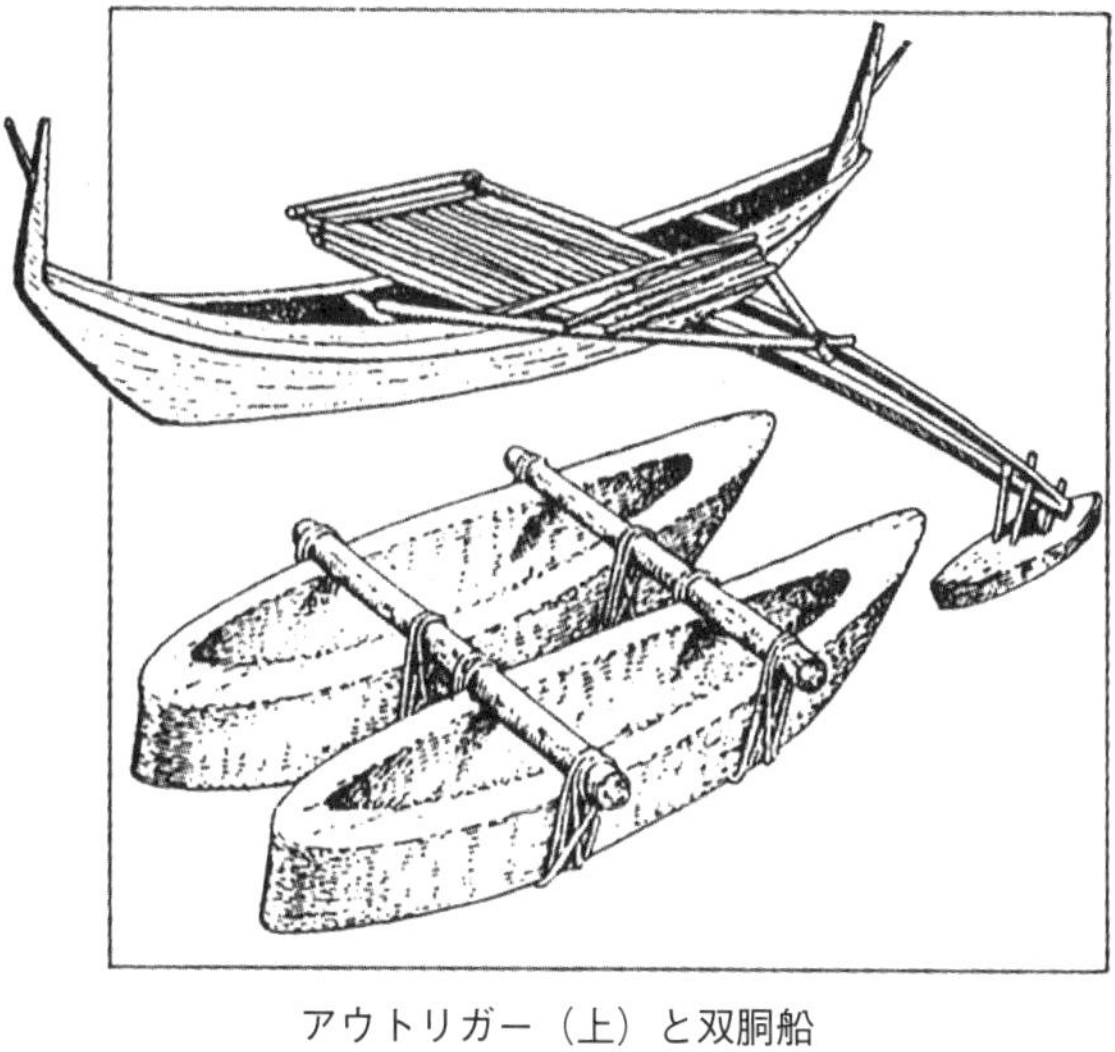

アウトリガー（上）と双胴船

こういうことは、自然の風や海流を利用して航海するヨット経験者ならともかく、動力船に慣れた現代人の感覚では、とても理解できないことかもしれないが、「海流」と「季節風」を上手に利用すれば、どこへでも行けたのである。

筆者がなぜ、ここまで断言できるのか。それは恩師茂在寅男先生が編集する『太平洋学会誌』（一九八四年一月号）に掲載された論文「古代日本に関わる会場ルートと船についての科学的考察」で明快な論点が教示されていたからである。曰く、

「黒潮の流れは四季を通じて大体同じ位置を同じ方向へ、年中ほぼ変化なく流れ続けるが、季節風については、渤海、黄海、東シナ海において、夏と冬と殆ど風向が反対になるため、航海技術上季節をずらすことによって往復路とも必ず容易に航海できる季節をそれぞれに見出せた」

また、季節風に乗れない場合があったとしても、黒潮の反流、つまり、黒潮の外側を北から南へ走る小笠原海流に乗れば、南へ航海するのは比較的簡単なのである。それは、この反流を利用して、つい戦前まで沖縄の糸満海人は天鳥船と似た刳舟を操って、ハワイ以東や赤道を越えて、メラネシアまで漁に出ていた、という事実を語るだけで充分であろう。

だからこそ、茂在先生は強調されるのである。曰く、

「海が交通の障害とのみ考えるのは誤りであって、海は風と海流とに逆らわない限り、幼稚な古代船をも、驚くべき遠距離まで、比較的短時日の間に運んだと考えるべき」なのだ、と。

この茂在説に従えば、縄文人はいつでも、どこへでも自由自在に海を往来し、行動できたのである。彼らがどこへ行っても、何一つ、不思議はなかったのだ。

その意味では、縄文人の行動範囲を日本列島内に限る必要はまったくない。広く地球的規模で見るのが、むしろ自然の法則に適った方法なのである。

日本列島の誕生と同時に生まれ育った縄文文化が、弥生時代を迎えるまで日本列島の外側、世界各地の古代文明との交流がまったくなかったと考えること自体、不自然である。

大体にして、縄文時代は八千年間も継続しているのである。外側との交流がまったくなかったなどということは考えられない。出たり、入ったり、いろいろな動きがあったはずである。縄文文化は純粋培養されて育ったわけではないのである。

あとがき

　みらくる出帆社ヒカルランドの代表取締役である石井健資社長兼編集局長の峻烈にして果敢なご判断をいただいて、ロッカーの資料の山の中に埋もれていた原稿に光を当てていただき、生き返らせていただいた。

　十五年前、A社、B社、C社という大手出版社に出版企画を提案させていただいたところ、どこも取り上げて下さらなかった原稿であるが、読んでいただいてお分かりいただけたと思われるが、内容は「超古代史最先端ドキュメント」になっている。

　黒又山ピラミッド（秋田県鹿角市）の総合調査、最先端科学を集中的に動員して実施される総合調査方式に基づく調査には及ばないものの、そこで試された視点、方法論に基づいて同様の調査活動を展開しているためにほぼ同等の内容の報告書（ドキュメント）になっている。その点を見抜き、すっぱ抜くように取り上げて下さったのはさすがの眼力でした。恐れ入りました。

私は与那国島に呼ばれたのだと思う。与那国島の御霊が、誰か、私の体内に組み込まれた謎を解いてくれ、解剖してくれ、と叫んでいたように思う。

実際のところ、与那国島は一握りの小さな島にすぎないが、驚くほど、複雑な断層、逆断層の入り組んだ島になっており、いつ、どこで地震や地層変動、移動が起きても不思議ではない不安定要因の上に成り立っている。

そういう島だからこそ、そのエネルギーを安定制御しなければならない必然性を持っている。しかも、それが太平洋を還流する黒潮本流をまともに受ける位置にある。真っ只中に浮かんでいるわけである。そこに与那国島の各所に配置された磐座ネットワークは、確かに祭祀遺跡としての磐座であり、そういう宗教的意味合いの強い、信仰対象としての磐座であることは間違いではないが、単純な祭祀遺跡ではないように思えるのである。

おそらく、不安定な地層の構造的要因から発生するエネルギーを吸収したり、放電したり、変動するエネルギー（電気）の制御システムとして組み上げられた意味があるのではないだろうか。そんなことは誰も言っていないし、言わないだろうが、敢えて言っておきたい、磐座は電気的性質を帯びた岩であればあるほど、良い磐座である、と。

いずれにしろ、磐座は単なる祭祀遺跡ではない。鋭敏なセンサーであり、電気制御システムであり、そのように機能することで島の安全と平和を保ち続けて来たのではないだろうか。いわば、島の安全自動制御システムだったのだ。そうとしか、考えられない。
そういう意味では問題提起の書になれば幸いである。

令和五年師走の月　　東京・品川区八潮の寓居にて記す　鈴木旭

鈴木 旭　すずき あきら
昭和22年（1947）６月、山形県天童市に生まれる。法政大学第一文学部中退。地理学、歴史学（近世・近代）専攻。佐治芳彦氏と共に「超古代文明論」で縄文文化論を再構成し、独自のピラミッド論（古代山岳祭祀遺跡論）によって環太平洋学会の一員として活躍。黒又山（秋田県鹿角市）の総合調査を実施する。以後、環太平洋諸国諸地域の古代遺跡を調査研究。特にＧ・ハンコック氏と共に与那国島（沖縄県）海底遺跡を調査し、数々の新発見を成し遂げたのは記憶に新しい。本業の歴史ノンフィクション作家としては、「歴史群像」（学研）創刊に関わって以来、「歴史読本」（新人物往来社）、「歴史街道」（PHP）、「歴史法廷」（世界文化社）、「歴史 eye」（日本文芸社）などで精力的に活動。単行本でも『うつけ信長』で「第１回歴史群像大賞」受賞。日本文芸社「面白いほどよくわかる」シリーズの『日本史』『世界史』『古代日本史』『戦国史』は、いずれもロングセラーブックと注目を浴びている。他、各出版社で著書多数。各種テレビ番組にも度々出演。幅広い知識と独特の史論がいつも話題となる。NPO 法人八潮ハーモニーの理事長としても長く活動した。

縄文リアルタイムスリップ
蘇る海洋神殿
ペトログリフ(古代岩刻文様)・イワクラ(巨石文化)・ピラミッド(古代山岳祭祀遺跡)

第一刷 2024年2月29日

著者 鈴木 旭

発行人 石井健資
発行所 株式会社ヒカルランド
〒162-0821 東京都新宿区津久戸町3-11 TH1ビル6F
電話 03-6265-0852 ファックス 03-6265-0853
http://www.hikaruland.co.jp info@hikaruland.co.jp
振替 00180-8-496587

本文・カバー・製本 中央精版印刷株式会社
DTP 株式会社キャップス
編集担当 川窪彩乃

ISBN978-4-86742-342-4

本といっしょに楽しむ イッテル♥ Goods&Life ヒカルランド

CMCのテロメア活性化とラジウムのホルミシス効果で
細胞を活性化！ 冷え対策にバッチリ!!

CMC&Hi-Ringo スーパーストール

販売価格：36,900円（税込）
●カラー：ネオパープル　●サイズ：幅約86㎝×長さ約139㎝　●素材：ナイロン80%、ポリウレタン20%
※模様になっているプリント面を、なるべく広い範囲で体に当てるようにご使用ください。

ゼロ磁場を発生させ、奇跡の新素材と言われるCMC（カーボンマイクロコイル）と、ラジウムのもつ体細胞を活性化させるというホルミシス効果を併せたちょっと欲張りなストール。

冷えたな、と感じたら、大きめのストールでしっかりと体を包み込めます。大判なので、ひざ掛けにしても布がたっぷり余ります。ティッシュボックスより小さく折り畳めるので、持ち運びにも大変便利。どこへでも携帯可能です。

【お問い合わせ先】ヒカルランドパーク

＊ご案内の価格、その他情報は発行日時点のものとなります。

ヒカルランド　好評既刊！

地上の星☆ヒカルランド　銀河より届く愛と叡智の宅配便

偽の神との訣別［上］
著者：ジョン・ラム・ラッシュ
訳者：Nogi
四六ソフト　本体3,000円+税

偽の神との訣別［下］
著者：ジョン・ラム・ラッシュ
訳者：Nogi
四六ソフト　本体3,000円+税

エジプトの謎：第一のトンネル
著者：ラドウ・シナマー
編集：ピーター・ムーン
訳者：金原博昭
四六ソフト　本体3,000円+税

地下の巨大施設と南極の宇宙ブイ
著者：ラドウ・シナマー
編集：ピーター・ムーン
訳者：金原博昭／序文：上村眞理子
四六ソフト　本体3,000円+税